Marieluise Müller
**PETER HOFMANN**
Singen ist wie Fliegen

Marieluise Müller

# PETER HOFMANN
# Singen ist wie Fliegen

Keil Verlag, Bonn

2. aktualisierte Auflage
© 1983 by Keil Verlag, Bonn
Alle Rechte der Verbreitung, auch durch Film, Funk, Fernsehen, fotomechanische
Wiedergabe, Tonträger jeder Art und auszugsweiser Nachdruck sind vorbehalten
Gesamtherstellung: Ilmgaudruckerei Pfaffenhofen
Printed in Federal Republic of Germany
ISBN 3-921591-25-2

*„Das Leben ohne Musik ist einfach eine Strapaze, ein Irrtum."* (Friedrich Nietzsche)

# Inhalt

### Von Elvis zu Wagner – Mein Weg zur Musik

Immer dieses A-Dur mit den Geigen . . . S. 28 · Ein Rebell
der Sechziger Jahre S. 30 · Die Lösung – auch wenn sie noch so
unbequem war S. 36 · „Haben Sie nichts Leichteres?" S. 42 ·
„Darf ich mal das Schwert anfassen?" S. 45 · Kein Highlife,
aber heiser vom Üben S. 47 · Unbewußt höchste Lust? S. 57 ·
Keine Stimme ohne Lehrer S. 61

### Zwischen Lampenfieber und Applaus

Warten auf Adrenalin S. 65 · Wenn's klappt, heben sie mit ab
S. 66 · Wenn der Vogel auf der Schulter sitzt S. 68 · Der
Erkältungsgott hat zugeschlagen S. 71

### Die große Chance: Chéreau und Bayreuth

Die Suche nach den Großen von Morgen S. 77 · Er hat mich
auf dem Gewissen S. 78 · Jetzt hat er sich einen Mut
genommen S. 88 · Ich gestehe, ich war schockiert S. 90 · Die
Phantasie von der Unverletzlichkeit S. 92

### Auf fremden Bühnen – Gastieren gehört zum Beruf

Träume . . . S. 102 · Mein eigener Regisseur S. 102 · Von der
Schwierigkeit, Gold zu schichten S. 106

### Oper hat mit uns zu tun

Oper contra Schauspiel S. 110 · Aber nicht vor der eigenen
Tür S. 112 · Spar die Tränen gefälligst für die Kirche auf!
S. 114 · . . . Ein Kind als Preis auszuschreiben! S. 116 · Das
kuriose Monstrum Oper S. 118

# Der Sänger mit der Bilderbuch-Karriere

*„Wagner hatte das Bild von Peter Hofmann vor sich, als er seine Helden schuf."*          *Ein Kritiker über Peter Hofmann*


*„Wegen Peter Hofmann habe ich › Die Walküre‹ und › Lohengrin‹ gesehen. Durch ihn bin ich zum Opernfan geworden. Ich glaube, er hat mit diesen Sendungen erreicht, was er wollte, nämlich die Jugend für die Oper zu gewinnen."*
*Leserbrief einer 17jährigen über TV-Aufzeichnungen mit Peter Hofmann*

Entsprach Peter Hofmann dem wagnerianischen Idealtypus so überzeugend, daß sein Erfolg – kaum tauchte seine Stimme am Opernhimmel auf – so gut wie sicher war? Oder war sein Wille zum Erfolg so zwingend, daß er sich selbst sein Ziel setzen und unausweichlich erreichen konnte?

Spielte das richtige Image zur rechten Zeit die größte Rolle im Management dieser Karriere?

Hat er durch sein Bedürfnis, sich den gestrengen Grenzen der „ernsten Musik" durch Popmusik und Ausflüge ins Showgeschäft zu entziehen, die Anerkennung einer breiten Masse erobert?

Oder haben wir es mit einem Phänomen von Publikumssympathie zu tun, das sich letztlich jeder Erklärung entzieht?

Verkauft und angepriesen wird er im deutschen Blätterwald als „Hofmann der Superstar".

Landauf, landab bereitet es Journalisten offensichtlich Vergnügen zu beschreiben, wie Peter Hofmann auf sie wirke und wer, schlußfolgern sie, Peter Hofmann sei.

So kommt dem Leser der „jüngste und erfolgreichste Wagnersänger der Welt", „geboren im Zeichen des Löwen", „breitschultrig, schmalhüftig, blondgelockt und blauäugig" entgegen, „ganz in Lila" oder im „weinroten T-Shirt", „in Lederkluft oder Jeans", „auf sportlichen Turnschuhsohlen". Dann steht er vor ihm: „185 Zentimeter vom Scheitel bis zur Sohle", „sportlich bis in die letzten Knochen", dieser „Jung-Siegfried", „Wagner-Hüne", „deutsche Recke", dieser „nette Junge in der blonden Pracht des Erzengels Gabriel".

Meint es die Zeitung gut mit der Neugier ihrer Leser, führt sie den „hochdotierten Helden mit der goldenen Kehle" per Bild nicht nur auf der Bühne vor, sondern sportlich, in allen Varianten, als Pferdefan und Motorradfreak, im hauseigenen Schwimmbad, Tennis spielend, beim Jogging, mit dem Speer in der Hand, mit Schlittschuhen unter den Füßen. „Und ein Leben führt er, der Barde von Bayreuth, der Superstar der ernsten Muse – fast wie im Märchen." Auf jeden Fall ist er „ein Kerl nach dem Geschmack der meisten Frauen". Aber: Er ist ja noch mehr als „nur" der „attraktivste Lohengrin der Welt", er läßt sich als „Pop-Gigant" und als „Lohengrin der edle Rocker" verkaufen, hat es zum „Fernseh- und Rockstar" gebracht, gibt als „Superman" oder „Discosänger" eine gute Figur ab. Der „Tenor, der kein Held sein möchte", aber ein „Madison-Square-Garden-Poper"!

Das Klischeebild des gewichtigen Heldentenors erfüllte er auch ohne Rock und Pop-Image nicht, doch hat er tatsächlich die „klassischen Ketten gesprengt", „ging fremd", kurz: „Opas Oper ist tot – es lebe Peter Hofmann".
Soweit zitiert aus bundesdeutschen Blättern. Bleibt die Frage, wer ist er, dieser Peter Hofmann, und worauf beruht sein Erfolg?

## Peter Hofmann – ein Star der jungen Sängergeneration

Fest steht: Peter Hofmanns Karriere ist eine Ausnahmeerscheinung in der Opernwelt. Nach vier Bühnenjahren feierte ihn die Presse als *den* Siegmund, als *den* Parsifal. Nach zehn Jahren gehört er zur Spitzenklasse der Opernstars im Wagnerfach. Und nicht nur das: 1982 wird sein erster Rockversuch mit über einer halben Million verkaufter Platten in wenigen Wochen der Renner der Saison und zum ersten Mal in der Operngeschichte ein Vertreter dieses Metiers der „Popsänger des Jahres".

Diese ersten zehn Sängerjahre erlauben eine ungewöhnliche Zwischenbilanz einer ungewöhnlichen Laufbahn, die beweist, daß über das Stimm-Material hinaus ein Sänger mehr Eigenschaften und Fähigkeiten besitzen muß als nur gute Nerven, um sich international durchzusetzen.

Die hier beschriebenen Jahre sind zwar unverwechselbar an die Biographie Peter Hofmanns gebunden, zeigen jedoch gleichzeitig typische Tendenzen gegenwärtigen Opernschaffens auf und verdeutlichen beispielhaft den Einfluß der Medien auf eine Karriere. Bereits zu diesem Zeitpunkt ein Sänger-Porträt in Form einer Biographie zu verfassen, war von Anfang an nicht geplant. Vielmehr sollten in einer Art Werkstattbericht entscheidende Berufsjahre kommentiert und dokumentiert werden, die gerne mit dem Schlagwort „Durchbruch" viel zu oberflächlich charakterisiert werden – kommentiert durch den Sänger selbst, in Gesprächen, die in einem Zeitraum von über drei Jahren geführt wurden, dokumentiert durch die Reaktion der Presse, wobei die „Regenbogenpresse" als Gradmesser steigender Popularität nicht ausgenommen wurde.

Ein Porträt auf den verstaubten Sockeln überholter Star-Verherrlichung zu erarbeiten, den Leser damit scheinbar hinter die

12

Kulissen blicken zu lassen mit dem nicht ganz fairen Versprechen, ihm problemlos Intimität zu „seinem" Künstler frei Haus zu liefern, hatten weder der Sänger noch die Autorin im Sinn. Vielmehr schien ihnen das am sich wandelnden Opernverständnis – und seiner notwendigen Wandlung! – vorbeigeschrieben, ebenso wie noch immer die Oper konzeptionslos als nur auf Wohllaut reduzierter Klang an den Ohren des Publikums „vorbeigesungen" werden kann. Solch tiefere Zusammenhänge verharmlosende Zurschaustellung des Sänger-„Artisten" gehört zu einem Kapitel Operngeschichte, das vielfach durch ein neues beendet wird: Eine „junge" Oper beginnt sich durchzusetzen, in der nicht allein Stimmartistik und gefällig-aufwendige Dekoration zählen. Hier wird die Wertschätzung eines Sängers nicht nur durch gnadenlos abzählbare, lupenreine Spitzentöne bestimmt – zumal in Sachen Perfektion das Live-Erlebnis mit der Tonkonserve konkurrieren muß.

Ohne Zweifel bleibt die Stimme die beglückende Krönung eines musikalischen Ereignisses. Um aber das „Gesamtkunstwerk" Oper Wirklichkeit werden zu lassen, ist der Mensch in seiner Gesamtheit einzubeziehen, mit seinem Körper, der die Stimme trägt, mit seiner Psyche, die der Stimme zu ihrer sinnlichen Ausstrahlung verhilft. Die Zeit der Gesangsmaschinen ist vorbei, gestaltende Persönlichkeit gefragt. Das heißt für den Sänger, eigene Fähigkeiten wirkungsvoller auf der Bühne entfalten zu können, das, was ihn als Individuum auszeichnet, auch auf der Bühne einzusetzen: Risiko und Chance zuglcich!

Gesang und Aktion in Einklang zu bringen – darum geht es. Sich singend in einem Bühnenraum zu bewegen, Gesungenes begreifbar, Gefühle, Haltungen, Handlungen, in Stimme *und* Körper hör- wie sehbar werden zu lassen: ideale Opernwünsche, die im letzten Jahrzehnt zu überraschenden Höhepunkten auf der Bühne und im Opernfilm führten. Nicht zuletzt konnte so eine junge Publikumsgeneration entdecken, wie spannend Oper, „dieses mißverstandene Kind der Renaissancefürsten", sein kann, zum Leben durch Menschen der Gegenwart erweckt.

Als beispielhaftes Ereignis der siebziger Jahre ging „Der Ring des Nibelungen" in der Regie von Patrice Chéreau in die moderne Operngeschichte ein, mit Peter Hofmann als Siegmund in der „Walküre". Einem Heldentenor, der geradezu einen perfekten Sängerdarsteller abgibt, der zu der Generation gehört, die in sämtlichen Stimmfächern die Führung übernimmt, die intensiv spielen will, um „richtig", sprich überzeugend, singen zu können. Um aus dem Operngesang das Musiktheater entstehen zu lassen, brauchte es Regisseure, die davon überzeugt waren, daß die so oft totgesagte Oper im 20. Jahrhundert längst nicht „totgesungen" war. Sie machten sich an die mühselige Arbeit, darstellerisch Neuland zu betreten. Aufbauend auf psychologischen, historischen und weltanschaulich-politischen Interpretationen „erzogen" sie sich eine neue Sängergeneration. Hierher gehören Namen wie Joachim Herz, Götz Friedrich, Jean-Pierre Ponnelle, Harry Kupfer, Hans Neuenfels oder Patrice Chéreau. Über diese Persönlichkeiten, in deren Händen das „Abenteuer Musiktheater", wie es Götz Friedrich nannte, reifen konnte, ist in den vergangenen Jahren einiges veröffentlicht worden; was weitgehend fehlt, sind authentische Bestandsaufnahmen über die, die Abend für Abend diese Konzepte und Ideen tragen, um sie ans Publikum zu „verkaufen".

Peter Hofmann ist einer von ihnen. Mit ihm trifft man auf einen ebenso typischen wie untypischen Vertreter dieser Bühnenwelt, einen Sänger, den der Opernbetrieb nicht gänzlich „aufgefressen" und unkritisch gemacht hat, einen Menschen voller Widersprüchlichkeit. Seine schauspielerische Gestaltungsfähigkeit geht weit über das Mittelmaß hinaus und ist mit einem starken Willen zur Eigenständigkeit gepaart; er fordert von sich, ebenso wie vom Regisseur, Wahrheit und verständliche Interpretation. Typisch erscheint sein Hineinwachsen in die junge Bühnenszene, sind die Gestaltungsimpulse, die in Inszenierungen von ihm ausgingen. In keiner Weise typisch dagegen ist das parallel verlaufende Hinauswachsen aus der gängigen Opernszene. Er komponiert Rockmusik, singt Pop-Titel, schreibt Texte, filmt, fällt der konservativen Opernwelt durch kritisch-saloppe Äußerungen auf. Dabei geht er so weit zu behaupten, nicht mehr Oper singen zu können, wenn ihm Inhalt und Interpretation sinnlos erschienen. Als Fernziel sieht er Regiearbeit vor sich.

Peter Hofmann betrachtet in seinen Gesprächen die Oper und seinen Beruf, sein Privatleben, seine Erfahrungen, Hoffnungen, Zweifel und Ideale ebenso ungezwungen wie aggressiv, desillusionierend wie suchend. Sängerklischees räumt er aus dem Weg (ab und zu bestätigt er sie!), wobei seine Gedanken immer wieder um zeitbezogene Ansichten oder Probleme kreisen, die über die reine Berufsbezogenheit hinausreichen.

14

Daß sich Opernbesucher mit progressiven Bühnenprodukten schwer tun, hängt unter anderem mit dem wenigen Material zusammen, das ihnen zum Medium Oper angeboten wird. Sinnvoll scheint es deshalb, das Publikum am schöpferischen Prozeß, der sich im Musiktheater vollzieht, so viel wie möglich teilhaben zu lassen. Um Verständnis zu entwickeln, um einer sich entwickelnden Sache folgen zu können, muß man sie kennenlernen. Manches Mal entsteht der erste Schritt dazu, indem man einen Vertreter dieser Idee akzeptieren lernt und über ihn etwas von ihr begreift. Auch über den Umweg eines Buches kann sich dieser erste Schritt ergeben, Publikum und Operngeschehen in einer wirklichkeitsbezogenen Weise einander näherzubringen.

Wie stark das Publikum am Bühnengeschehen beteiligt ist und wie bereit es sich zeigt, engagiert teilzunehmen, ob ihm eine Opernrealisation nun gegen den Strich oder unter die Haut geht, trat deutlich bei der Inszenierung des „Rings" zutage. Darum sollte der Opernbesucher auch etwas über den Weg erfahren, der für solche Ergebnisse zurückgelegt wird, im vorliegenden Fall aus der ganz subjektiven Erlebnissicht eines Einzelnen. In diesem Sinn können die Ansichten eines Vertreters der jungen unkonventionellen Operngeneration es dem Operninteressierten erleichtern, sich mit ungewohnten Gedanken auf der Opernbühne anzufreunden, selbst kritisch und qualitätsfordernd diesem Medium gegenüberzustehen, als bewußter Zuhörer *und* Zuschauer dazu beizutragen, daß Oper nicht zum Museum für eine elitare Gruppe wird. Denn der Oper sollte die Chance erwachsen, wieder mehr denn je dazu anzuregen, nachzudenken und gleichzeitig zu genießen, schockiert und gleichzeitig menschlich bereichert zu sein, die umfassendste aller Theaterformen als gegenwartsbezogen und lebendig zu erleben. Im Extremfall Peter Hofmanns provozierendem Satz zu folgen: „Wenn schon Drogen, dann die Droge Oper!"

## Geboren in Marienbad . . .

. . . am 22. August 1944. Krieg, Flucht, die Familie landet in Darmstadt. Diese traditionsreiche Kunststadt im Hessischen wurde zur Heimatstadt Peter Hofmanns, dessen Vater aus Berlin, und dessen Mutter aus Böhmen stammt, er Kaufmann, sie eine blutjunge Schauspielerin in der familieneigenen Wanderbühne. Der eine Großvater großstädtischer Parfümfabrikant, der böhmische Großvater Prinzipal seiner Schauspieltruppe.

Der Vater wuchs, von Privatlehrern unterrichtet, im vornehmen Stadthaushalt auf. Begabt mit einer schönen Baßstimme und mit dem Berufswunsch, Dirigent zu werden, wurde er Kaufmann. Doch schon als Junge begleitete er seinen Vater, Peter Hofmanns Großvater, einen begeisterten Wagnerianer, alljährlich zu den Bayreuther Festspielen und wurde bald selbst Opernliebhaber mit Herz und Seele. Die Mutter stand im Böhmischen auf den Bühnen der Wirtshäuser und Schulen, in denen die Familie gastierte, mit dem „Raub der Sabinerinnen", mit vielen Volksstücken, einigen Klassikern und einem Repertoire an Operetten.

Mit der Entnazifizierungszeit begann in Darmstadt ein schwerer Lebensabschnitt für den Vater. Die Mutter spielte in diesen Nachkriegsjahren, „als man kaum den Belag fürs Brot hatte", Operette auf den Dörfern, nach Noten, handgeschrieben vom Dorfmusiklehrer. Gemeinsam mit dem vier Jahre jüngeren Bruder Fritz besuchte Peter Hofmann die Georg-Büchner-Schule in Darmstadt, die er kurz vor dem Abitur verließ. Als er zwölf Jahre alt war, trennten sich die Eltern, und für den Schuljungen wurde es schwierig, mit dem zweiundzwanzigjährigen Stiefvater zurechtzukommen. Zumal der eigene Vater damals beinahe fünfzig war, „ein gestandener Mann". So konnte auch der Stiefvater, der ebenfalls aus dem Kaufmannsmilieu stammte, in der Zeit, als sich der junge Bundeswehrsoldat entschloß, Sänger zu werden, nicht recht verstehen, wie aus dem Hobby „Singen" ein „richtiger Beruf" werden sollte. Die Mutter dagegen freute sich, als einer ihrer Söhne die Familientradition weiterführte und zur Bühne ging. Bis zur „echten" Begegnung mit der Oper, die erst in seiner Bundeswehrzeit stattfand, stammten die Opernkenntnisse Peter Hofmanns vorwiegend aus der Plattensammlung seines Vaters, der nach der Scheidung nach Frankfurt gezogen war. Auch dort hörte der Sohn, wenn er ihn besuchte, weiter Opernplatten. „Carmen gefiel mir schon ganz gut – außerdem gab es dort keine anderen Platten." Der Vater erlebte noch die Anfänge der Opernkarriere seines Sohnes, bevor er starb, als Peter Hofmann dreißig Jahre alt war. Daß sein Sohn sich auf der Bühne, die er selbst als Junge kennen und lieben gelernt hatte, die großen Erfolge ersingen sollte, konnte er wohl kaum vorausahnen.

16

Auch Peter Hofmann selbst wußte nicht von Anfang an, in welcher Richtung seine große Begabung lag. Während der Schulzeit brachten ihm sportliche Fähigkeiten die Erfolge. Er wurde beim ASC Darmstadt hessischer Jugend- und Junioren-Meister im Stabhochsprung, engagierte sich im Zehnkampf und schaffte prompt den hessischen Jugendrekord in dieser Disziplin. Mit dem ASC wurde er sogar einmal Deutscher Mannschaftsmeister. Erste musikalische Erfolge erzielte er als Gitarrist und Sänger in seiner eigenen Rock'n'Roll-Band.

Nach dem Abgang vom Gymnasium leistete er seinen Wehrdienst ab. Schon kurz nach dem Eintritt in die Bundeswehr, 1963, heiratete er mit 19 Jahren seine gleichaltrige Schulfreundin Annekathrin, deren Eltern beide Opernsänger waren. Ein Jahr später wurde Sohn Peter geboren. 1965 kam der zweite Sohn, Johannes, auf die Welt. Der Entschluß, Opernsänger zu werden, stand jetzt fest. Der Soldat nahm Gesangsstunden, die ihm seine Lehrerin umsonst gab, da er sie zu dieser Zeit gar nicht hätte bezahlen können. Um sich sein späteres Gesangsstudium finanzieren zu können, verpflichtete er sich weitere sechs Jahre als Fallschirmspringer bei der Bundeswehr. Anschließend studierte er an der Staatlichen Hochschule für Musik in Karlsruhe. In den finanziell schwierigen Monaten, als die Bundeswehrabfindung aufgebraucht und das erste Engagement noch nicht angefangen hatte, unterstützte der amerikanische Tenor Jess Thomas die vierköpfige Familie.

1972 debütierte Peter Hofmann als Tamino in der „Zauberflöte" am Stadttheater in Lübeck. Nach zwei Spielzeiten erhielt er das zweite Engagement, bis zum Sommer 1976, in Wuppertal, wo er mit seiner ersten Wagner-Rolle, dem Siegmund in der „Walküre" einen sensationellen Erfolg erzielte. Daraufhin erfolgte der Ruf nach Bayreuth. Bis zu seinem ersten Auftritt bei den Bayreuther Festspielen 1976 als Siegmund und Parsifal galt er als Geheimtip unter denen, die ihn bereits in Stuttgart oder Hamburg gehört hatten.

Schon vor der Bayreuther Zeit lagen ausgedehnte Gastspielreisen, die ihn viel ins Ausland führten. Nach dem Engagement in Wuppertal trat er als Mitglied der Stuttgarter Staatsoper mit einem Fünfjahres-Vertrag in die, wie Musikkritiker in dieser Zeit prophezeiten, Fußstapfen Wolfgang Windgassens.

Das unstete Leben aus dem Koffer, das dieses Gastieren

zwangsläufig mit sich brachte, veränderte sein Privatleben. Er trennte sich von seiner Frau, die in den folgenden Jahren verwirklichte, was sie bei ihrer Heirat aufgegeben hatte: ihre Stimme ausbilden zu lassen und bei der Bühne zu arbeiten.

Sängerin ist auch die zweite Frau des Tenors, die amerikanische Sopranistin Deborah Sasson.

Im zweiten Bayreuth-Jahr, 1977, unterbrach ein gefährlicher Motorradunfall die Karriere des Sängers, doch schon ab dem darauffolgenden Jahr sang Peter Hofmann an allen großen Opernhäusern der Welt: Von der Hamburgischen Staatsoper führte sein Weg über die Wiener und Münchner Staatsoper an die Pariser Oper, nach Covent Garden in London, nach San Francisco, Chikago, an die Met nach New York, an die Scala nach Mailand, ans Bolschoi-Theater in Moskau, zu den Salzburger Festspielen. Bald folgten Plattenaufnahmen. Als erste 1978 die „Zauberflöte", in den nächsten Jahren „Fidelio" unter Georg Solti, „Parsifal" unter Herbert von Karajan, „Die Walküre" unter Pierre Boulez, „Tristan" unter Leonard Bernstein, „Lohengrin" und „Orfeo ed Euridice". Einem breiten Publikum bekannt wurde er als Wagnersänger durch TV-Aufzeichnungen der Bayreuther „Walküre", die seit 1980 mehrmals im deutschen Fernsehen ausgestrahlt und von ausländischen Sendern, einschließlich amerikanischer, angekauft wurde, durch die konzertante Aufführung des „Tristan" in einer TV-Übertragung aus dem Müncher Herkulessaal und durch die Aufzeichnung des Bayreuther „Lohengrin" von 1982.

Seine Pop-Laufbahn begann 1982 mit einer eigenen Fernseh-Show, zu der er das Drehbuch schrieb und in der er zusammen mit Deborah Sasson sang und spielte. Zahllose TV-Auftritte folgten. Zu einem Riesenerfolg im Pop-Sektor verhalf ihm seine Platte „Rock Classics", die im Herbst 1982 auf den Markt kam, ihm in sechs Wochen die goldene Schallplatte und in weniger als zehn Wochen die Platinscheibe einbrachte.

Wohn- und Lebensmittelpunkt wurden für ihn und seinen Bruder, der seit 1979 als sein Manager arbeitet, ein 1980 erworbenes ehemaliges Jagdschloß in der Nähe der Festspielstadt Bayreuth.

# Die Gespräche

So wie sich Lieschen Müller das aufregend bunte Leben eines Opernstars ausmalt, sieht dessen Alltag nur in den seltensten Fällen aus – und wird dann von ihm als besonders freundliche Geste seines Schicksals genossen. Denn kein Vertreter dieser Sängerelite kann dem entfliehen, was ein „dolce vita" gründlich zu verhindern weiß: Konzentrierte Hochleistungsarbeit, beständiger Zeitdruck und die unablässige Eigenverantwortung für die „Funktionsfähigkeit" der Stimme, ohne die alles, aber auch alles, hinfällig wird.

Deshalb konnten die Gespräche mit Peter Hofmann ohne starres Fragengerüst und ohne unter Zeitdruck zu geraten, nur gelingen, solange sie im Terminkalender des Sängers noch einzuplanen waren. Sie verteilten sich über drei Jahre, von 1980 bis 1982, als es sich der Sänger noch leisten konnte, „Gesprächspausen" einzulegen. Seit Mitte 1982 kann er sich das kaum mehr erlauben.

Vor, während und nach den Festspielen, Wochen, die er auf seinem Landsitz zu verbringen pflegt, wurde Bayreuth zum wichtigsten Gesprächs-Treffpunkt. Länger als drei Monate pro Jahr ist Peter Hofmann auch dort nicht anzutreffen, und sogar diese Bayreuther Proben- und Auftrittszeit wird vielfach durch Pressetermine unterbrochen. Allerdings ist der Aufenthalt von drei Monaten an einem Ort eine Ausnahme in der Terminplanung eines gefragten Opernsängers, dessen Zeiteinteilung in der Regel von Gastierverträgen und dem internationalen Flugplan diktiert wird.

Letzte Gespräche für die Bucharbeit ließen sich im Frühjahr 1983 führen. Zu ersten Betrachtungen über Sängerleben und Karriere trafen wir uns Ende 1980 in der Bayreuther Zweitwohnung mit, man erwartet es fast, Blick aufs Festspielhaus, in der nicht allen Nachbarn die Stimmübungen des Wagnertenors gefielen. Er tauschte dieses Stadtdomizil ein Jahr später dementsprechend gern gegen das Leben auf dem Lande ein, wo sich's Üben und Schmettern läßt, wann immer es ihm in den Sinn kommt. (Der Umzug zeichnet sich auch auf unseren Tonbändern ab: Eins ist mit nervtötendem Froschgequake aus dem schloßeigenen Teich untermalt, eins mit Holzscheitgeprassel aus dem Kamin des Jagdschlößchens, die Sänger-Worte zwar dramatisch unterstreichend, doch die Verständlichkeit empfindlich störend. Dank günstiger Aufnahmebedingungen entpuppte sich schließlich das hauseigene Musikstudio als bevorzugter Gesprächsort.)

*„Da jede künstlerische Interpretation unserer Welt notwendig auch Selbstdarstellung ist, wird es darauf ankommen, wie groß das Selbst ist und welchen Zielen diese Arbeit verpflichtet ist, wie sie ihnen dient und bereit ist, dem Leben zu widerstehen oder es fortzusetzen nach eigenen Gesetzen" (Hans Jürgen Syberberg).*

## „Ich habe das Gefühl . . ."
## Psychogramm der Sprache

Einen Sänger mit seinen An- und Einsichten kennenzulernen, hat für das Publikum einen aufschlußreichen Stellenwert: Der Sänger kreiert nicht „seine" Rolle, er stellt nicht ein eigenständiges Kunstwerk auf die Bühne, er untersteht einem musikalischen wie inszenatorischen Gesamtkonzept, ist aber gleichzeitig gezwungen, jeden Abend mit seinem eigenen Ich präsent zu sein, äußerlich wie innerlich. Das heißt, daß in jeder Rolle eine ansehnliche Portion von dem steckt, was gerade diesen Sänger, diesen Menschen ausmacht.

Darum wurde der Selbstdarstellung hier so viel Platz wie möglich eingeräumt. Die Äußerungen des Sängers über sich ergeben das subjektive Material, das, objektiv gesehen, zwar Mißverständnisse nicht ausschließt, aber eine direkte Brücke schlägt, die ohne Umwege zur Charakterisierung der Person führt.

Bereits die spontane Auswahl von Ereignissen und ihre Wiedergabe beschreiben Temperament und Erlebniskraft dieses Menschen. Peter Hofmanns Erzählstil offenbart ihn als eine eigenwillige Persönlichkeit, die sich einer unterhaltsam-lebendigen – nicht immer am Duden orientierten – Sprechweise bedient. Eine Art von Psychogramm, eine Beschreibung von Eigenschaften und Fähigkeiten, ergibt sich aus einer Reihe für ihn typischer Merkmale. Aus der Wortwahl, die vielfach aus dem Vokabular der Rock-Generation schöpft, aus dem häufig angewandten Telegrammstil der Mitteilung, aus abgebrochenen Sätzen, die von der Ungeduld ihres Sprechers zeugen, aus unbewußt zitierter Wagner-Sprache (‚talpen': Loge-Text, „Rheingold"; ‚bleich wie ein Kraut': Beckmesser-Text, „Meistersinger"), aus Wiederhol-Mechanismen, die eine verstärkte Form von Nachdrücklichkeit herstellen, aus eingestreuten Amerikanismen und ganz entscheidend aus der unüblichen

Zusammensetzung von Satzteilen und Wortkombinationen, denen oft lautmalerische Sprachspielerei zugrundeliegt.

Aufschlußreich die beiden am häufigsten auftauchenden Worte in der Gruppe der Verben und in der Gruppe der Substantive: ‚machen' und ‚Gefühl'. Zeugt das eine von seiner aktiven, vitalen Lebenshaltung, zeichnet ihn das andere als gefühlsbetonten Menschen aus, der dem emotionalen Bereich dennoch mit einer realitätsbezogenen Distanz gegenüber steht. Peter Hofmann sagt: „Ich habe das Gefühl", er verwendet nicht die Formulierung „Ich fühle mich . . .", in der die gesamte Person, ohne beobachtenden Abstand, in das Gefühl einbezogen wäre.

Nicht alle Wendungen Peter Hofmanns konnten durchgängig beibehalten werden. Da die Gespräche in großen Abständen geführt wurden, wäre die häufige sprachliche Wiederholung im Lesefluß störend; hier wurde glättend in die Wortwahl eingegriffen. Herkömmliche Vokabeln in Opern-Erinnerungen wie die Eigenschaftsworte großartig, einzigartig, berühmt, wunderbar, groß, künstlerisch wertvoll oder Floskeln wie ‚der flüchtige Augenblick', ‚die Woge des Beifalls' ersetzte Peter Hofmann durch für ihn charakteristische Adjektive wie wahnsinnig, irrsinnig, unheimlich, ungemein, merkwürdig, seltsam oder durch generationsbedingte Ausdrücke wie ‚Panik' oder ‚da steh' ich voll drauf', ab und zu durch Wortkombinationen wie ‚schubladensicher' oder ‚Kuttengeschleiche'. Eine Generationsfrage auch die Themenwahl, die sich oft nach dem Interesse des Sängers richtete, sich nicht aus gezielten Fragen ergab. Aus den Gesprächen wurde die Fragestellung anschließend weitgehend eliminiert, was übrigblieb, in Antwortblöcke zusammengefaßt, kombiniert mit Assoziationen zum gleichen Thema, die an anderer Stelle geäußert wurden. Dabei kam es nicht darauf an, den Interviewcharakter, sondern den Ich-Stil des Erzählers zu wahren, der gesprächsweise festhielt, was ihm in den letzten zehn Jahren, immer von der Musik und seinem Leben für die Musik ausgehend, wichtig war, hängenblieb oder wichtig wurde. Auffallend wenig kommen in den Erzählungen Aufführungsdaten oder Begegnungen mit Berühmtheiten vor, auffallend oft gerät das Gespräch zu einer Auseinandersetzung des Sängers mit sich selbst.

Da die Öffentlichkeit auf das Anders-Sein dieses Typus von Opernsänger reagiert, schien eine entscheidende Frage zu sein, weniger das Wirken als die Wirkung zu erklären. Wichtigste Quelle dazu: Peter Hofmann über Peter Hofmann.

*„In dem Moment, in dem ich etwas formuliere, fällt mir auf, daß ich das schon immer so gedacht habe – aber bewußt wird es mir erst durch das gesprochene Wort"* (Peter Hofmann).

# Peter Hofmann über Peter Hofmann – eine Selbstdarstellung

*„Was ich wirklich will, schaffe ich auch."*
                                    *Peter Hofmann*

# Dieser Kitzel absoluter Einsamkeit

Warum ich singe? Vielleicht . . . vielleicht wäre ich sonst kriminell geworden? Immerhin – auf der Bühne durchlebe ich menschliches Ausnahmeverhalten, das im realen Leben unweigerlich ins Gefängnis führt. Selbst in extremen Situationen sich „legitim" zu bewegen, Geschwisterliebe, Mord . . . Allein im Wohnzimmer Rollenspiele zu absolvieren, wo bleibt der Reiz? Vor dem Publikum wird es zum Erfolgserlebnis. Spiel als Therapie. Wie vielen wäre mit diesem Spiel geholfen! Besteht nicht das ganze Leben zu achtzig Prozent aus Schauspiel für Zweier-Beziehungen? Wo kann man's trainieren? Wo sich abreagieren?

Aber im Ernst, warum singe ich?

Um Karriere zu machen?

Erfolg sei mir mehr wert als eine fundierte Ausbildung, stand in einem Artikel; wie der Schreiber darauf kam, weiß ich nicht, aber eins muß ich zugeben: Erfolg ist mir wichtig. Ich wollte Karriere machen oder was man so nennt. Wer wirklich gut singt, dem gelingt es, aus der Provinz rauszukommen. Die Geschichte vom Genie, das in der Provinz verkommt – die stimmt doch gar nicht. Sicher, daß man Nerven besitzt, muß man beweisen. Unter nervverschleißenden Bedingungen. Aber hat man sie nicht, hält man den Beruf sowieso nicht durch, weil man sie braucht. Unbedingt!

Als ich anfing, habe ich mir fünf Jahre gegeben. In dieser Zeit wollte ich's schaffen oder auf Oper verzichten. Allein diese „Erniedrigung" – zumindest habe ich es immer so empfunden – des Vorsingens!

In meinem ersten Engagement in Lübeck – nichts gegen Lübeck, aber hätte es Lübeck bleiben müssen, wäre ich auf Rockmusik umgestiegen – hatte ich eines dieser Schlüsselerlebnisse. Ein Tenor, 45 Jahre, reiste zum Vorstellen an, zu Hause vier Kinder und in der Kehle Gold. Als er auf der Bühne stand, forderte der Intendant immer noch eine Arie; dabei hatte er längst geflüstert: „Können wir nicht brauchen, ist zu alt." Aber er ließ den Mann weitersingen, weil er seine Stimme genießen wollte: Sie war so schön. Kurzer, höflicher Abschied. Trotzdem fragte der Sänger, ob er's anderntags nochmal versuchen könnte, er hätte alles im Repertoire. Mir tat er ungeheuer leid. Hinterher traf ich ihn; er weinte und sagte zu mir: „Paß auf, daß es dir nie so geht." Ich ließ ihn einfach stehen – weil mir auch die Tränen hochstiegen. In diesem Moment schwor ich mir: Dir passiert das nicht!

Den Wettlauf mit der Zeit habe ich gewonnen. Jetzt singe ich, weil mir die Freude nicht verlorenging. Freudlos zu singen, heißt, ohne die Kraft, überzeugen zu wollen, die man in diesem Beruf braucht. Ohne sie oder unengagiert wird die Leistung sinnlos. Steht man nicht voll dahinter, kann man nichts mehr geben. Und das Publikum merkt es!

*„Wenn man singt, sind die Augen der Spiegel des Herzens"* *(Gwyneth Jones).*

Oder singe ich, weil Singen süchtig macht?

Wenn schon Drogen, dann die Droge Oper! Musik ist Stimulanz, legt Emotionen frei. Erotik ist im Spiel, unheimlich viel Erotik! Die Stimme – ein Spiegel der Sexualität! Orpheus übt mit seiner Stimme Macht aus – welch faszinierende Macht, der sich nichts und niemand zu entziehen weiß. Die meisten wollen das nur nicht wahrhaben, daß der Mensch am tiefsten zu beeinflussen ist, wenn eine starke erotische Ausstrahlung mitspielt.

*„Wagner hat die Musik ganz bewußt als eine Art Droge, als Rauschmittel . . . eingesetzt"* *(Hartmut Zelinsky).*

Oper eine Droge? Singen erzeugt jedenfalls ein herrliches Gefühl. Singen kann wie Fliegen sein. Immer wieder versucht man es: zu Singen, bis man abhebt. Manchmal glückt es.

*„Während der Zuschauer nur das totale Aufgehen in der Rolle spürt (und nur spüren soll), kontrolliere ich mich ständig. Es ist, als ob man fliegt und trotzdem mit beiden Füßen fest auf dem Boden steht"* *(Gwyneth Jones).*

Selbst die totale Melancholie kann sich am besten in Musik ausdrücken. Wie soll ich es vergleichen? Wenn Kunst es fertig bringt, einen so zu öffnen, daß man weinen muß, spürt man etwas Ähnliches wie ein Sänger, der merkt, daß seine Stimme größer, weiter wird: Man selber dehnt sich aus.

Und dann fühle ich noch so einen masochistischen Zug, diesen Kitzel absoluter Einsamkeit. Sogar wenn die Bühne vollsteht mit Chören, Statisten, Solisten . . . Ich spüre sie förmlich im Nacken, überall: Die Augen neben mir, hinter mir, das ganze Opernhaus besteht nur noch aus Augen; immer stiller wird es, Gralserzählung, jeder wartet: Was hat der dort zu sagen? Versagt er, macht er's mittelprächtig oder ist er gut, sollte er sehr gut sein?

Das liegt in der Luft, das ist eine Einsamkeit, wie Wagner sie Lohengrin zugeschrieben hat, den er sich als eine Art Spiegelbild schuf, in dem er sich und sein Bild vom einsamen Künstler wiederfinden konnte. Dasselbe im Preislied in den „Meistersingern". Dort zu stehen – eigentlich eine identische Situation: der „einsame Künstler".

# Von Elvis zu Wagner –
# mein Weg zur Musik

## Immer dieses A-Dur mit den Geigen . . .

Hat die Musik mich oder habe ich sie gefunden?
Schubladensicher ist das später nicht mehr festzulegen.
Erste klassische Musikeindrücke vermittelte mir, eher nebenbei
als absichtlich, mein Vater. Hörte er Opernplatten, blieben für
mich Stimmungen hängen. Was Düsteres, Dunkles, das muß „Die
Walküre" gewesen sein. Dann war da immer dieses A-Dur mit den
Geigen . . . Als mir diese Stimmung fünfzehn Jahre später begeg-
nete, kam sie mir wie computergespeichert, abrufbereit entgegen,
noch bevor ich sie bewußt kennenlernte: „Lohengrin". So spezi-
fisch hatte sich wenig im Gehör festgesetzt; der Rest dieses
unbewußten Musikgedächtnisses wurde mehr vom Zufall dirigiert.
Bei Wagner sowieso. Man hört, was man kennt. Seine Musik
fordert Kenntnis geradezu heraus. Jemanden, der selten in die
Oper geht, müßte man befragen. Im Grunde bin ich für solches
Thema als Insider „verbildet". Obwohl – ich kann das Gefühl noch
gut nachvollziehen, das Gefühl für etwas Fremdes, das wie im
Dunst hängenblieb: Zum Beispiel „Götterdämmerung" in Bayreuth, '71 oder '72, ich hatte damals noch keine Ahnung von dieser
Musik. Nur ein einziger riesiger musikalischer Reiz blieb mir im
Kopf stecken, die Stelle „starke Scheite schichtet mir dort", aber
das war gewaltig, das habe ich gepfiffen und gesummt, tagelang,
nichts anderes. Nun bin ich nicht gerade ein unmusikalischer
Mensch, und doch war es nur ein Motiv, das in mir nachklang; das
ging dafür unheimlich ein und ich stellte für mich fest: So ist sie also,
diese große Wagnerschinken-Musik, die einem programmiert die
Gänsehaut über den Rücken jagt, weil man geradezu körperlich
spürt, daß sich etwas Besonderes vorbereitet. Dieser Musik gelingt
es, einen in kolossale Stimmungswechsel hineinzuziehen, unweigerlich.
Folgenschwerer als die erste Kindheitsbegegnung sollte die

zweite, in einer „Opernfamilie" geschlossene Bekanntschaft mit klassischer Musik verlaufen: im Hause meiner Schwiegereltern, die beide Opernsänger waren. Bevor wir heirateten, dachte auch meine Frau daran, die Opernlaufbahn einzuschlagen. Jahre später war ich selbst es, der sich auf diesem Weg befand, so wenig er mir vorgezeichnet schien. Und ich marschierte los als einer, auf den dieser Weg – oder er auf den Weg? – gewartet hatte.

Was gab es bis dahin an Musik für mich? Zwei Jahre (oder war's nur eins?) schickte mich meine Mutter – sie war nicht davon abzubringen – zum Klavierunterricht, noch während der Volksschulzeit. Für mich die reine Qual! Grundlagen wurden kaum geschaffen. Wir sollten vom Blatt spielen, doch ich war einer von denen, die nach zweimal Üben auswendig spielten. Ich tat nur so, als ob ich die Noten verfolgte. Das zeugt zwar von Musikalität und schneller Auffassungsgabe, bringt aber nicht voran. Schließlich setzte ich meinen Dickschädel durch: Fußball wollte ich spielen und rumtoben. Am liebsten den ganzen Tag. (Was vielleicht auch wichtiger war!)

Mit sechzehn, siebzehn hätte ich Klavierunterricht nehmen sollen, doch zu dem Zeitpunkt war ich in der Lage, nach Gehör etwas auf dem Klavier nachzuklimpern. Deshalb: Unterricht? Nicht dran zu denken! Sicher, ich kann heute eine Melodie abspielen, aber ich darf nicht sagen, daß ich Klavier spielen kann, gemessen an dem, was man als Klavierspieler können sollte.

Ist es wichtig, so früh wie möglich mit Musik in Berührung zu kommen? Regeln lassen sich darüber nicht aufstellen. Für den einen spielt das keine Rolle, weil er, fängt er an, mit soviel Energie rangeht, daß es einfach klappt. Dem anderen hilft es gar nichts, daß er schon mit sechs Jahren beginnt, weil er zu wenig Talent hat und ohnehin ein nur handwerklich guter Musiker werden kann. Oft wundert mich, daß gute Klavierspieler, die sofort alles vom Blatt intonieren, sei es noch so schwer, nicht die Fähigkeit besitzen, was zu kreieren. Daneben diese Klaviertypen, die was hören und es sofort nachspielen! Gefühlsmäßig neige ich mehr zu denen, die so aus'm Hut zaubern. Hören, sich hinsetzen und loslegen, ohne zu wissen, wie die Noten aussehen, ist eins: nicht genau richtig, aber so empfunden, das man nichts vermißt.

Nach der nicht sonderlich ergiebigen Klavierepisode packte mich Begeisterung für einen Sound, der noch heute einen Teil meines Musik-Ichs ausmacht: Die Rockmusik.

Meine Rockmusik, auf die bin ich richtig stolz! Weil: Ich singe ständig, was andere komponiert haben, aber meine Rockmusik, die ist meine Kreation. Selbst Schöpfer sein, komponieren, spielen, texten, singen, dieses Gegengewicht zum reproduktiven Operngesang wurde mir immer wichtiger und wertvoller.

## Ein Rebell der Sechziger Jahre

*„Bill Haley hat uns damals irgendwie vorprogrammiert. Damals knallte er so in unser Leben rein und da wurden so geschmackliche Schaltungen, Vorschaltungen irgendwie gestellt" (Udo Lindenberg).*

Bill Haley, Elvis, Ray Charles, die ersten Beatles-Songs, alles, was „in" war, hab' ich gesungen; schon mit zwölf. Nach dem Stimmbruch ging es dann richtig los. Die Stimme war manchmal so schön abgedunkelt, da haute das wesentlich besser hin. (Zu Beginn meiner Gesangsausbildung dachte ich ja auch, ich sei Baß, zumindest Bariton!) Noch heute weiß ich um Momente, wenn ich morgens aufwachte, was sagen wollte und es unermeßlich tief klang. Wer ist das denn, der da spricht? Ich? Müßte gesungen gut klingen! Und ich probierte, mit tiefster Stimme den Titelsong aus „High Noon" zu röhren. Er wurde einer meiner Hits.

Ganz klar, daß ich so schnell wie möglich eine eigene Gitarre brauchte. Aber ich war sozusagen gebrandmarkt. Als ich den Klavierunterricht an den Nagel hängte, hatte ich den Stempel auf der Stirn von einem, der was anfängt und halb fertig liegenläßt. Auf Gnade konnte ich zu Hause nicht hoffen; mir blieb nichts anderes übrig, als den Gitarrenkauf selbst in die Hand zu nehmen. Also habe ich Zeitungen ausgetragen, morgens vor der Schule, Illustrierte und solches Zeug, bei jedem Wetter; oft kam ich klatschnaß Vietel vor Acht heim, hab' das Schulzeug geschnappt und bin ab in den Lernbunker gerast, nachmittags weiter im Trab. Unsäglich wenig Geld gab's dafür. Eine Plackerei! Irgendwann war's geschafft. Sofort 'ne Drahtkiste besorgt; Ahnung hatte ich nicht viel, die Gitarre sah gut aus – und war schlecht, was sich nach wenigen Wochen rausstellte. Also mußte eine bessere her. Alles begann von vorn.

Rhythmusgefühl zu entwickeln, bereitete mir keine Schwierigkeit; gute Schlagtechnik kam dazu, jedenfalls so, daß sie in der Schule, auf der Klassenfahrt oder im Sportklub Aufsehen erregte. Die Griffe suchte ich mir zusammen, probierte so lange, bis sie sich nach was anhörten. Unterricht? Alles autodidaktisch, total! Ich habe sogar – sicher etwas hochstaplerisch – Unterricht gegeben. Nicht weil ich, sondern weil die andern das wollten. Zuerst war ich seltsam berührt, aber dann habe ich für drei oder vier Mark die Stunde unterrichtet. Inzwischen versuchte ich, Schlagermelodien perfekter nachzuspielen, natürlich auch mal selbst was zu fummeln. Eine unheimliche Freude für mich, mit der Gitarre das Selber-Machen zu entdecken! Dabei entpuppte ich mich als ziemlich ehrgeizig.

Ich fand Gleichgesinnte; wir, Schul- und Sportfreunde, gründeten eine Band. Aus hobbymäßigem Geklimpere und Geklampfe entstand der Wunsch, genauer und professioneller zu arbeiten. Ich begann, für die Gruppe die Arrangements einzurichten. Als wir öffentlich auftraten, in einer Tanzschule, in den Darmstädter Soldaten-Clubs, war das für uns Teenies eine enorme Bestätigung. Wir versuchten uns an Beatles-Songs, und Elvis konnte ich verdammt schmissig nachahmen, mit Hüftschwung und allem Drum und Dran.

Wie zu erwarten, entstanden die ersten Streitereien. Mal konnte der eine nicht proben, mal durfte der Schlagzeuger nicht, weil sein Vater ihn dazu verdonnerte, Latein zu büffeln. Irrsinnig hat uns das gestunken, weil wir die Musik furchtbar wichtig nahmen. Und natürlich träumten auch wir die alten Musikerträume: Wir werden mal die Stars!

Einer, ein Arztsohn – sein Medizinerpapa bestand darauf, seinen Filius zum Klassenprimus zu trimmen – hat schrecklich gern Musik gemacht; der mußte sich die Zeit regelrecht abtrotzen, und nicht nur die: Bei ihm zu Hause durfte keiner von unserer Band wissen! Verglichen mit heutigen Verhältnissen lächerlich – aber Mut gehörte damals genauso dazu, in dem Bereich, der einem gesteckt war, zu rebellieren. Diese Musik, die uns in unserem jungen Außenseitertum bestärkte und mit einem revolutionsähnlichen Feeling vollpumpte, ließ uns plötzlich zu Rebellen werden. Ob man selbst was produzierte oder nur zuhörte, man war vom Ruch des Anders-Seins geprägt, weil viele die Rockmusik schlecht fanden, unanständig, vulgär, simpel.

Rockmusik verwandelte sich in Widerstand.

*„Wer euch die Geschichte des Rock'n'Roll erzählen will, und es
unterläßt, das Leben und die Revolten der Jugend zu beschreiben,
die den Rock'n'Roll erst zu ihrer Musik machten, der verfälscht die
Geschichte" (Günter Amendt, in: Das Sexbuch, Dortmund 1979).*

Elvis, die Beatles, eine dolle Sache, die da ablief, mit der wir
aufwuchsen – sonst würde kein Mensch mehr davon reden. Ein
neues Gefühl war entstanden: Die Musik der jungen Generation
ging konform mit ihrer politischen und gesellschaftlichen Haltung,
man empfand sich gern als „outlaw", und diese Musik, die so unter
die Haut ging, stärkte uns den Rücken. Der fetzige Rhythmus, die
schnoddrigen Texte, oft gegen die ältere Generation gerichtet, das
war Doping. Wenn's da hieß: „Macht endlich Schluß mit dem
schlappen Gang!" Dazu die Hüften rausgeschwungen und weg von
dieser merkwürdigen Jahrhundertwende-Erziehung, mit einem
Wort: Rebellion!

*„Es war so, es war'ne unheimlich miefige Zeit damals, es war'ne
ganz ruhige schlappe Zeit, die Leute hatten die Nazi-Sauerei hinter
sich und wollten das verdrängen. Bis plötzlich der Rock'n'Roll
granatenmäßig einschlug und so'ne gesunde Unruhe ins Land
brachte, so'ne Randale, irgend sowas, Vorläufer von Punk und
Panik gewissermaßen" (Udo Lindenberg).*

In meiner Bandleader-Zeit fing das überhaupt erst an, daß sich
Gruppen fanden. Blieb einmal 'ne Weile zusammen und trat
obendrein in irgendeiner Stadthalle auf, war das schon die erste
Sprosse auf der Erfolgsleiter. Damals zogen mehr die Jazzer
durch's Land. Rockmusik? Sie rümpften die Nase. Minderwertig.
Daß Rock neben dem Jazz bestehen könnte, glaubten die nie.
Dabei ist im guten Rock soviel Jazz drin. Was die Jazzer nicht
mochten, waren diese drei, vier Harmonien, die wenig Variations-
möglichkeiten boten; aber heutzutage, wenn man Stevie Wonder
hört oder Pink Floyd, das ist diffizil, das sind ganze Opernparti-
turen.

Diese Rock'n'Roll-Zeit war eine wichtige Phase für mich. Es ist
schließlich ein Unterschied, ob ich rumhänge – jetzt sind das die
Typen, die in Discos rumflippen – oder das nicht sonderlich mag
und selbst aktiv werde. Ich gehörte immer mehr zu denen, die sich
nicht damit zufrieden gaben, nur anzuhören, was andere sich

ausgedacht hatten. Uns ermöglichte diese Musik die Flucht aus dem engen Kreis, in den man uns zwang. In mir hat sie Sehnsüchte geweckt – und halb befriedigt. Denn das sichere Gefühl, musikalisch Karriere zu machen, entwickelte sich früh. Warum und wie, hätte ich nicht sagen können, nur das Talent, das spürte ich. Musikkenntnisse? Im Schulunterricht wurden sie kaum vermittelt. Weit und breit: „Freischütz"-Syndrom! Einmal „Freischütz" – nie wieder Oper! An Komponisten wußte ich Wagner, Verdi, Mozart, aus. Oper von Verdi? „Aida". Schluß. Wagner kannte ich vom Vater her, aber mehr als drei Opern konnte ich nicht aufzählen. Wichtig ist vor allem, wie man an ein musisches Gebiet herangeführt wird, ob's knüppelhart eingebleut wird oder ob's einer versteht, Klangvorstellungen anzusprechen, Träume wach werden zu lassen . . .

*„Wo sind denn hier die Abenteuer? Ich hab' immer total auf Abenteuer gestanden. Und ich hab' den Eindruck gehabt, über die Musik könnte man es ganz gut machen" (Udo Lindenberg).*

Schule – mit ihr konnte ich wenig anfangen. Manches interessierte mich, zu anderem bestand ein völlig gestörtes Verhältnis. Mathematik, ich hatte im Gefühl, daß ich damit nie wieder konfrontiert würde, aber nie mehr! Also dachte ich: Laßt mich in Ruhe damit! Inzwischen kann man sein Abitur ohne dieses Fach bauen. Ich bin damals von der Schule abgegangen. Musik und Mathematik – das wäre die Motivation gewesen. Damals jedoch teilten sich die „Wichtigkeiten" so merkwürdig auf. Was heißt merkwürdig . . . Ich glaube, ich bin ein Spätentwickler und habe zu der Zeit einfach keine, aber auch nicht eine wesentliche Persönlichkeit getroffen, die mir die Schulzeit hätte schmackhaft machen können. Wenn ich nur an Thomas Mann denke! Als wir ihn durchnahmen, war er mir ein Greuel. Es gab kein Motiv, mich mit diesen mir damals weltfremden Dingen zu beschäftigen. Ich muß sehr „irdisch" gewesen sein . . . Zur Zeit bin ich auf dem Thomas-Mann-Trip, habe mir das Gesamtwerk in diesem Sommer zum zweiten Mal vorgeholt und darin gelesen. Seine detaillierten Beschreibungen sind so aufregend gut. Durch das wiederholte Lesen habe ich, glaube ich, sogar für mein Darstellungsvermögen auf der Bühne gewonnen.

Zu der Zeit jedenfalls entwickelte ich ausschließlich das Bedürfnis, mich auszutoben. In der Schule war das nicht drin, man saß da und saß da, sollte dies, sollte das, jedenfalls zischte ich heilfroh ab, wenn die Klingel nach der letzten Stunde bimmelte. Daß es überhaupt so lang funktionierte, wundert mich nachträglich; gelernt habe ich so gut wie nie. Dabei gab es Sachen, die ich mit Feuereifer anging und mit Erfolg. Daß ich etwas wollte und nicht packte, habe ich nie erlebt: Wenn ich etwas will, schaffe ich es!

Auch damals, wenn mir was zusagte, war ich sofort einer der Besten. Irgendwann bekamen die Eltern Panik, weil's in Französisch schlecht stand (in Mathe sowieso). Wurde zu Verwandten nach Braunschweig geschickt, die hatten eine Tochter mit Nachhilfelehrerin. In einem Vierteljahr kletterte ich in Französisch auf Eins. Nur weil ich das Allernotwendigste erledigte, die Hausaufgaben.

Daß ich ohne Abschluß die Schule verließ? Minderwertig empfand ich mich deshalb nie, nie geriet ich unter Druck durch die Befürchtung, mein Leben zu verpfuschen, keine Sekunde. Ich lebte mit der Überzeugung: Abi überflüssig. Durchblick zu kriegen, kann man das lernen? Ich meine, das ist eine Art Begabung. Unser Klassenprimus ist zum bitteren Ende in der Fixer-Szene kaputtgegangen. Schulerfolge haben so wenig mit erfolgreichem Leben zu tun.

Als Schüler dachte ich immer, irgendetwas stimmt nicht, entweder du bist daneben oder das ganze System ist daneben. Dabei habe ich mich selbst nicht als Outsider empfunden an unserer Bonzenschule, an der für meine Begriffe eine Reihe von Schülern auf ihre Art ziemlich kriminell waren. Die liefen nachts, aus lauter Langeweile, über parkende Autoschlangen. Ich sah darin keinen Spaß, harmlosen Leuten, die Jahre gespart hatten, um sich so ein Ding vor die Tür zu stellen, das Auto zu zertrampeln. Das hieß nicht, daß ich nicht zu „Extravagantem" aufgelegt war. Doch sowas? Die Typen wollten nicht mal was bezwecken. Läppisch, fand ich. Dagegen, wenn wir loszogen, Käse in Kaufhäusern zu klauen, war ich mit von der Partie. Wir haben uns anschließend in den Park gesetzt und den Käse in rauhen Mengen gefuttert. Natürlich hätten wir auch zu Hause Käse essen können, Käse aus Mutters Küche – wie kleinkariert uns das vorkam.

*„Mitte der 50er Jahre war es überhaupt nicht selbstverständlich, daß man im Radio seine Musik hörte, im Kleiderschrank seine Sachen, Blue Jeans gehörten dazu, hatte und im Kino seine Idole*

*(James Dean und Marlon Brando) verehrte. Alles mußte erkämpft werden" (Udo Lindenberg).*

Einer spezialisierte sich auf Stehlampen, schleppte die unbezahlt aus dem Kaufhaus in den Partykeller. Ungemeinen Eindruck hinterließ das bei uns. War wenigstens was aus eigener Initiative Entstandenes. In der Schule herrschte „dark sarcasm in the classroom", wie es bei Pink Floyd heißt. Was da ablief, wenn eine Mathearbeit zurückgegeben wurde, das hat manchen Lehrer geradezu befriedigt, hatte ich manchmal den Eindruck. Erst die Einser, Zweier, Dreier, ich wußte ja eh, was rauskam, wenn ich ein leeres Blatt abgegeben oder ein großes Fragezeichen draufgemalt hatte. So konnte ich in Ruhe beobachten, wie das der Lehrer verkaufte.

Zu dritt handelte man uns in der Klasse als „Aussteiger". Alle haben es zu etwas gebracht, wie man so schön sagt. Der eine wurde nach dem Abitur in der Abendschule Studienrat. Ausgerechnet!

In meiner Schulzeit war mir einzig der Sport wichtig. Jede freie Minute verbrachte ich auf dem Sportplatz. Mit siebzehn hielt ich den hessischen Jugendrekord im Zehnkampf. Überlegte mir: Wenn mir der Sport so guttut, ich nur schöne Gedanken dabei habe und mich pudelwohl fühle, kann er doch nicht so mies sein. Aber für die Schule blieb das unseriös: In Sport eins, in Mathe fünf, die sportliche Leistung interessierte nicht, der war ja in Mathe so schlecht.

Eine Szene weiß ich noch zu gut: Bundesjugendspiele. Schlag-ball-Weitwurf. Die Jungens schafften dreißig Meter oder vierzig. Ich warf mehr als das Doppelte. Urkomisch war die Situation: Die Lehrerin, ungeduldig, mit dem Maßband in der Hand, bis fünfzig Meter die Zehnermarken ausgelegt, sag' ich: „Was soll ich jetzt machen, mit links werfen oder wie?" „Also wirf mal!" „Ja, aber ich werf' viel weiter." „Jaja, los!" Hab' ich das Ding über den Sportplatz in die Tribünen reingedonnert. Weg war der Ball. Folge: Mir wurde verboten weiterzumachen. Auf die Idee zu kommen, mich vielleicht von weiter hinten schmeißen zu lassen . . . Aber die Tabelle ging ja auch gar nicht so weit. Also herrschte Zorn, weil ich zu weit warf.

Heute merke ich, daß ich durch den Sport früh ein Verhältnis zum Erfolg entwickelte und gleichzeitig lernte, mit dem Erfolgsgefühl umzugehen. Mich hat deshalb, meine ich, die Sängerkarriere in dieser Beziehung nicht groß verändert.

Schon mit der Gitarre fing das an. Fiel als was Besonderes auf, wenn man die neuesten Songs drauf hatte: Sofort war man Hahn im Korb. Sehr bald registrierte ich, daß der Mut, sich zu produzieren, recht ungleich verteilt ist, und oft an die falschen Leute, so daß einer, der viel kann, keinen Drive hat, es zu zeigen. Das war anfangs bei mir der Fall. Wenn die sagten: Spiel' mal was, dachte ich immer, es gibt doch Leute, die das besser können. Habe dabei nicht realisiert, daß es darauf nicht ankommt. Wenn man was macht, soll man es tun, weil andere Spaß daran haben. Nicht, weil man meint, der Beste sein zu müssen.

## Die Lösung – auch wenn sie noch so unbequem war

Verläßt man die Schule ohne Abschluß, ist das trotz allem ein düsteres Kapitel. Auch für mich klaffte eine Lücke. Deshalb wollte ich partout etwas in meinem Kopf gebären, eine überzeugende Idee für mich finden. Alles drehte sich um den „gefallenen Sohn" und sein „verpatztes Leben". Ich aber war mir meiner selbst sicher, nicht nur nach außen. Ich wußte, es kommt was. Was auch immer. Meine Umgebung war geschockt oder von mir enttäuscht. Das registrierte ich zwar, aber tragisch nahm ich es nicht. Ich hatte ja so viel vor! Plante, eine eigene Familie zu gründen. Natürlich wollte keiner, daß ich heiratete. Mit 19 Jahren! Volljährig war man erst mit 21 und die Heiratserlaubnis mußte ich mir, als es soweit war, von der Bundeswehr besorgen. Mich ließ das ganze Trara um die Hochzeit mehr oder weniger kalt. Für mich stand fest: Die Hochzeit findet statt. Tatsächlich heirateten wir ein halbes Jahr später. Dieser „Jetzt-gerade-Effekt" wirkt bei mir um so stärker, je mehr ich Widerstand spüre. Hätte mir damals meine Familie Knüppel in den Weg gelegt, hätte ich mich trotzdem durchgesetzt. Aber da lag schon der Einberufungsbescheid auf dem Tisch: Am 3. 3. 63 sollte ich in Lebach antreten. Ausgerechnet jetzt, schimpfte ich, wo ich was Richtiges anfangen, endlich ein Kontrastprogramm nach dem Schuldrill aufbauen will. Dolmetscherschule schwebte mir vor. Weniger, um Dolmetscher zu werden, als meine Sprachkenntnisse aufzubessern. Aber: Ich wollte ja bald eine Familie ernähren, mein eigenes Leben finden – und finanzieren.

Zu Hause war ich der Versager, auch gegenüber dem Stiefvater.

(Mit dem ich mich heute sehr gut verstehe! Dafür, daß wir heute so gut miteinander auskommen, sorgen wir beide. Von der Seite meines Stiefvaters spielt sicher eine Portion Respekt und Stolz mir gegenüber mit, und ich bin über den Kleinkram wie „Mach' die Hausaufgaben" und „Komm' pünktlich heim", der mir damals so an die Nieren ging, ja wohl hinausgewachsen.) Damals wollte ich beweisen, daß ich selbständig handeln und eigene Verantwortung tragen konnte. Psychologisch ist deshalb die Idee mit dem ersten besten Rettungsanker, der sich bot, eben die Bundeswehr, einfach zu erklären.

Die ersten Tage fragte ich mich noch: Wie komme ich drum herum? Es gab viele, die eine Woche lang nicht ins Bett gingen, sich mit Kaffee hochputschten und folglich mit Herzfehler eingestuft wurden. Irgendwie lag mir das nicht, mich mit faulen Tricks und falschem Spiel zu drücken. Schließlich meldete ich mich freiwillig, um wenigstens entscheiden zu können, zu welcher Einheit ich eingezogen würde. Ich ließ mich beraten und fand: Fallschirmspringen, das wär's. Als Sportler imponierte mir das. Außerdem hatten mir einige erzählt, wie sie bei der Bundeswehr versackten, aus Langeweile mit der Sauferei anfingen. Dann ist's aus, davor hatte ich Horror, lieber wollte ich was Handfestes anpacken.

Wenn ich noch daran denke: Der erste Sprung! Obwohl, so wild, wie man sich's vorstellt, war er gar nicht. Die nächsten sind unangenehmer, weil man weiß, was auf einen wartet. Auch die Anfangssprünge vom fünfzehn Meter hohen Turm fielen schlimmer aus als das Springen aus dem Flugzeug. Man hing an Gurten, die zwar nachgaben, man kam unten nicht an wie auf Beton, aber trotz allem schlug man ganz gehörig auf. Später steht man in der Luke, denkt, hoffentlich geht das Ding auf, nach zehn Sprüngen (ich bin etwa sechzigmal abgesprungen) denkt man auch das nicht mehr, der Absprung wird zum mechanisch erlernten Vorgang.

Unser Lehrgang war im Winter. Ich weiß noch, wie ich mit blau-, nein, schon weißgefrorenen Ohren, eiskalt vom Warten in der Schlange zum ersten Turmsprung, langsam auf die Plattform vorrückte. Dann war's soweit, ich wurde eingehakt, und ab ging die Post. Da sind hinterher einige schnell heimgefahren und wollten vom Springen nie wieder etwas wissen. Andere spielten dort oben die großen Helden, konnten anschließend mit zittrigen Fingern kaum den Schirm einsammeln, klopften aber abends in der Kantine die großen Sprüche. Aber jedesmal Höllenängste durchzumachen, das wäre zu grausam; wer sich so quält, sollte besser aufhören. Ich habe das Springen als etwas Schönes empfunden.

Es galt, sich selbst zu überwinden, der ersten Angst Herr zu werden – und dann die Schwerelosigkeit auszukosten. Fliegen, im freien Fall, Fliegen, was eigentlich dem Menschen unmöglich ist, für Minuten losgelöst wie ein Vogel ohne Erdenschwere sein: Frei und trotzdem beherrscht und diszipliniert vom Kopf bis zu den Zehenspitzen. Fallen, Fliegen, heil Aufsetzen – Gesang in seinen Glücksmomenten ist diesem Erlebnis vergleichbar.

Als ich zur Armee ging, hörte ich auf, in der Rockband zu spielen. Damals rieten mir meine Schwiegereltern, meine Stimme ausbilden zu lassen, ganz diese „gräßliche Rockmusik" aufzugeben. Nach einem Jahr – der Gedanke, mit meiner Stimme zu arbeiten, ließ mich nicht mehr los – faßte ich den Entschluß, Gesang zu studieren. Aber: Woher das Geld nehmen? Familie, das zweite Kind kündigte sich an, keine Berufsausbildung.

In Amerika beispielsweise läuft in puncto Ausbildung einiges anders. Hat einer Talent, kann er am College neben einem Hauptfach Gesang studieren, gut und gründlich. Viele Studenten werden letztlich nicht Sänger, trotzdem sind sie musikalisch besser ausgebildet als mancher Musikhochschulabsolvent bei uns. Jess Thomas zum Beispiel hat Psychologie studiert und nebenher Gesang, bis eines Tages bei ihm die Musik die erste Geige spielte. Ganz am Rande gibt einem so ein Doppelstudium eine beruhigende Sicherheit. Bei uns sieht es umgekehrt aus. Man fängt mit der Musik an und bekommt immer gesagt: Mach' doch die Musiklehrerprüfung, falls es mit dem Gesang nicht klappt. (Vielleicht sieht deshalb hierzulande der Musikunterricht so traurig aus!) Ich habe das von vornherein abgelehnt, dieses Sicherheitsnädelchen.

Für meine Fragen fand ich keine Lösung, da fiel mir eine Broschüre in die Hand: Weiterverpflichtung mit Abfindung. Je länger verpflichtet, desto mehr Geld auf die Hand. 30 000 Mark – bei sparsamem Leben, rechnete ich mir aus, könnte das drei Jahre Studium bedeuten. Zwar hatte ich mir ausgemalt, mein Studium nachts mit Rockmusik zu verdienen . . . Das geht aber beim besten Willen nicht. In verrauchten Lokalen hocken und morgens müde ohne Stimme antreten.

Da ich aber die Verpflichtung hatte, meine Familie zu ernähren, und zudem zu der Einsicht gelangte, daß Soldat zu sein nicht etwas ist, wofür man sich schämen müßte, verpflichtete ich mich für weitere sechs Jahre. Damit war ein unbequemer, aber sicherer Weg gewählt. Zeit durch die Bundeswehr verloren zu haben, kann ich nicht behaupten, denn mit zwanzig war ich noch zu jung für die Musikhochschule – wo ich doch Heldentenor werden wollte und man davon erst ab dreißig reden kann. So galt es, die Zeit zu überbrücken. Aus diesem Grund haben die meisten Sänger noch einen „ersten" Beruf.

Von meiner physischen Kraftentwicklung her kann ich die Zeit beim Bund sogar als gutes Übungsfeld rechnen. Kommandos aus sechzig Meter Entfernung zu geben, das trainiert die Stimmkraft. Daher kommt er ja, der Ausdruck Stentorstimme – von der Stimme jenes trojanischen Kriegers, die so laut wie die von 50 Männern gewesen sein soll.

Und gesungen hab' ich beim Bund. Hingebungsvoll. Unter der Dusche. War schon der ganzen Kompanie ein rotes Tuch. An Wochenenden oder nach Dienst blieb ich bis zum Geht-nicht-mehr in dem gekachelten Großwaschraum mit der Bombenakustik und dem Super-Hall-Effekt. Besser als Bayreuth, eine Art Kirchen-Badezimmer-Akustik. Mit kleinstem Stimmaufwand erreichte man die Illusion einer Mordsheldenarie. Stundenlang hielt ich es dort aus; ab und zu ging die Tür auf, einer guckte rein, schüttelte den Kopf und verschwand wieder. Das war mir egal; ich wußte, ich hatte das Image vom Verrückten, der Sänger werden will.

Als ich zum Wehrdienst einrücken mußte, habe ich mir über die moralische Seite keine Gedanken gemacht. Mein Background war nicht danach, um mich zog sich ein ziemlich enger Kreis. Für mich existierte nur die Überlegung: Wie geht's mit mir weiter? Ich wollte nichts weiter, als meinen neuen Lebensabschnitt in den Griff kriegen, und das auf eigene Faust. Allerdings: Verweigerer bewunderte ich. Das war damals unpopulär und unbequem. Viele wurden in Krankenhäuser gesteckt, um niedrigste Arbeiten zu verrichten, oder in psychiatrische Kliniken. Mancher hat da womöglich für's Leben Schaden genommen, wenn er sensibel war – und das waren sie oft. Ich dagegen hielt meine Stellung in der Gesellschaft für überhaupt nicht wichtig. Im Unterbewußten versuchte ich wahrscheinlich, mir eine Stellung zu erobern, aber als ich noch keine hatte, vermochte ich nicht, Stellung zu beziehen, zu entscheiden, was ich vertreten konnte oder radikal ablehnen sollte. Weitblick fehlte mir, ich ging nur instinktiv dem aus dem Weg, was mir grundlegend hätte schaden können.

Zudem habe ich das Talent, auch in einer hoffnungslos erscheinenden Situation etwas Gutes zu entdecken. Von zu Hause weg auf den Weg der Selbständigkeit zu treten, fand ich schon mal gut. Und ich wollte ausprobieren, was dabei aus mir wird, ob ich an den zwei Jahren zerbreche oder ob ich, was mir nicht behagt, so abschalten kann, daß es mich nicht trifft.

Zumindest verbal habe ich dann doch gegen manche Dummheiten gekämpft, die zutage traten. Antisemitismus war so ein Kapitel für sich. Wenn das Thema in einer Abendrunde ausartete, zumal ich als Prototyp des Ariers gehandelt wurde, bin ich einfach weggegangen. Ich halte Leute schlicht für dumm, die es fertigbringen, Juden, nur weil sie jüdischer Herkunft sind, als minderwertig abzustempeln. Bevor ich mich dem allgemeinen Geheule anschließe, in welcher Richtung auch immer, schaue ich, mit was für einem Menschen ich es zu tun habe. Ein dufter Typ oder ein mieser Kerl. Und das sage ich auch. Vom umgekehrten Komplex, alles zu entschuldigen aus kollektivem Schuldgefühl heraus, auch von diesem Komplex, der ohne Zweifel da war, habe ich mich befreit. Damit will ich nur sagen, daß ich in jeder Situation durchaus meine eigene Meinung behielt. Ich war damals mehr mit vordergründigen Problemen beschäftigt. Wenn auf einem Siebzig-Kilometer-Marsch Socken und Schuhe voll Blut waren, dachte man nicht an Manipulation, nicht, ob wir da richtig liegen, uns gegen den Kommunismus zu stellen. Nach vierzig Kilometern kennt man nur noch die Probleme, die der eigene Körper stellt, höchstens noch die des Nebenmannes, dem man hilft, wenn dessen Kräfte am Ende sind. Nach sechzig Kilometern schmerzen die wunden Füße, die Blasen auf den Schultern vom scheuernden Rucksack, oder man trägt das Gepäck von dem, der sonst zusammengebrochen wäre.

Oder morgens Viertel nach fünf Aufstehen. Nach dem Frühstück erst mal zwei Stunden wie blöd Rumrennen, ohne zu wissen, was gespielt wird, weil es dafür einfach zu früh ist; da trabt man über die Landstraße wie ein Herdentier, bevor man überhaupt zu Bewußtsein kommt. Für mich war das ein Abenteuer, kein politisches, ein körperliches, mit dem Gedanken: Wie weit reichen meine Kräfte?

So habe ich versucht zu lernen, mich im Freien aufzuhalten, ohne mir bei jedem Windzug eine Angina pectoris einzuhandeln. Wiederholte ich heute diesen Versuch, hätte ich sie allerdings prompt. Ohne ständiges Training hat so etwas keinen Zweck. Deshalb: Die Bundeswehr war ein Abenteuer, das mir die Chance gab, Fähigkeiten wie Durchhaltekraft und Durchsetzungsvermögen auszuloten und zu stärken. Weiter habe ich damals nicht gedacht, weil mich das – das fühlte ich unbewußt – in Konflikte gestürzt hätte, die ich auf keinen Fall gebrauchen konnte. Mein Dienstgrad war nicht hoch genug, um mir eine weitreichende politische Denkweise abzuverlangen.

Natürlich war mir klar, daß es sich um einen Beruf handelte, in dem man sich verteidigen lernt. Manche sagen „töten". Ich finde, so kann man das nicht ausdrücken, denn Töten muß man nicht erst lernen. Wenn jemand meinen Sohn auf Leben und Tod in der Mangel hat, fahr' ich doch ohne Rücksicht auf Verluste dazwischen! Man kann in Situationen geraten, in denen der Überlebenswille einen nicht mehr klar überlegen läßt; statt nach seinen pazifistischen Überzeugungen, zu denen man sich vielleicht durchgerungen hat, zu handeln, wehrt man sich nur noch seiner Haut. Töten lernen? Nein. Schon als Kind hat man mit dem Flitzebogen geschossen, in jeder Jahrmarktsbude zielt man mit dem Gewehr.

Eine andere Frage ist zu klären: Ob ich Güter wie Freiheit und Humanität zu verteidigen bereit bin. Wenn Leute mir diese elementarsten menschlichen Dinge nehmen wollten, müßte ich mich unter Umständen mit Gewalt zur Wehr setzen. Dabei kann ich mir nicht vorstellen, zu Hause zu sitzen und irgendwer anders hält für mich seinen Schädel hin. Ich will das nicht durchspielen, davor habe ich Angst. Bloß weiß ich, wenn es soweit käme, dann würde ich so einen Schießprügel in die Hand nehmen. Zu denken, ich mach's mir gemütlich daheim, schüre abends ein Feuerchen und draußen ist die Hölle los – das könnte ich mit meinem Gewissen nicht vereinbaren. Da würde ich lieber den Tornister nehmen und mitlaufen, fluchend. Daß ich, verteidige ich meine Interessen oder die eines Volkes, das Risiko eingehe, dafür mit dem Leben zu bezahlen, ist mir durchaus bewußt. Denn um was geht's eigentlich? Nur darum, unsere Staatsform, unsere Lebensform zu verteidigen. Da ich die östliche hinter unserer Grenze kenne und sie nicht mag, würde ich unsere notfalls verteidigen. Denn Kapitalismus läßt sich zu Aktivitäten benützen, im besten Fall kann ich mit Geld anderen helfen.

Kommunismus, der liest sich hervorragend, wird aber nirgends so praktiziert, wie er gedacht ist. Im Grunde was Herrliches, das Humanistischste, was ich kenne. Ich habe von einer Gruppe gehört, reiche Typen, die sich ein paar Inseln gekauft haben; an die

400 Leute, die verwirklichen dort den absoluten Kommunismus. Das ist aber nur möglich, weil es ihn gegen nichts zu verteidigen gilt. Mit dem Kapitalismus ist es das gleiche. Hätten wir alle die gleiche Staatsform, wäre es vorbei mit den Reibereien. Wenn überall wahrhafter Kommunismus herrschte, wenn es nicht diesen Kampfgedanken gäbe, die Welt mit der roten Farbe zu überziehen, dann könnte er sich beschränken auf die humanistischen Grundgedanken. Aber sobald es heißt, nach außen stark zu erscheinen, haut jeder Staat sein ganzes Hab und Gut in ein paar Raketen rein.

———

Was sich bei der Bundeswehr abspielte, war nur ein Teil des Lebens von Peter Hofmann, der andere, entscheidendere, was seinen zukünftigen Beruf anging, begann nach Dienstschluß, in der Gesangsstunde, bei abendlichen Opernbesuchen. Bis 1969. Ab diesem Jahr konnte er sich völlig auf sein Studium an der Musikhochschule Karlsruhe konzentrieren. Zwei menschlich wichtige Begegnungen fielen noch in die Militärzeit. Er lernte seine spätere Gesangslehrerin Emmy Seiberlich kennen und über sie den amerikanischen Tenor Jess Thomas, der für ihn damals *der* Wagnersänger war.

———

## „Haben Sie nichts Leichteres?"

Meine Lehrerin. Über diese wichtige Person in einem Sängerleben wird oft schön geschrieben und leicht hinweggelesen. Aber einen guten Lehrer zu haben, was heißt das alles?
Emmy Seiberlich. Karlsruhe. Wieviel habe ich ihr zu verdanken. Sie war Sängerin, aber sie vermittelte mir nicht nur Stimmtechnik. Vielmehr hatte ich das Glück, auf einen Menschen zu treffen, der auf gleicher Wellenlänge lag. Ihr zu begegnen, war unschätzbar wichtig für mich, sie hat mich geprägt, auch meine Ansprüche, die ich an mich und die Oper stelle. Es ist schließlich viel einfacher, ständig mit sich und allem zufrieden zu sein. So problemlos. Aber

was bringt diese schnell zufriedene Selbstgefälligkeit? Obwohl – die meisten Regisseure arbeiten, nach meiner heutigen Erfahrung, lieber mit Sängern, von denen sie wissen: Der ist unkompliziert. Wenn sie merken: Der guckt mir auf die Finger, der hat die Oper schon mit dem und mit dem gemacht . . . Das ist unangenehm. Götz Friedrich hat das mal formuliert – nur, er holt mich immer wieder!

Als ich mich für klassischen Gesang zu interessieren begann, kaufte ich mir Schallplatten. In erster Linie orientierte ich mich an den Sängernamen. Meine erste Platte war von Mario del Monaco. Ein Porträt mit italienischen Prachtarien. Ich versuchte, diese Arien nachzusingen. Oder das Torerolied, das hatte so was Saftiges an sich, das mochte ich ungemein gern. Als ich es meiner späteren Lehrerin servierte, besser gesagt vorbrüllte, mit viel Elan und Power, daß die Scheiben zitterten, war sie von den Socken und meinte: „Das lohnt sich." Konterte ich: „Auch mit zwei Kindern?" „Eine Garantie gibt es nicht." Aber es sei schade, fügte sie hinzu, würde ich es nicht probieren. Ab diesem Moment war ich mir sicher: Ich wage es! Sie hat mich dann lange umsonst unterrichtet.

Zu ihr brachte mich eine Sängerin, die ich nach einer Theatervorstellung – ich hatte allen Mut zusammengenommen – fragte, ob sie jemand wüßte, der mir Stunden geben könnte. Als wir bei Emmy Seiberlich erschienen, die Sängerin begleitete mich, war ich überaus nervös. „Ich muß, trotz allem, mal irgendetwas hören, ein paar Töne; was singen Sie denn gern?" fragte mich Frau Seiberlich. „Holländer." „Um Himmelswillen!" (Ich war ganze 21 Jahre alt.) „Haben Sie nichts Leichteres?" „Wieso", argwöhnte ich, wußte nichts über leicht und schwer und hatte keinen Dunst von Fachbezeichnungen: „Torerolied kann ich auch." „Um Himmelswillen!" „Oder die Spiegelarie", schlug ich vor. Sie wollte Papageno hören, aber das konnte ich nicht. Also Torero.

Mit Recht hat mich meine Lehrerin gleich zu Anfang vor Scharlatanen gewarnt, die vage Andeutungen machen: „Singen Sie erstmal zwei, drei Jahre, dann werden wir sehen, wie das wird" – obwohl wirklich nur 'ne Gurke von Stimme da ist. Aber: Die verdienen daran! Sie reden pausenlos auf den Schüler ein, so daß er am Schluß konfus und wirr im Kopf ist, nicht mehr weiß, wie er die Zunge halten, die Augen und den Kehlkopf verdrehen soll, singen kann er deswegen immer noch nicht. Wenn ein Lehrer es nicht schafft, die spezielle Begabung, das individuelle Ich, das er vor sich hat, anzusprechen, kann passieren, was ich beobachten konnte: daß Leute sechs Jahre bei einem Lehrer studierten und merkten, daß sie immer schlechter wurden. Der Lehrer kam dann mit Sprüchen an, sagte: „Jetzt brüllen wir mal jeden Tag zehn Minuten, Sie werden sehen, wenn Sie das durchhalten, ein, zwei Jahre, wie Ihre Stimme rauskommt." Anfänger sind für solche Sprüche empfänglich. Aber nur deshalb, weil sie in diesen Jahren quasi die Augen und Ohren zupetzen müssen, blind vertrauen, in der Hoffnung, daß irgendwann die große Erleuchtung hereindämmert. Meistens ereignet sich das Gegenteil und nach zwei Jahren Gebrülle ist es für jede „Reparatur" zu spät. Die wenigsten sind Manns genug, nach der Stunde dem Lehrer vorzuwerfen: „Ich bin ja stockheiser." Immer ist eine Erklärung zur Hand. „Die Muskeln waren nicht richtig durchblutet" oder ähnliches Blabla – unterm Strich bleibt Heiserkeit übrig. Und wenn Komplikationen eintreten, die der Lehrer nicht voraussehen konnte, erzählt er, nur um seine Haut zu retten, Tod und Teufel. Und der Schüler weiß es nicht besser. Der Sänger ist während seiner Ausbildung seinem „Lehrherrn" hoffnungslos ausgeliefert.

Von Typ zu Typ ist es verschieden, wie lange er seinen Lehrer in Anspruch nimmt, wann er sich von der Nabelschnur löst. Singen beruht ja zum Teil auf autodidaktischen Vorgängen. Ich war, seit ich auf der Bühne stehe, nie mehr bei einem Lehrer. Jess Thomas sagte mir einmal: „Singen lernst du nur durch Singen." Ein einfaches, aber wahres Wort. Man muß „machen"! Es gibt Studenten, die lesen viel darüber, können am Biertisch enorm erzählen, wissen alles; bloß deren Stimme, hört man sie mal singen, begeistert nicht sonderlich.

Im Laufe des Studiums hat es Emmy Seiberlich verstanden, mich unwahrscheinlich zu fesseln. Erst standen Monat um Monat Vokalisen und Stimmübungen, Stimmübungen und Vokalisen auf dem Stundenplan. Immer flehender bat ich nach Jahr und Tag, ob wir nicht eine Arie oder auch nur ein Liedchen einstudieren könnten. Was es endlich war, weiß ich nicht mehr, irgendetwas Harmloses. Und plötzlich hatte ich das Gefühl, ich verliere meine Stimme. Solange die Stimme nicht ausgebildet ist, spürt man sie im Hals, weil sie noch im Hals steckt. Man war die Kraftanstrengung gewohnt, Töne, gerade hohe Töne, rauszuschmettern. Plötzlich strömte alles wie von selbst, so leicht. Doch ich dachte nur: Die Stimme ist weg. Panik! Dieser Prozeß des Bewußtmachens ist ungeheuer schwierig. Wie bei fast allem, was man aus dem Unbewußten ins Bewußte holen will. Man kann begabt sein, doch fängt man an, ernsthaft ein Gebiet zu studieren, fällt man über kurz oder lang in ein Loch, muß sich dann mühsam wieder hochrappeln. Ist, glaube ich, normal, trotzdem eine böse Erfahrung. Sehr böse. Genauso ging es mir. Ich war oft schrecklich deprimiert. Weil einfach nichts mehr lief. In diese Zeit fiel eine entscheidende Begegnung: Ich lernte Jess Thomas kennen.

## „Darf ich mal das Schwert anfassen?"

Auch Jess Thomas machte seine ersten deutschen Gesangsstudien in Karlsruhe: bei der gleichen Lehrerin. Fast zehn Jahre später, 1967, ich war bei der Bundeswehr, erhielt Emmy Seiberlich aus Bayreuth ein Telegramm. Sie solle schnell kommen, er wolle mit ihr arbeiten. Aufregung im Haus Seiberlich: „Ich muß sofort nach Bayreuth, wie komme ich hin?" Zufällig (zufällig?) besuchte ich an diesem Tag meine Lehrerin und sie fragte mich, ob ich sie hinfahren könne. „Nach Bayreuth? Himmlisch!" Schon waren wir losgefahren. Als wir im Festspielhaus eintrafen, lief gerade „Lohengrin". Beim Pförtner – er ließ sein Fenster einen Spalt auf – konnten wir den Schluß mithören. Dann lernte ich den Sänger kennen.
Wir wurden in die Garderobe gebeten und ich fragte (weiß noch genau, wie ihn das amüsierte): „Darf ich mal das Schwert anfassen?" Man denke, das Schwert von Lohengrin! Ich war ganz blaß vor Ehrfurcht. „Und das Horn auch?" So ein richtiges Kind war ich noch in dieser Beziehung – oder vielleicht überhaupt. In diesem Sommer prophezeite Jess Thomas einer Dame im Betriebsbüro der Festspiele: „Bei mir ist ein Junge zu Besuch, der wird hier noch singen. Sie werden es erleben." Als ich, wieder zehn Jahre später, 1976, in Bayreuth auftauchte, erinnerte sie sich in der Tat daran, daß Jess Thomas mich „angekündigt" hatte. Das war im „Ring"-Jahr mit Chéreau und – Jess Thomas. Er engagiert als Siegfried für „Götterdämmerung", ich als Siegmund in „Walküre" (als Siegfrieds Vater!). Wir beide in einer Inszenierung. Nach zehn Jahren . . . Eine unglaubliche Sache!
Nach der ersten Garderoben-Begegnung, zehn Jahre vorher,

hatte ich eingesehen: Abenteuer beendet, und ich war traurig, mich so rasch wieder verabschieden zu müssen. Er sah es mir wohl an, jedenfalls schlug er mir vor zu bleiben, bei ihm zu wohnen. Und ich blieb, über eine Woche. Ich durfte mit seinem Mercedes zum Festspielhaus kutschieren, Fan-Post holen, die Zeitung, morgens Brötchen – war das eine große Geschichte für mich! Begeistert rief ich zu Hause an: „Jetzt übt er wieder!" Einmal habe ich ihm vorgesungen. Papageno oder Ähnliches. „Hört sich gut an", war sein Kommentar. Die Stimme tendiere mehr zum Tenor und ich solle in den oberen Lagen arbeiten. Ab diesem Moment stand für mich fest: Unbedingt Tenor!

Zu diesem Privatissime-Singen kam es aufgrund einer Episode, die ich ihm erzählt hatte. Er wohnte ganz in der Nähe der Eremitage, und als ich eines Sonntagsmorgens in diesem Park spazierenging, markierte ich leise in einem kleinen Pavillon mit herrlicher Akustik die Gralserzählung. Als ich endete, klatschten Leute hinter meinem Rücken, Spaziergänger, die, von einem Busch verdeckt, gelauscht hatten. Ich: die Beine in die Hand genommen und ab wie der Wind! Dachte, wenn die jetzt sehen, wer da gesungen hat . . . Ich habe mich in Grund und Boden geschämt für meinen ersten Bayreuther Applaus.

Natürlich habe ich Jess Thomas als Lohengrin gesehen, in der Wolfgang-Wagner-Inszenierung, alles Blau in Blau, wie Jugendstil. Ganz vorn saß ich, war völlig benommen, als ich ihn zum ersten Mal auf der Bühne erlebte. Eine Bühnenerscheinung von unglaublicher Intensität. Mich beherrschte nur ein Wunsch: Werden wie er! Meine Lehrerin bestärkte mich in meinem Fanatismus, feuerte mich an: „Du singst als erste Partie den Lohengrin." Ich habe nicht so recht daran geglaubt, versuchte es mir zwar einzureden, aber dachte, das ist vielleicht ein bißchen hoch gegriffen. (Es wurde der Tamino, auch nicht gerade leicht.)

Jess Thomas und ich, wir sind seitdem gute Freunde. Als ich mit dem Studium fertig und das Geld von der Bundeswehrabfindung aufgebraucht war, ich auf den Beginn meines ersten Engagements wartete und nicht mehr wußte, wovon ich die vierköpfige Familie ernähren sollte, überwies mir Jess Thomas jeden Monat Geld aus Amerika. Er hatte von Anfang an das Gespür, daß es klappt. Für mich war das ein vielversprechendes Omen und eine Verpflichtung zugleich. Wenn ich überhaupt ein Vorbild nennen kann, ist es seine Ausstrahlung, die auf der Bühne zu erreichen.

46

## Kein Highlife, aber heiser vom Üben

Ob ich ohne meine Frau und ohne ihre Eltern auf die Idee gekommen wäre, mich ernsthaft um klassische Musik zu kümmern? Ich bezweifle es. Meine ersten Vorbilder waren die Schwiegereltern, Opernsänger von mittlerer Karriere, die sicherlich zu anderer Zeit hätte erfolgreicher verlaufen können. Ihre sängerische Hoch-Zeit lag im Krieg und in der Nachkriegszeit. Für einen Sänger aus diesem Jahrgang sind solche verlorenen Jahre kaum einzuholen. Auch aus diesen Erfahrungen heraus war meine gesamte Umwelt wild entschlossen (mir klingen noch heute die Ohren von allen Unkenrufen), mich vom Gesang als Beruf, von dieser „unsicheren" Zukunft, abzuhalten. Außer meiner Frau. Später war ausgerechnet ihre ursprüngliche Berufsidee, Sängerin zu werden, einer der Gründe, warum wir uns auseinanderlebten. In mir schlummerte dauernd ein schlechtes Gewissen: Ich durfte studieren, ich durfte singen, wegfahren, Gastspiele geben . . . und sie, die zuerst zur Bühne wollte, saß zu Hause bei den Kindern.

Anfangs lief die stimmliche Ausbildung parallel zur Bundeswehr. Die Stunden fanden statt, wann immer meine Freizeit es erlaubte. Manchmal reichte sie für zwei Stunden in der Woche, ab und zu mußte ich zwei, drei Monate Pause einlegen; Fallschirmspringer sind viel unterwegs, Manöver hier, Manöver da. Unerquicklich für's Gesangsstudium, weil es dadurch nicht vorwärts gehen konnte. Etwas, was meine Ungeduld schwer ertrug. Ich will möglichst schnell möglichst viel über eine Sache wissen. Beim Studium machte es sich bemerkbar. Noch heute ist das so. Und nicht nur auf der Bühne.

Während des Studiums in Karlsruhe beschäftigte ich mich bald mit Partien, von denen ich nicht einmal wußte, ob ich sie je singen würde: So auch mit Siegmund – eine der ersten Rollen, die ich mir vornahm. Alle schüttelten die Köpfe, meinten, ich sei übergeschnappt. Obwohl ich immer beteuerte: Ich studiere das nicht, um es übermorgen zu singen, sondern um es zu kennen. Klappte es einigermaßen, legte ich die Noten weg und nahm die nächsten vor. „Freischütz" war dabei und „Lohengrin". Von den anderen Kommilitonen, die den ganzen Tag in der Schule zusammenhockten und über Gesangstechnik diskutierten, erwartete ich lange Zeit Großartiges. Die Überraschungen blieben aus. Für mich ein Beweis, daß der praktische Weg vorzuziehen sei. Habe mich also zu

Hause in Klausur verzogen, mich manchmal fünf, sechs Stunden mit Singen gequält. Oft mußte ich stockheiser aufhören, wütend über die Heiserkeit, obwohl mir klar war, daß fünf, sechs Stunden pro Tag kein Mensch singt. Kein Wunder, wenn ich heiser wurde! Unheimlich viel Energie steckte ich ins Studium. Jeden Tag arbeitete ich. Wie ein Besessener.

Diese herrliche Studentenzeit, die jeder so preist, habe ich in dem Maße nie genossen. Als ich mich Ende 1969 an der Musikhochschule einschrieb, kam mein ältester Sohn kurz darauf zur Schule. Von wegen Highlife! Jede freie Minute nützte ich, Partien zu studieren. Zum Glück wohnten wir in einer Riesen-Altbauwohnung. Der Flügel stand in der Diele. Allerdings durchquerte die jeder in Richtung Schlafzimmer, Wohnzimmer, Kinderzimmer . . . Mit dem Flehen um Ruhe saß ich dort und röhrte. Aber nach so vielen Stunden kann man kleinen Kindern nicht mehr zumuten, ruhig in der Ecke zu hocken, während der Vater schrecklich laut singt, stundenlang, täglich. Aber sie gewöhnten sich daran. Wobei sie das, als sie älter wurden und aus mir was geworden war, mit anderen Augen sahen. Wäre ich heute jedoch Versicherungsvertreter, würden sie jetzt mit Recht meutern, was hat der damals eigentlich so geschrien. Jahrelang! Oder wenn ich Kritiker geworden wäre . . .

Studium – was ist das eigentlich? Ich sehe darin die Leistung, da anzufangen, wo der normal begabte Mensch aufhört. Auch ohne Studium singt ein musikalischer Mensch eine Arie so, daß sie schön klingt; wird sie anspruchsvoll, ist's irgendwann Sense. Die meisten hören an dieser Grenze auf. Dann so lange zu fummeln, zu probieren, zu machen und zu tun, bis diese Schwierigkeiten, bei denen alle das Handtuch schmeißen, stufenweise abgebaut sind, das heißt Gesangsstudium.

Dabei erreicht der Student Stationen, die ihn fühlen lassen, daß ein gewisser Durchbruch geschafft ist, vergleichbar dem Gefühl beim Langlauf, wenn der Atem wie von allein gleichmäßig pumpt. Parallelen zwischen Leistungssport und Singen entdecke ich mehr und mehr. Viele Vorgänge beim „normalen" Singen führt man wie selbstverständlich aus. Im Studium sollen sie bewußt werden: „Unten stützen!" Auf einmal geht es nicht mehr. Habe ich bei mir auch bemerkt. Von Natur aus hatte ich, wie man so sagt, ein „Rohr" (zu hören am offenen Ö statt Ä), an dem der ganze Körper mit der vollen Lungenresonanz hängt. (Beim Ä singt man nur aus dem

Kopf heraus.) Mein Vorteil lag darin, daß mein Körper durch den Sport gut im Training war. Schon damals mußte ich mir Bewegungen und Vorgänge bewußt machen. Im Sport lernte ich, beispielsweise beim Stabhochsprung, in einer Zehntelsekunde an unglaublich viele Sachen gleichzeitig zu denken. Das kann kein Mensch von Natur aus, ist auch unnatürlich. Genau wie das professionelle Singen! Dieses Bewußtmachen muß so weit getrieben werden, daß ich sogar bei höchster Nervosität ein paar Grundpfeiler habe, auf die ich mich stellen kann. Also: Tief unten atmen, Brustkorb locker lassen, nicht hochziehen, Kehlkopf nicht hochrutschen lassen, nicht unkontrolliert hecheln, so daß ich nach ein paar Minuten so trocken bin, daß statt Tönen nur „wilde Luft" rauskommt. Viel hängt mit der Psyche zusammen, was so weit gehen kann, daß man sich tatsächlich festsingt, wenn die Kollegen ständig auf einen einreden: „Mach das nicht, ist zu schwer." Oder man macht sich selbst verrückt, wenn man auf dem Weg in die Oper spürt, das läuft nicht wie gewünscht, ich finde meinen Atem nicht, die Stimmposition ist Gott weiß wo, schon habe ich einen Schweißtropfen auf der Stirn, ich spüre ihn und prompt beginnt das Magenflattern. Ums Kontrollieren geht's! Von oben steuern, damit ich nicht meiner Nervosität freien Lauf lasse. Deshalb auf dem Weg ins Opernhaus: Mund zu, nicht hecheln (sonst hört sich das Ergebnis nach „bell"-canto an), nicht vor sich hindösen, sondern mitdenken, bewußt handeln.

Auf den Punkt da sein! Das habe ich beim Sport gelernt. Ich bin der „Typ Sprinter" unter den Leichtathleten, die kurze, hochgespannte Leistung liegt mir. Das Nervenkostüm spielt dabei eine Hauptrolle. Wie beim Singen. Allein diese Diskrepanz zu überbrücken: Gestern stand die Stimme wie Eisen, heute weiß ich nicht mehr, wo das C liegt oder das A. Und ich habe ja kein Instrument vor mir. Auf der Geige kann ich jeden Ton genau finden. Aber die Stimme – wo soll ich da drücken? Der Gesang lebt von abstrakten Vorstellungen: „Mach' das Rohr auf!" Damit meint man, daß sich von dem ersten Punkt der Atmungsorgane bis zum letzten Punkt, irgendwo, wo die Lunge aufhört, das Gefühl eines Rohres einstellen muß. Hat das eine Krümmung oder einen Knoten, hört man es. Ein herrliches Gefühl, zum ersten Mal festzustellen: Jetzt begreife ich, was die immer gemeint haben! Mir ist das passiert, als ich bereits Jahre auf der Bühne stand.

Wenn eine Maschine kaputt geht, setze ich ein neues Teil ein. Als

Sänger weiß ich oft gar nicht, welches Teil eigentlich reparaturbe-
dürftig ist. Sind die Nebenhöhlen zu, weil keine Resonanz da ist?
Denn die Stimmbänder können völlig in Ordnung sein und man
kann nicht singen. Das Gefühl für die Position ist verloren.

Wenn ich trotzdem antrete und mich darauf verlasse, daß es
klappt, kann ich vielleicht die ersten zehn Minuten singen oder auch
zwanzig, aber dann ist der Laden zu. Auch wenn der Arzt mir sagen
kann, „die Stimmbänder sind in Ordnung, weiß bis ein bißchen
rosa, Sie können singen", darf ich mich darauf nicht verlassen,
wenn ich merke, ich spüre meinen Ton überhaupt nicht. „Disponiert sein" heißt mehr. Allerdings: In dem Moment, wo der Mensch
forscht, in sich hineinhorcht, sich beobachtet, Angst hat, daß er
irgendetwas nicht schaffen könnte, weil eventuell sein Körper nicht
mitzieht, in dem Moment fängt der Körper prompt zu wackeln an.

Meine Entscheidung für den Gesang stand von Anfang an
unumstößlich fest. Nur: Prophezeiungen, die Schreckliches an-
drohten, nahmen nicht ab. „Was glaubst du, wie das ist! Erst
mußt du die Prüfung für die Musikhochschule bestehen." Als ich
die hinter mir hatte, hieß es, „naja, ist ganz hübsch, aber eigentlich
hast du noch gar nichts erreicht. Du mußt erst sehen, wie du dich in
dem Betrieb zurechtfindest und wenn du das erste Mal öffentlich
auftrittst, vor Leuten, mit Klavier oder Orchester, wie du da nervös
sein wirst!" Ich überstand diese Klippe, heimste die ersten guten
Kritiken bei Schulkonzerten ein. Da hatte ich wieder „nur so eine
Anfangsstation" gemeistert. „Du mußt erst einem Agenten vorsingen und wenn du dem gefällst, bekommst du einen Termin zum
Vorsingen am Theater, vielleicht, falls die dich mögen, hast du zwar
einen Vertrag – aber dann steht die erste Premiere vor der Tür!" Es
war ein ständiges Drücken. Vielleicht sogar gut, weil meine
Widerstandskraft wuchs. Mancher war durch solche „wohlmeinen-
den" Begleitworte am Boden zerstört.

Versagen in diesem Beruf, egal, ob beim ersten Vorsingen oder
später, wirkt sich verheerend aus. Eigentlich müßte man mit dem
ersten öffentlichen Auftreten warten, bis man äußerste Sicherheit
erreicht hat. Oder man böte den Studenten umgekehrte Chancen:
es rechtzeitig oft genug auszuprobieren. Dann wüßte jeder, die
ersten Male gehen in die Hose; er hätte aber den Mut, die eigenen
Reaktionen zu testen, ob er irrsinnig nervös wird, die Kehle trocken
ist oder der Bauch zittert.

Wie sieht jedoch die Praxis aus? Man tritt höchstens vor

Kommilitonen auf, die erwartungsgemäß alle schlauer sind; ganze Abhandlungen bekommt man zu hören von wegen „in der Mittellage ein bißchen wenig" und „beim Übergang nicht gestützt". Aber man kann beruhigt sein, sitzt man in den Übungsabenden der anderen, sieht man sich doch auf dem richtigen Weg, denn die können noch weniger. Trotzdem: Schon manches Talent ist durch diese fehlenden Probenauftritte abgeblockt worden.

Ich bin zwar nicht up to date, wie die Ausbildung heute aussieht, aber ich fürchte, daß es noch so ist, wie ich es erlebt habe. Studium sollte eigentlich eine Berufsausbildung sein, die einen befähigt, mit dem Abschluß den Beruf auszuüben. Und gerade das ist häufig nicht der Fall. Denn wie fängt der Beruf an? Mit Vorsingen, und das hat man nicht geübt.

Man steht zum ersten Mal auf einer richtigen Opernbühne, zum allerersten Mal, und muß so tun, als ob man da geboren ist. Die jungen Amerikaner kommen mit ganz anderen Erfahrungen an, haben meist schon in riesigen Hallen, die bis zu 5000 Besucher fassen, Opernpartien gesungen; für sie haben unsere Häuser geradezu Zimmergröße. Ich weiß noch genau, wie wahnsinnig nervös und beeindruckt ich von dieser Größe war. Plötzlich allein auf einer Bühne! Man guckt in dieses dunkle Loch vor sich, in dem irgendwer sitzt, der beurteilt, wie man ist – und das beim ersten Mal. Da kann es einem total die Stimme verschlagen. Die Situation ist zu neu. Beim zweiten Mal ist dann Versagen schon vorprogrammiert, man verkrampft sich und fürchtet: Jetzt geht das gleich wieder los.

Es müßte doch möglich sein, diese Situation zu trainieren. Es gibt Stunden nachmittags im Theater, wo auf der Bühne nichts los ist. Musikstudenten müßten dann mit ihrem Lehrer dort üben dürfen. Der kann sich mal in die zwanzigste Reihe setzen und hören, was sein Filius von sich gibt. Wäre für beide toll. Was sich im Zimmer gut anhört, muß sich auf der Bühne noch lange nicht gut anhören. Stundenlang steht man mit seinem Lehrer im Übungsraum und sägt die Skalen auf und ab. Natürlich gehört das zum Basistraining, aber wenn man dabei ist, Arien zu singen und Rollen zu studieren, dann müßte Singen regelmäßig auf der Bühne stattfinden. Nicht nur diese Raumgröße und das Gefühl des Allein-Seins, auch technische Dinge wie das Scheinwerferlicht sollten vor dem ersten Vorsingen normal geworden sein. Sonst kann einen das Licht so blenden, daß man kaum die Hand vor Augen sieht und die Stimme in den Hals zurückgetrieben wird.

Eine vergleichbare Vorbelastung entsteht, wenn man eine schwere Partie bei der Premiere verhaut. Ereignet sich so ein Fauxpas zwischendurch, in einer Repertoire-Vorstellung, hat das nicht so nachhaltige Auswirkungen. Deshalb sollte man bei Neuinszenierungen mit wochenlangen Proben stimmlich ruhig mal was wagen, wenn man das Szenische einigermaßen intus hat. Überwindung kostet das zwar, sich zu öffnen und vorzuzeigen, ob man es packt oder nicht; aber es lohnt sich, diesen Versuch nicht auf den Premierenabend zu verschieben. Natürlich sitzen Theaterleute in der Probe, die gerne an jedem rumkritteln: „Hast du gesehen, wie er sich da mühen mußte?" Aber darüber sollte man sich hinwegsetzen; lieber frühzeitig sich dem Risiko aussetzen, von solcher Kritik verletzt zu werden, als später öffentlich baden gehen. Geht auf der Probe ein Ton daneben, soll man die Leute reden lassen und sich eine dicke Haut zulegen – ansonsten kräht in diesem Stadium noch kein „wichtiger Hahn" nach Fehlern.

In der Ausbildung wird überhaupt viel versäumt. Das beginnt beim System der Musikhochschulen: Die Professoren haben keinen direkten Vorgesetzten. Und wer setzt sie ein? Kurioserweise Politiker, die wenig vom Metier verstehen. Oft wird mafiamäßig zusammengearbeitet, werden Freunde und Bekannte reingeboxt. Der Bessere wird nicht genommen, weil er keine Lobby hat. Und Lehrproben – sind die reine Show!

Die Leichtigkeit der Show, die ist später auf der Bühne gefragt. Aber wie soll sie der junge Sänger auf der Musikhochschule bekommen? Sicher, das Training beginnt beim ersten Schul-Übungsabend, aber man hat bisher immer mit dem Lehrer gesungen, war gewöhnt, ihm ins Gesicht zu schauen und sich nach der bestätigenden und ablehnenden Miene zu verhalten. Plötzlich ist das Gesicht weg. Zum ersten Mal muß man etwas von sich geben und selbst dafür die Verantwortung tragen.

Schlimm ist für den Zuhörer – und das bleibt er auch später – der „fragende" Sänger, der so wirkt, als ob er eine Antwort haben möchte auf seine Unsicherheiten: Findet Ihr mich gut, hört man mich, oder stehe ich so richtig? Da sehe ich lieber einen Filou, der rumsteigt und raffiniert die Show drauf hat, obwohl der andere vielleicht viel sensibler ist. Wenn einer wunderschön singt und dabei ein peinvolles Gesicht zieht, ist es nicht verwunderlich, wenn der Erfolg ausbleibt. Erst, wenn man die Augen schließt, hört man, wie gut der singt. Aber wenn ich den Sänger singen sehe, ist es mir nicht gleichgültig, was ich sehe. Im schlechtesten Fall arbeiten Ausstrahlung und sängerisches Können gegeneinander, im besten unterstützen sich beide. Dazu muß man ein gesundes Selbstbewußtsein entwickeln. Manche Sänger sind so mit sich zufrieden, daß sie nie in Zweifel über sich geraten. Dieses Gefühl vermittelt ihnen Sicherheit, die sie beflügelt, so daß sie dann auch gut sind. Ich habe mir immer Maximen gestellt und war unheimlich kritisch. Es gibt heute kaum noch eine Vorstellung, mit der ich hunderprozentig zufrieden bin.

Ich glaube, daß das einer der Gründe ist, weshalb so wenige Sänger die große Karriere schaffen: Die Stimme mag ganz passabel sein, aber die Nerven! Und die Kondition! Ich habe gelesen, daß in der Zeit, als Lebensmittelmarken ausgegeben wurden, an Tenöre und Bergarbeiter unter Tage die gleiche Ration verteilt wurde.

Und man muß die Begabung haben, sich auf der Bühne bewegen zu können, denn spielen lernt man für und in der Oper eigentlich nirgends, weder in der Schule noch auf der Bühne. Mein Glück: Durch den Sport war ich gewohnt, mit meinem Körper umzugehen. Mit Schulklischees und einem Paket an eintrainierten Bewegungen zu hantieren, halte ich sogar für hinderlicher, als bei Null anzufangen und sich auf den Regisseur einzulassen. Deshalb finde ich: Für einen Sänger reicht Spiel-Talent. Talent, sich in eine Figur hineinzudenken, und nicht nur in eine Figur, sondern auch in das, was der Regisseur will.

Während der Studienzeit fuhr ich manchmal nach Stuttgart in die Staatsoper – schlich ums Haus und wünschte mir: Da nur einmal einen Ton auf der Bühne singen! Kann mich noch an den „Figaro" mit Irmgard Stadler einnern. Ein toller Cherubino! In sie habe ich mich sofort verliebt, rein platonisch, besuchte nur ihretwegen die Vorstellungen. Eine Sängerin, die mich beeindruckte, glutvoll und voller Hingabe, dabei so erfrischend. Was ich auch später immer feststellte: Im Gegensatz zu meinen Kommilitonen, die sich unbedingt schlechte Sänger anhören wollten, um sich zu beweisen, daß sie besser seien, wollte ich umgekehrt, wenn es irgend ging, die besten Sänger hören; ich war sehr nervös für sie und habe sie grenzenlos bewundert. In einem Hochgefühl verließ ich die Vorstellungen, bin Umwege gegangen und gefahren, weil ich singen wollte, was ich gerade gehört hatte. Ich wußte, zu Hause angekommen, ist dieses Hochgefühl vorbei – und nur in ihm konnte ich die Töne nachempfinden. Viel später registrierte ich, daß ich jemand bin, der total mitempfindet, wie einer singt. Wenn einer schlecht singt, kann ich heiser sein vom Zuhören. Ich muß mich dann enorm zusammenreißen, um meine Stimme wiederzufinden. Eine „Meistersinger"-Probe, in der ich dem nervösen Kollegen mit nassen Händen zugehört hatte, ging mir so an die eigenen Stimmbänder, daß ich zwei Tage außer Gefecht gesetzt war. Lieber bin ich ein bißchen neidisch, wenn einer etwas gut macht, als wenn ich mir sagen muß, ist das verdammt schlecht. Das zieht, finde ich, auch den gesamten Berufsstand ein bißchen nach unten. Und ich schäme mich für den armen Kollegen. Es ist schöner, einem Kollegen auf die Schulter zu klopfen, als ihm auszuweichen, um ja nichts sagen zu müssen, und unangenehm, wenn man ihm im Haus auf Schritt und Tritt begegnet. Da ist mir dieses Gruppengefühl „Wir sind toll" wesentlich lieber.

Mein erster Gesangsauftritt außerhalb der Schule war „kirchlich abgesegnet": „Arche Noah", ein Bühnenspiel von Benjamin Britten, aufgeführt in einer Kirche vom Staatstheater Karlsruhe. Sem, einer der drei Noah-Söhne, wurde krank, und da der Leiter der Opernklasse Dirigent am Theater war, erhielt ich meine Chance, mit großem Orchester, „heiligem" Stoff, ein paar Solosätzen und völlig anderer Atmosphäre als in der Schule aufzutreten. Ich habe ein paar Mal meinen Mund aufgemacht, und ein Agent aus München lud mich zum Vorsingen ein.

Bei diesem Termin war er selbst nicht anwesend, einer seiner Leute war zuständig. In einem Zimmer mit dicken Teppichen (da sollte die Stimme klingen!) wurde das Vorsingen abgenommen. Diese erdrückende Atmosphäre kennen bestimmt tausend Sänger. Damit hat man die nächste Stufe genommen, eigentlich schon die übernächste, denn davor mußte man ja eingeladen sein. Und jetzt beginnt das Warten. Das Hoffen. Auf ein Vorsingen an einem Theater. Selbst ein Vorsingen anzubieten, erscheint, zumindest theoretisch, möglich – aber Agenturen und Theater sind angehalten, zusammenzuarbeiten. Doch ich kann mir nicht vorstellen, daß einer, wenn er grandios vorsingt, vom Theater aus dem einzigen Grund, weil er nicht bei einer Agentur angemeldet ist, heimgeschickt wird. Letztlich singt der Sänger, nicht der Agent.

Kurze Zeit später war ein Wettbewerb in Wien ausgeschrieben. Man solle Podiumsreife besitzen, stand in der Ankündigung (ein Kaugummibegriff – Podiumsreife, heißt das, dort zu stehen, ohne daß einem die Knie zittern?) und daß man sechs Lieder sowie sechs

Arien zur Auswahl anzubieten habe. Obwohl ich mir keine Chance ausrechnete, meldete ich mich an. Schließlich wurde die Reise bezahlt, und Wien ist eine schöne Stadt.

Ohne jede Hoffnung kam ich an und war unerwartet nervös, so nervös, wie später niemals wieder. Eine Jury aus lauter berühmten Namen erwartete uns, Elisabeth Schwarzkopf, Anton Dermota, Max Lorenz, Ludwig Weber, Jess Thomas. (Er wußte nicht, daß ich da aufkreuzte, bis ich auf dem Podium stand.) Noch zwei vor mir, noch einer, mein Auftritt, der erste Ton, und auf einmal ging alles ganz leicht, und ich dachte, wer singt da eigentlich für mich, so sehr stand ich neben mir. Offenbar gelang es recht gut. Jess Thomas erzählte mir später, Max Lorenz habe ihm gesagt: „Da hat einer die Max-Arie gesungen, daß mir die Tränen runterliefen, mußte an mich und meine ersten Jahre denken . . ."

Der zweite Durchgang war öffentlich, vor einem Wiener Publikum, das eine Menge Ahnung von Gesang hatte. „Ich schnitt es gern in alle Rinden" von Schubert war mein nächster Vortrag. Bei der dritten Strophe geschah's (Strophenlieder sind was Grausames!), mir fiel der Text nicht mehr ein. Der Moment wurde für mich zur Ewigkeit, dabei erzählte man mir hinterher, man hätte es fast nicht gemerkt. Leonhard Hokanson, der auch Hermann Prey oft begleitet, präludierte den Takt und soufflierte mir das erste Wort. Da war ich wieder drin. Ein feiner Mann, dieser Pianist. In mir war nur ein Gedanke: Schrecklich! Nach diesem hohen Lied die tief gelagerten „Winterstürme" aus der „Walküre". Diese Abfolge hatte die Jury aus meinem Angebot als schwieriges Gegensatzpaar geschickt ausgewählt aus meinem Angebot. Über Mikrophon wurden die Titel angekündigt, und nun raunte es durch den Saal, mal sehen, was der Bursche jetzt anstellt. Wurde ein spontaner Erfolg, die Amerikaner sagen „standing ovation", alle standen auf, klatschten und riefen Bravo. Schon galt ich als Sieger des Wettbewerbs. Die Auswertung wurde bekanntgegeben, und ich war nicht dabei: Tumultszenen im Saal, richtig aufgebracht war das Publikum. Der Kritiker Karl Löbl schrieb damals in einer Wiener Zeitung, man solle sich für die Zukunft einige der Namen merken, die im letzten Durchgang ausschieden wie Sylvia Sass, Sona Ghazarian, Peter Hofmann. Er sollte Recht behalten!

Ich buchte den Wettbewerb trotzdem als vollen Erfolg, durch den ich viel Zuversicht faßte. Obschon einem ja „Winterstürme" allein gesungen nicht allzu viel abfordert. Es ist eine der wenigen

Arien, die Wagner schrieb, liedhaft im Beginn, mit einer Steigerung, keine Bravourarie; eher hat man ein liedhaftes Gefühl – eine Arie, komponiert wie in der italienischen Oper wegen ihrer Schönheit, weniger um die Handlung vorwärts zu treiben, eine lyrische Betrachtung. (Die bei manchen Leuten – habe ich alles schon erlebt – Verwirrung stiftet. „Zu seiner Schwester schwang er sich her" wird mißverstanden, denn nicht Siegmund, der sich wie Tarzan an einer Liane zu Sieglinde schwang, ist gemeint, sondern die Liebe und der Lenz werden als Geschwister besungen.) Den Siegmund hatte ich mir auch ausgesucht, weil ich damit persönlich viel anfangen konnte, wie ich das übrigens mit allen Liedern oder Arien hielt, die ich „auf Vorrat" einstudierte.

Nach dem Wettbewerb trafen die ersten Angebote von einem Agenten aus Wien ein. Ich fuhr nach Bern, die suchten einen lyrischen Operettentenor. Bin wieder abgefahren, im Innersten froh, nicht in der Schweiz, so ein bißchen ab vom Schuß, gelandet zu sein.

Mein Talent, das beste aus einer Situation zu machen, setzte sich mal wieder durch. Ich fuhr nach Regensburg, die suchten einen Manrico für „Troubadour". Ich bin kein typischer italienischer Tenor, und die wußten nicht, was sie mit mir anfangen sollten. Ich fuhr nach Ulm, die suchten einen Othello. Wollten mich nehmen. Wie man einem Anfänger so etwas überhaupt anbieten kann! Ich fuhr nach Lübeck, die wollten mich sofort haben. Mitten in der Spielzeit; normalerweise stellt man im Oktober niemand mehr ein. Sie schlugen mir einen Fach- statt eines Anfängervertrages vor, einen Stückvertrag für Tamino in der „Zauberflöte" ohne garantierte Vorstellung. Verdienen konnte ich nur, wenn ich sang, und es war nicht klar, ob ich singen würde. 2000 Mark, glaube ich, boten sie. Für mich viel Geld. Inzwischen meldete sich Regensburg wieder. 900 Mark pro Manrico und neunzehn garantierte Vorstellungen. Damals hätte ich die Gage dringend gebraucht. Aber ich wußte, Manrico, Stretta, Arien, eine Menge Vorstellungen – zu der Zeit wäre ich damit nicht mal bis zur Generalprobe gekommen. Der Agent reagierte böse, als ich ablehnte.

*„Wenn Tenöre älter werden, so ist es natürlich, daß die Stimme dunkler wird . . . Das meint nicht, daß man seine Höhe verliert, die Stimme nimmt nur eine natürliche dunklere Tönung an – ich betone natürliche. Das passiert ungefähr um das 40. Lebensjahr. So habe*

*ich bis 40 gewartet, bevor ich den Manrico gesungen habe" (Luciano Pavarotti).*

Später hieß es, als ich mich von diesem Agenten löste: Jetzt haben wir dich aufgebaut, und da haust du ab. Dabei konnte von Aufbauen nicht die Rede sein, es wäre ein Abbau geworden, hätte ich mich auf die Agenturangebote (wie einen Othello in Ulm) eingelassen. Damals entschied ich mich für das Unpopuläre, von dem ich aber überzeugt war, daß es das Richtige sei. So wie ich eigentlich immer wußte, was ich mir zutrauen konnte. Tamino hatte ich zwar nie studiert – eine der wenigen deutschen Sachen, in die ich nicht reingeguckt hatte. Habe die Partie dann in kürzester Zeit gelernt und oft in Lübeck gesungen, später auch auf Platte. In der Generalprobe ging mir noch was daneben an einer Stelle, die ich nie als heikel eingeschätzt hatte. Die Stimme schlug um. Ein Schock! „Die Liebe" – da hatte ich zu locker gelassen, hörte sich merkwürdig an und am Schluß kippte die Stimme. Für den Dirigenten mindestens so ein Schock wie für mich. Verzweifelt wollte er's mit mir aufgeben: „Nein, er kann es nicht singen!"

## Unbewußt höchste Lust?

Das Studium ist zu Ende, man kommt von der Musikhochschule und hat dem Ideal zu entsprechen: Möglichst schön und laut singen, gut aussehen und sich gefällig bewegen. Aber habe ich das alles auf der Schule gelernt? Betrachtet man diese Ausbildung als Ganzes, von Aussehen und Begabung mal abgesehen, hat man mit dem Abschluß noch gar nichts erreicht. Nichts. Vielleicht ein Diplom oder einen Stempel auf dem Papier. Aber stelle ich mich im Theater vor und bringe mein Paket mit Unterlagen an, interessiert das keinen Menschen, mache ich dagegen den Mund auf und donnere ein paar Töne, sind alle hingerissen und fragen nicht mehr lange, wo ich studiert habe und welche Diplome ich besitze. Natürlich ist es von Vorteil, auf einen guten Background und Basiswissen zurückgreifen zu können; Wissensfundus nützt dem Rollenstudium auf jeden Fall. Von wegen „unbewußt höchste Lust" – haut nicht ganz hin. Erstrebenswert ist dieses Unbewußte nur, wenn man es vorher bewußt machen konnte und es anschließend fertigbringt, mit dem

Wissen in der Tasche das Flair des Unbewußten zu verleihen, so daß jeder denkt: Menschenskind, der steht da oben, dem fällt alles zu, der schüttelt das aus dem Handgelenk, ganz schön ungerecht, wo andere sich die Kehle wundüben . . . Wenn das so aussieht, ist es meistens gut. Für eine längere Karriere bleibt einem der Weg übers Wissen nicht erspart. Zauberkarrieren ohne Studium, wie die Mario Lanzas, sind nicht alltäglich. Fragen wird allerdings auch keiner, wenn einer eine Arie hochmusikalisch vorbringt, ob er das zustandebringt, weil er zehn Jahre geübt hat oder weil er sich's vorher kurz mal angeguckt hat, das ist sein „Privatvergnügen". Beurteilt wird das Endergebnis.

Zur Gestaltung der Rolle, zum Charakter einer Figur mache ich mir schon, wenn ich mit dem Text konfrontiert bin und das musikalische Studium beginne, Gedanken. Dabei kann man gerade bei Wagner, der so viele Bezüge herstellt, vor lauter Ausdeuten und Illustrieren in die Gefahr geraten, in die Groteske abzurutschen. Ein bißchen Übertreibung tut jedoch gut, weil man sich nicht darauf verlassen kann, daß im Publikum textlich alles verstanden wird, so daß man mit einer Art von Körpersprache das gesungene Wort unterstützen kann. Und muß.

Schließlich hatte ich meinen ersten Vertrag – und meine Räusperzeit begann. Mit ständiger Bronchitis lief ich wie eine Tagesleiche rum, bleich wie ein Kraut. Und immer nur große Partien. (Kein Tablett über die Bühne, keine Meldungen übergeben und kein Bote in „Aida", der nur einen Satz hat und nervöser auf seinen Auftritt wartet als Radames. Klar: Wenn dieser eine Satz nicht sitzt . . . Radames hat den ganzen Abend Zeit, einen Fehler wett zu machen.) Ich hatte das Gefühl von einem, dem man ein Buch über Schwimmen in die Hand gedrückt und ihn ins Wasser geschmissen hat. Entweder bleibst du oben oder nicht! Ich blieb.

*„Das Publikum verzeiht manch jämmerlichen Vortrag, wenn ein Tenor ein glänzendes C serviert, aber man kann einen Abend wie ein Engel singen und mit einem brechenden Spitzenton alles verderben. Keine Aufführung erholt sich von einem gepatzten hohen C"* (Luciano Pavarotti).

Es war eine lustige Zeit, unbeschwert. Trotz allem. Denn sehr bald kam Faust, mit dem hohen C in der Arie, das, glaube ich, nur einmal klappte, weil ich viel zu nervös davor war. Die Arie fängt auch noch an: „Ich fühle ein seltsames Bangen." Nur allzu wahr!

Leider wurde das Bangen darum von allein sichtbar, wo ich es doch hätte nur spielen sollen. Da merkte ich, wie sehr einem echt Empfundenes auf der Bühne schadet. Im Bühnenalltag wurde mir auch klar, wie wenig ich es vermißte, in der Hochschule keine Schauspielpraxis mitbekommen zu haben. Ich machte, was ich empfand. Erst unkontrolliert, später lernte ich, Situationen besser einzuschätzen und konkreter auf sie zu reagieren. Selten genug gab es jemanden, der mit mir in darstellerischer Richtung gearbeitet oder mein Talent gefördert hätte!

Im ersten Stück hatte ich als Tamino kaum eine Anweisung. Ich war Zweitbesetzung, der Regisseur hatte schon bei der ersten nicht viel Lust und bei der zweiten schon gar nicht. Also wußte ich nur die Plätze, an denen ich zu stehen hatte. Wie ich zu stehen oder was ich dabei zu denken hatte, war allein mein Bier. Nach einer Weile erkannte ich das. Vorher wartete ich vergebens, daß der Regisseur mal sagen würde, ob er gut oder schlecht findet, was ich vor mich hin probierte. Der aber wartete wiederum auf das, was ich anzubieten hätte. So fand erst einmal gar nichts statt. Zum Schluß wurde die Vorstellung sogar gut.

In diese erste Zeit fiel schon ein Gastspiel. In Basel habe ich den Tambourmajor im „Wozzeck" gesungen, eine brutale Figur und ich – kann mich noch so gut erinnern – ich sollte die Marie, die ich mit meiner Körperlichkeit beherrschen mußte auf der Bühne, die sollte ich ganz hart anfassen, ihr an den Busen greifen und Ähnliches, was mir damals schwer fiel. Öffentlich vor Leuten kam mir das sonderbar vor. Letztlich habe ich es mit voller Überzeugung bringen können.

Völlig anders, wenn auch nicht weniger körperlich, aber gelöst und spielerisch: der Alfred in der „Fledermaus", im Gegensatz dazu eine lustige Angelegenheit. Sechs Jahre lag der anschließend bei mir auf Eis. Wiederholt habe ich ihn total überraschend und mit einer nachmittäglichen Bühnenprobe unter Zubin Metha in Covent Garden in London. Dabei wußte ich von der Rolle nur noch: „Glücklich ist, wer vergißt, was doch nicht zu ändern ist . . ."

Aufgrund meiner ersten Spielerfahrungen machte ich mir bald meine eigenen Gedanken. Was ich an dieser und jener Stelle tun, wie ich gucken oder die Hände halten könnte. Ohne Training sich da zurecht zu finden, hat sicher auch mit Begabung zu tun. Automatisch denkt man dann mit. Was sagt der? Soll ich reagieren? Oder einfach nur zuhören? Oder soll ich die Worte gestisch unterstreichen? Viel stärker ist es oft, einfach zuzuhören. Locker zu stehen und hinzuhören, was der Partner sagt – das ist fast schon Kunst. Die Situation ist künstlich, und dementsprechend benehmen sich manche verschroben, ziehen die Schultern hoch, winkeln die Arme an und sind plötzlich durch und durch unnatürlich. Es ist schon schwer, auf der Bühne nur zu stehen und frank und frei zu gucken! Weil man das Bedürfnis hat, ständig Gesten zu machen, wenn man vor Zuschauern agiert. Aber das ist großer Quatsch. Ich überlege mir inzwischen, wie würde ich zuhören, wenn mir jemand was erzählt. Ich versuche dann, mich ungezwungen, leger hinzustellen. Vielleicht sollte man das doch einem Sänger beibringen, bevor er zur Opernbühne kommt und es dann mühsam im Laufe der Zeit herauskriegen muß. Ich habe diese Art von Natürlichkeit auf der Bühne von Anfang an als selbstverständlich empfunden.

Beeinflußt war ich in dieser Richtung von meiner Lehrerin. Als ich sie drängte: „Ich muß jetzt eine Arie singen", durfte ich bis zum nächsten Wochenende die Max-Arie aus dem „Freischütz" einstudieren – endlich. Als ich sie vorgesungen hatte, klappte Emmy Seiberlich mit einem unbeschreiblichen Blick das Klavier zu. Ich wußte: Fürchterliches ist geschehen.

Ich lag völlig daneben, nicht nur mit der Stimme, auch mit der Interpretation. Natürlich war es viel zu früh für diese Arie. Nicht, daß sie einem schwerfällt, aber es ist schwer, sie beseelt zu singen. Das brachte mir meine Lehrerin bei. Sie verstand es, noch bevor ein Ton gesungen war, den Schüler in eine Stimmung – fast eine Euphorie – zu versetzen, die zum ausdrucksvollen Singen nötig ist. Das führte bei mir zu dem merkwürdigen Effekt, daß ich, war ich daheim, keinen richtigen Ton mehr herausbrachte und nicht wußte, warum. Bis ich merkte, daß einfach die Stimmung fehlte.

Als ich noch Bariton zu sein glaubte, haben wir uns mit dem Lied an den Abendstern beschäftigt. Eine Erklärung der Situation von bestimmt einer halben Stunde ging voraus. Danach verbot sich manche unkonzentrierte Unart von allein; es war Verantwortung für den Text entstanden. Man konnte nicht mehr banal einatmen und zu singen anfangen, man mußte Verständnis entwickeln, die Erklärungen verarbeiten. Der melancholischen Stimmung war man sich jetzt bewußt: Die Pilger sind vorbeigezogen und Wolfram muß miterleben, wie Elisabeth vergeblich Tannhäuser erwartet. Todesahnung. Diese Stimmung zu verfehlen, war, nach dem, was an Vorbereitung vorausgegangen war, gar nicht mehr möglich. Bei

Mitstudierenden habe ich es in diesem Maß nie angetroffen, daß so etwas für sie entscheidend gewesen wäre. Ausgerechnet diese Arie wurde wiederholt für mich zur reinen Ohrenpein, weil meine Lehrerin in mir diese Ansprüche geweckt hatte: Sich-Versenken und dann einen Gedanken singen, wie man einen Gedanken hier aussprechen würde, noch verschleiert, leise, fast feierlich – mit Mut zu normalem Gefühl, um nicht schmierig zu werden.

Sicher war ich damals übertrieben in der Sentimentalität, aber einige andere haben spür- und hörbar nur die Position der Stimme gesucht, das hatte nichts mehr mit Todesahnung zu tun. Nur ein Teil des Menschen ist dann an der Arie beteiligt, die Stimmbänder. Das ist unvollständig und klingt auch so. Einer der Unterschiede zwischen „Meistersingern" und „Meistersängern", wobei ein guter Handwerker von einem schlechten Künstler nicht zu unterscheiden ist. Die Max-Arie, die kann beispielsweise durchaus mit Erfolg von Leuten gesungen werden, die Handwerker sind. Nur bleibt ein ungutes Gefühl übrig. Schlechte Künstler gibt es im Grunde nicht – das wären ja keine. Und auch permanent kann man nicht Künstler sein. Ich finde, wenn man einen schlechten Tag erwischt, ist man nicht in der Lage, seine Kunst auszuüben, dann muß man sich auf sein Handwerk besinnen, um noch einen respektablen Abend daraus werden zu lassen. Deshalb ist dieser Begriff so wenig zu greifen. Er ist ja sowieso keine Berufsbezeichnung, Gottseidank, oder?

## Keine Stimme ohne Lehrer

*„Es gibt viele Lehrer, die Sängern bestimmte Rollen beibringen können, doch nur sehr wenige, die sie lehren, wie man sie singt"* *(Arrigo Pola).*

Beim Thema Ausbildung tauchte in unseren Gesprächen die Frage nach der sogenannten Naturstimme, die nicht ausgebildet werden muß, auf. Ein paar Beispiele lassen sich anführen, auch in der jüngeren Sängergeschichte. So soll Mario Lanza überhaupt keine Gesangsstunden erhalten haben. „Dem hat der liebe Gott in den Hals geschissen – ein Ausdruck, den man sagt, wenn man gar nicht weiß, wie einer eigentlich singt. Der kommt auf die Bühne und singt. Singt einfach. Mühelos." Aber Peter Hofmann weiß auch, welches Risiko mit dieser Mühelosigkeit verbunden ist: „Wenn bei einem dieser ›Göttlichen‹ ein Problem auftaucht, stehen die so auf dem Schlauch, daß es nicht mehr weitergeht. Bei Lanza war das der Fall. Er, einer der berühmtesten Sänger in Amerika, dem schon zu Lebzeiten ein Denkmal errichtet wurde, begeisterte mit einem unheimlichen Elan, Italianita und Charme, aber bei manchen Platten hört man als Sängerkollege, daß das auf die Dauer nicht gut gehen konnte. Obwohl man sich gleichzeitig wundert und denkt: Da wirft einer, ohne mit der Wimper zu zucken, sämtliche Regeln über den Haufen!"

Peter Hofmann hat keine Regeln in dieser Richtung über den Haufen geworfen; er hat eine lange und intensive Ausbildung durchlaufen.

Wie sieht seine Gesangslehrerin Emmy Seiberlich ihren Schüler damals und heute:

„Peter Hofmann: Das ist ein ganz zauberhafter Bursche, groß, sportlich, jung und unglaublich vital, aber auch sehr romantisch. Das zeigte schon sein erstes Vorsingen bei mir. Man spürte, da ist ein Kerl, der ist nicht mehr aufzuhalten, der will.

Ja, und da war sein schönes Material, baritonal, eher zum Bass neigend. Er gefiel mir in seiner Naivität, und wir wollten es zusammen versuchen. Er sparte sich jede Stunde ab, die er von seinem Militärdienst abzweigen konnte, um zu seiner Familie und auf dem Rückweg zu mir zu kommen. Kein Opfer war ihm zu groß. Anfangs gefiel es ihm gar nicht recht, Übungen zu machen. Er glaubte, wie fast alle, man fängt gleich mit großen Arien an. Weil ihm die Vokalisen zu langweilig waren, dichteten wir beide gemeinsam Texte darauf. Das behagte ihm schon besser. Mit einer unglaublichen Intensität und Geduld war er bei der Sache. Manchmal aber sträubte er sich geradezu gegen bestimmte Übungen, jedoch durch eine witzige Bemerkung endete alles in Lachen. Peter hat einen wunderbaren Humor. Wir verstanden uns prächtig, waren gute Kameraden und hatten viel Freude an der Arbeit.

Ja und dann kam die Begegnung mit Jess Thomas. Von dem Augenblick an, als er in Bayreuth war, war Peter wie verzaubert. Er sang mir auf der ganzen Heimfahrt nur Lohengrin vor: ›Ach, wenn ich das doch auch einmal erreichen könnte!‹ Ich spürte die grenzenlose Sehnsucht nach diesem Ziel. Und da sich seine Stimme durch das Studium vom Bass-Timbre löste, versuchte ich, sie vorsichtig in eine höhere Lage zu bringen. Da war Tenorfarbe drin. Natürlich sagte ich ihm nichts, um ihn nicht zu enttäuschen, wenn's nicht gelingen sollte. Ich wollte diesem begeisterten Jungen seinen Herzenswunsch erfüllen. Und eines Tages sagte ich ihm: ›Ich glaube, du wirst ein Tenor.‹ Diese Freude! Dann begann ein ganz intensives Studium in diesem Fach. ›Aber als erste Partie mußt du den Tamino singen, genau wie Jess Thomas.‹ Die Leute denken meistens, ein Heldentenor kann nur brüllen. So sang er als erste Partie den Tamino, um zu zeigen, daß er auch Mozart zu bringen vermag. Und dann ging alles seinen Lauf. Ich sagte ihm: ›Du wirst genau wie Jess deinen ersten Parsifal in Bayreuth singen.‹ Es war dann auch einer der ersten.

Nun ist er ein anerkannter Sänger. Aber er ist jung und vital, und ihm genügt nicht, wie wir schon während des Studiums feststellten, auswendig gelernte Worte und Noten zu singen. Ich machte ihn schon damals darauf aufmerksam, sich mit dem Menschen und dem Charakter der Rolle auseinanderzusetzen, nicht abzuwarten, bis der Partner ausgesungen hat und dann die gelernte Antwort zu singen. (Ich hatte das große Glück, mit Künstlern wie Josef Krips und Joseph Keilberth, Otto Kraus und Carl Hagemann zu arbeiten. Und was ich dort erfahren habe, möchte ich an meine jungen Menschen weitergeben.) Natürlich will Peter etwas von sich aus leisten und nicht nur Befehlsempfänger mancher Regisseure sein, die am liebsten alle Rollen selbst spielen würden. Er will in der Oper selbst etwas bringen von dem, was er fühlt und empfindet. Er ist jung, aktiv, kein sturer ›Stimmbesitzer‹ und Instrumental-Interpret. Er will mehr. Er will sein Publikum ergreifen durch seine eigene Leistung. ›Menschen darstellen‹, sagte einmal Carl Hagemann, ›das ist die Kunst der Bühne. Nicht nur des Schauspiels, auch der Oper.‹ Früher gingen die Leute eines Sängers oder eines Schauspielers wegen ins Theater. Man wußte, daß erstrangige Bühnen auch erstrangige Dirigenten und Regisseure hatten. Da kam nicht der Dirigent, der am Abend eine große Oper zu dirigieren hatte, um zwölf Uhr mittags erst auf dem Flugplatz an, um am nächsten Morgen wieder in die nächste Metropole zu fliegen. Da wurde noch Ensemblekunst geleistet.

Leider ist die Zahl der deutschen Nachwuchssänger von Rang sehr gering. Nichts gegen fremdsprachige Künstler, aber es ist eben doch eine andere Mentalität, wobei es hervorragende Ausnahmen gibt. Nur: Die jungen Sänger sind im allgemeinen zu ungeduldig.

Sie wollen schnell Karriere machen und das große Geld verdienen. Dazu trägt auch die Hektik unserer Zeit bei. Aber der Sängerberuf verlangt mehr. Innere Ausgeglichenheit, Fleiß und Geduld. Vor allem Freude am Studium.

Um jungen Menschen die Oper näherzubingen, müssen sie auf der Bühne die Möglichkeit haben, ihresgleichen zu sehen. Deshalb sollten sich die Verantwortlichen viel mehr um die Jugend kümmern und auf sie eingehen. Junge Menschen haben oft eine ganz andere Einstellung und Vorstellung als wir, die verwöhnten Salzburg- und Bayreuthbesucher, die begeistert schwelgen können, wenn sie einem hervorragenden Sänger lauschen, auch wenn er die Vierzig schon überschritten hat. Und deshalb glaube ich, daß Peter durch seine jugendliche und sportliche Erscheinung ganz besonders auf die Jugend wirkt. Jugend will nun einmal Jugend. Wobei wir sie lehren müssen, aufzublicken zu den ganz Großen, die durch ihr hervorragendes Können die ganze Welt begeistern.

Was Peters Rocksingerei betrifft: Sie macht ihm Freude. Und ich finde, er macht es gut und schadet seiner Stimme nicht. Er hat dadurch auch schon viele Freunde gewonnen. Sogar auch seriöse Herrschaften, die seinen Sound lieben. Also lassen wir ihn!"

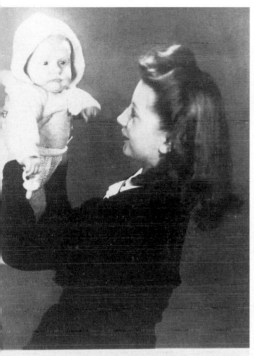

1 Links: „. . . Siegmund den Wälsung siehst du Weib! . . ." steht auf der Postkarte.
Geboren wurde Peter Hofmann in Marienbad, dem böhmischen Weltbad, in dem
Wagner die Idee zur „Lohengrin"-Komposition entwickelte. (Baby Peter Hof-
mann mit seiner Mutter)

2 Rechts: „Im weißen Rössl" sang nicht nur die Mutter, auch der Vater war nach dem
Krieg dabei, als man auf den Dörfern rund um Darmstadt Operetten spielte. (In der
Mitte Sohn Peter)

3 „Anzüge können wir seitdem nicht mehr leiden", kommentiert Fritz Hofmann dieses Foto seines Bruders.

4 Der erste Schultag.

5 Bild unten: Fritz und Peter Hofmann.

6 + 7 Die „wilden" Sechziger Jahre.

8 „Wandervogel" Hofmann: Elvis-Songs erst
im Gras, dann in Ami-Clubs.

9 „Ich bin der Typ Sprinter unter den Leichtathleten."

10 „Schule? Mit ihr hatte ich Probleme. Was
mich wirklich interessierte, war der Sport."
(Peter Hofmann als Achtzehnjähriger)

11 „Mein größter Wunsch? Daß die Menschen einander besser behandeln. Ich hatte mal 'ne Jacke mit ‚Make Love Not War‘ aufgedruckt. Das ist genau meine Meinung. Kriege werden nicht zwischen Völkern beschlossen, sondern zwischen Politikern. Denen sollte man Boxhandschuhe geben und sie aufeinander loshetzen. Vielleicht würden sie dann die andern in Ruhe lassen.“

12 „Singen ist das einzige, was der Stimme wirklich schadet!“ (Peter Hofmann während seiner Ausbildung zum Fallschirmspringer)

13  Fritz Hofmann fotografiert Peter Hofmann.

14  „In dem Moment, in dem ich etwas formuliere, fällt mir auf, daß ich das schon immer
so gedacht habe – aber bewußt wird es mir
erst durch das gesprochene Wort." (Peter
Hofmann in seinem hauseigenen Studio)

15 „Ich könnte nie in der Stadt leben. Freiwillig. Ohne Berufszwang. Mein Zuhause ist das Land." (Peter Hofmann vor dem Vierzehn-Zimmer-Schloß mit Teich davor)

16 „Kommunen: Finde ich nicht schlecht. Ich kann mir allerdings nicht vorstellen, daß ich das noch könnte . . . Ich habe mich bereits zu sehr an mein ‚Eigenleben' gewöhnt."

17 Ein „unechter" Felsen im 35000 Quadratmeter großen Park, acht Meter hoch, dreizehn Meter breit, aus Polyester: der „Walküre"-Felsen aus dem Bayreuther Festspielhaus.

18 „Ich bin Sänger und kein Politiker, deshalb möchte ich meine Worte nicht auf die Waagschale gelegt sehen." (Peter Hofmann im hauseigenen Schloßteich)

19 Ständige Schloßbewohner sind die Stuten Liu und Sternschnuppe. „Liu, mein Pferd, das kann richtig zuhören, dem kann ich alles erzählen."

20 „Liebe: Immer muß man jemand Leid zufügen, sich entscheiden. Wenn man liebt, ist es leichter, selbst zu leiden, als den andern leiden zu machen. Aber immer liebt einer stärker und ist der, der mehr leidet. Ich glaube, Liebe kann nur durch Leid erkauft werden." (Peter Hofmann und Deborah Sasson heirateten am 23. 8. 1983)

21 Die Ärzte, die mich zusammengeflickt haben, mögen mir verzeihen, daß ich wieder auf einem Motorrad sitze. Was bleibt, ist das Gefühl: Freiheit durch Geschwindigkeit." (Peter Hofmann nach seinem Unfall)

22 „Das Beste, was man im Leben erreichen kann: Wirkung auslösen, etwas
bewirken." (Peter Hofmann im „Gesprächssessel" zu Hause vor dem Kamin)

23 „Eins meiner größten Musik-Erlebnisse: Pink Floyd mit ‚The Wall' in Dortmund
1981."

24  Jess Thomas als Tannhäuser in Bayreuth
1967. „Mich beseelte damals nur ein Gedanke: ‚Werden wie er!‘ “

25  Bette Midler, die „göttliche Miss M.“, wie
sie von ihren Fans getauft wurde. „In ihrer
Live-Show sind Momente drin, die sind so
stark, wie ich’s in der Oper nicht erlebt
habe.“

26  „Mit einem Freund aus Darmstadt war ich
wieder mal in so einem Schuppen, wo
Rauschgiftabhängige rumhängen. Wir
Sänger werden doch im Endeffekt von
Steuergeldern bezahlt. Manchmal habe ich
dann den Wunsch zu sagen, macht lieber
ein paar Opernhäuser zu und helft den
armen Typen mit diesem Geld.“

27 „Selbst Musik zu machen, wurde mir immer wichtiger als Ausgleich zu der Musik, mit der ich mich in der Oper beschäftige, Musik, die andere komponiert haben." (Peter und Fritz Hofmann im eigenen Studio)

28 Die erste Rockplatte schlug so ein, daß nach wenigen Monaten schon zwei Singles auf dem deutschen Markt waren und 1983 die Langspielplatte auch in Amerika herauskam.

29 „Rock oder Wagner: Es gibt nur gute oder schlechte Musik." Auch die Plattenfirma wirbt mit der Gegensätzlichkeit; Cover zu einer Single mit Gralserzählung und Rock-Titel.

30 „Regie ist oft ein einziges Mißtrauen gegenüber der Wirkungskraft der Musik." (Peter Hofmann bei den Dreharbeiten zu seiner Show)

31 Peter Hofmann und Deborah Sasson in einer Szene aus der Show „Hofmanns Träumereien" im ZDF am 21. 11. 1982

32 „Fehlerfinder" Fritz mit seinem Bruder bei den Dreharbeiten zur ZDF-Sendung „Musik ist Trumpf" in Graz 1979. (Gesendet am 20. 10. 1979)

33 Freizeit in Bayreuth: Wagnersänger auf dem Tennisplatz. Die Mannschaft „Lohengrin" spielte gegen die Mannschaft „Rheingold". (Von links: Peter Hofmann, Hans Sotin, Siegfried Jerusalem, Martin Egel)

34 + 35 Rechts oben: „Fußballstar" Peter Hofmann während eines Freundschaftsspiels der Festspielsänger gegen die Stadtverwaltung Bayreuth. Rechts: In der Pause gibt Peter Hofmann Autogramme. Sohn Johannes als Zuschauer.

36 Zwischen den Bayreuth-Vorstellungen: Ausflug ins Grüne auf zwei Rädern. (Von links: Peter Hofmann, Helmuth Pampuch, Robert Schunk, Wolfgang Wagner, Hans Sotin, Martin Egel)

*37 Nach der Vorstellung in der Bayreuther Künstlerkneipe „Eule", die sich schon zu Richard Wagners Zeiten ihren Ruf erwarb. (Fritz und Peter Hofmann mit Margot Werner)*

*38 „In der Kantine oder beim Stammtisch knipst man Small-Talk an – was wirklich Wichtiges wird selten gesagt." (Peter Hofmann mit Harald Juhnke)*

# Zwischen Lampenfieber und Applaus

Auf der Bühne stehen und singen: der Beruf des Sängers. Dafür wird er bezahlt. Der Beifall gibt die Antwort des Publikums auf seine Leistung. Was sich davor, dabei, danach, dazwischen abspielt, in Kopf, Herz und Körper des Sängers, hat ein Kollege Peter Hofmanns auf einen einfachen Nenner gebracht: „Zum Singen gehören kühler Kopf und heißes Herz."

---

## Warten auf Adrenalin

Lampenfieber? Ein komischer Begriff. Lampenfieber verstehe ich als etwas, das hemmt, durchaus was Negatives. Auftrittsfieber muß da sein, Adrenalin. Darauf warte ich. Aber Lampenfieber, das kann so stark werden, daß es einem alles, von der Laune über die Ausstrahlung bis zur Leistung, verleidet. Das ist die Hölle. Kann immer mal passieren, wenn man sich miserabel fühlt, die Nacht nicht geschlafen hat, Kopfschmerzen und dann noch immer Kopfschmerzen pochen, und man jeden Ton im Schädel falsch spürt.

Bin ich in Ordnung, ist Singen Freude. Trotzdem besteht bei mir nicht die geringste Gefahr, daß ich deshalb zu schweben beginne. Im Gegenteil, manchmal halte ich mir vor, könntest jetzt ruhig ein klein bißchen euphorischer sein. Es kommt vor, daß ich bis zu zwei, drei Minuten vor der Vorstellung nicht weiß, wie ich in meine schöne Euphorie reinkommen soll. Verzweifelt warte ich auf den Adrenalinstoß. Nichts passiert. Doch dann, knapp vorher: Plötzlich geschieht es. Man kann versuchen, es hochzutreiben, zu pushen; wer oder was letztlich den Hebel umlegt, ist nicht zu kontrollieren. Panik lauert im Hinterkopf, daß der Hebel sich mal nicht bewegt – und diese Panik treibt einen schon fast in die Euphorie. Wie sie zustande kommt, kann ich nicht erklären, auch mir nicht. Jedenfalls ist es der Moment, in dem ich spüre, der Vorhang ist jetzt offen. Unbewußt nehme ich die Leute wahr. Schutz und Distanz gibt mir die Dunkelheit dort draußen (weniger das Schlußgefühl an der Lichtgrenze), dieses schwarze Loch, in dem Tausende von Menschen sitzen, die man nicht kennt und die einem in dieser Sekunde auch völlig egal sind. Wenn der Zuschauerraum erleuchtet wäre – schrecklich! Mir geht auch im Konzert dieses stimmungslose Licht, für das ich nicht einmal einen Grund sehe, auf die Nerven.

## Wenn's klappt, heben sie mit ab

*„Nun habe ich mich zwei Stunden gewundert, warum nicht? Wunder gibt es nie genug" (Zuschauer nach einer Aufführung).*

Ich habe Abende erlebt, an denen für mein Gefühl überhaupt nichts da war von all dem, was da sein sollte: Leidenschaft, gegenseitige Spannung, die es ermöglicht, auch die kleinste Geste oder Körperdrehung des Partners noch aus sechs Metern Entfernung aufzunehmen. Nachher kamen Leute und beteuerten: „Sternstunde!" Da ging was nicht auf an der Geschichte. Ich schämte mich beinahe, wie schlecht wir waren, und draußen hat das Publikum das Gegenteil empfunden. Das bestätigte mir die These, daß Gefühle im Parkett und auf der Bühne in entgegengesetzter Richtung parallel laufen. Bin ich selbst sehr engagiert, ist es mein Publikum nicht und umgekehrt. Hört sich konfus an, ist es aber offenbar nicht. Nicht ich muß die Gefühle auf der Bühne haben, ich muß sie im Publikum „anknipsen"!

Das sind die alten Geschichten, die man bei Josef Kainz, Albert Bassermann oder Werner Kraus nachlesen kann. Als die zum ersten Mal sterben mußten, hat das Parkett gewiehert. Sie dachten, das ist so stark, stärker geht's nicht mehr, heulten vor Rührung. Die Zuschauer lachten. Ich erlebte vor zwei Jahren einen Italiener als Don José. Er weinte über die Situation, über sich selbst, über seine Tragik, als er sich am Schluß über Carmen wirft: „Du mein angebetet Leben". Die Leute waren merkwürdig ungerührt. Ich versuchte das danach, als Zweitbesetzung, anders aufzuziehen, heiter, fast im Wahnsinn; plötzlich zogen manche die Taschentücher, während ich noch fähig war, der Carmen was ins Ohr zu flüstern. In dieser ungeheuren Szene!

Eigene Gefühle verpuffen auf der Bühne. Natürlich sollte der Mittelpunkt einer Figur in der Probenzeit einmal erfühlt sein, danach kann das Gefühl dieser Person abgegeben, nach unten gespielt werden. Echt kann die Gefühlswelt, die auf der Bühne erzeugt wird, ohnehin nicht sein. Ich habe noch nie meine Zwillingsschwester geliebt, bin noch nie als Wunder erschienen, habe nie ein Frageverbot auferlegt und weiß nicht, wie traurig einer ist, der trotzdem gefragt wird und wieder gehen muß. Das kann man alles nur andeutungsweise erahnen.

Was will ich mit dem, was ich dort oben in Bewegung setze, dem Publikum geben? Es in andere Sphären versetzen, öffnen. War man ein Zuschauer wie ich, hat man als Sänger bestimmte Ansprüche an sich. Wenn ich vor mir als imaginärem Zuschauer bestehen kann, stellt sich bei mir wenigstens das Gefühl ein, nicht besser sein zu können. Wenn's den Leuten dann nicht gefällt, kann ich nur mit den Achseln zucken. Was ich vor allem möchte: meinen „Verführerton" finden. Wie Orpheus. Treffe ich ihn, habe ich für mich und mein Publikum gefunden, was ich suchte.

Darüber hinaus muß das, was sich Insider ausgedacht haben, stimmen, wird es mit dem Publikum konfrontiert. Sind zum ersten Mal Zuschauer in einer Produktion, entsteht manches Mal eine unerklärliche Unsicherheit. Keiner kichert, aber es schleicht sich dieses untrügliche Gefühl ein: Es trägt nicht mehr. Mir genügt, wenn die Hälfte schlecht findet, was ich tue, schon spüre ich es. Viele Sänger setzen sich mit dieser Art von Strömung gar nicht erst auseinander, liefern stur ab, was ihnen der Regisseur vorexerziert hat. Aber was ich von dort oben vermittle, ist auch meine Verantwortung, und dafür muß ich im Zweifelsfall kämpfen können.

Daß es für „die unten" stimmen muß, das ist der Angelpunkt für mich. Dagegen die Mär von „sich an sein Publikum verströmen", die ist, meine ich, ein bißchen überzogen und gelingt nur ganz selten. Ich habe dieses Gefühl sowohl an mir als auch als Zuschauer nur phasenweise erlebt. Um das durchzuhalten, dazu ist der Sänger auf der Bühne zu sehr allein. Jeder versucht sein Bestes, möchte sich zu der erhofften Euphorie aufschwingen, die den Zuschauern zugute kommt. Wenn's klappt, heben sie mit ab. Aber daß man alles einzig wegen des Publikums aus sich herausholen will, glaube ich nicht. Es ist eher so, daß man das Publikum an der Euphorie teilhaben läßt. Hört sich arrogant an, ist aber ehrlicher, als zu behaupten: „Wenn ich jetzt rausgehe, gebe ich den Leuten das Allerletzte." Und ich reagiere nur in Ausnahmefällen so. Dagegen gibt es Vorstellungen, die ich ausschließlich für mich singe. Und das sind gute Vorstellungen – nur wegen des Gefühls, dieses Hochgefühls, das ich jeden Abend, wenn ich dort stehe, erreichen möchte.

Euphorie, wie soll ich das verdeutlichen? Als Beispiel: die Gralserzählung beim ersten Mal in Stuttgart. Ich hatte wenige Proben und diesen „Lohengrin" vor der Vorstellung nie im gesamten Ablauf durchgesungen. Ich wußte nicht, wie ich's durchstehe. Doch ich schaffte es, mich in eine wirkungsvolle Euphorie reinzusteigern.

In wenigen Minuten bin ich bei der Gralserzählung angelangt, dann zeige ich denen mal, wie das ist, versuchte ich mich zu motivieren. Schließlich war es soweit und in mir das Gefühl: Gleich heb' ich ab, jetzt hab' ich sie im Griff. Und das war auch so. Ich wußte, Achtung, der Hit, der muß gut sein. Und ich fragte mich, wie erreichst du, daß er gelingt? Nur, indem du mit Freude an die Arbeit gehst! Und nicht, indem du seufzt: O je, A-Dur, schwer. Dann kommt nichts, dann fängst du zittrig an, fragend. Dabei will Lohengrin doch Inhaltsreiches verkünden, das Volk will von ihm hören, woher er kommt, was es mit ihm auf sich hat. Wenn man sich dies in dem Moment bewußt macht, schafft man es, daß alle denken: Ah, das singt er jetzt gern! Dagegen, wenn der Zuhörer merkt, das fällt ihm schwer, hat man schon halb versagt. Man kann Leute durch die Stimmung, die man ausstrahlt, erobern. Und: Sie kommt zurück, so stark, daß ich sie fast körperlich spüre. Das ist, glaube ich, auch eine Art Begabung. Und gelingt gewiß nicht immer. Aber es gibt Momente, da fühlt man's sofort: Jetzt sitzen alle auf der Vorderkante.


## Wenn der Vogel auf der Schulter sitzt

In meinem ersten Engagement habe ich mich über einen Tenor gewundert, einen richtig lyrischen Tenor mit mühelosen Höhen, ein perfekter Tamino; er konnte strahlend ein hohes C singen, sah gut aus, und, und, und . . . Aber die Karriere blieb aus. Ich fragte mich, warum. Eins fiel mir auf: Immer war der unglücklich, depressiv, ließ sich von seinen Launen so runterzerren, daß er ab und zu auch in der Vorstellung ein schwaches Bild abgab. Zum Sängerberuf gehört Disziplin, und zwar eine Riesenportion. Wenn ich mich darauf verlassen kann, am andern Tag trotzdem gut zu singen, kann ich abends vorher durchaus zehn Biere trinken. Aber rauche ich 20 Zigaretten und die Vorstellung gerät mir daneben, werde ich das wohl kaum wiederholen. Man muß genau wissen, wie weit man gehen darf.

*„Fest steht, auch aus meiner eigenen Erfahrung, daß nach Sex von der Stimme der Glanz weg ist" (René Kollo).*

Daß Sex der Stimme schadet: Ein Ammenmärchen. Ich will „ganz" auf der Bühne stehen – ich will „ganz" mein Leben leben. Und beides beeinflußt sich. Ich habe so ziemlich immer gewußt, was ich vertrage und was nicht. Ob das Rollen betrifft oder körperliche Disziplin. Weil ich voraussagen kann, am nächsten Tag nicht strahlend zu singen, wenn ich erst um zwei Uhr früh ins Bett gehe, muß ich mich entscheiden, ob es wichtiger ist, fit zu sein, oder . . . Im Grunde ist es immer wichtig. Weil: Man ist so gut, wie man in der letzten Vorstellung war. In manchen Berufen kann man sich's leisten, mal müde oder schlapp zu sein. Müde auf die Bühne zu traben, ist Frevel: am Publikum und mehr noch an sich. Eine Vorstellung, matt durchgekräht, schadet. Man arbeitet mit den Reserven, mit dem Kapital. Mit den Zinsen kann man nur singen, wenn man wirklich Kraft hat. So paradox sich das anhört: Locker zu singen, dazu gehört Kraft, wie im Sport.

Man kann nur locker 400 Meter schnell laufen, wenn man Bärenkraft hat, sonst sehen gleich die ersten hundert Meter aus, als ob man ein Feld pflügen will. Hinter allem, was spielerisch wirkt, steckt unendlich viel Arbeit und Kraft, meistens. Wie beim Ballett – die Parallelen sind offensichtlich. Daß diese Riesenanstrengung dabei die schlecht bezahlteste im Theaterbetrieb ist, finde ich empörend. Tänzer schuften ungemein, können keinen Tag ausspannen; gut, vieles ist Trainingssache; wenn einer hart arbeitet, merkt er gar nicht mehr, wie er Tag für Tag strampelt. Trotzdem sind die Traumkarrieren selten und was unterm Strich bleibt: Die müssen die Kalorien nur so hinfetzen und werden dafür ungerecht bezahlt.

Kraft muß für den Gesang nicht nur äußerlich, sie muß auch

innerlich parat sein. Konzentration – eine Katze, die sich in den Schwanz beißt! Denn gehe ich auf die Bühne, schlapp und abgespannt, habe ich bereits ein schlechtes Gewissen, weil ich schwach bin; vielleicht nur wegen dieser Irritation, singe ich dann auch schwach. Man sollte seinen gesamten Gesangsapparat auf Hochglanz bringen. Auch der Schädel gehört dazu und die Gedanken darin, in ihm schwingen schließlich auch ein paar Töne, die draußen im Zuschauerraum am nachhaltigsten schwingen sollen. Meine Lehrerin brachte das auf einen einfachen Nenner: „Du mußt so viel wie möglich Ton nach außen bringen, ab da wird's erst bezahlt."

Der Ton, um ihn geht's, um diese in Schwingung versetzte Luft, diese Luft, die meiner Stimme, meinem unsichtbaren Instrument, den Klangkörper leiht. Ohne Luft, physikalisch erklärbar, kein Ton, nichts, was sich fortpflanzen könnte. Je mehr ich vor mir Luft in Schwingung versetze, desto größer die Stimme. Die Stimmbänder geben nur den Anstoß. Je freier sie schwingen und dazu gehört eben Kraft, desto schöner klingt die Stimme, desto mehr Schwingungen sind in der Luft. Je mehr ich an Ton in den Zuschauerraum zu senden vermag, desto mehr kann ich die Ohren da unten mit einer Stimme, die von allen Seiten kommt, gefangennehmen.

Manche Stimme, die hat diesen „Bienenschwarmeffekt". Das sagt man von Caruso; er verfügte nicht über eine große Stimme, aber sie war überall, im ganzen Haus, hat im Gehör gesummt, verbreitete einen unheimlichen Zauber. „Kraftsänger", die begeistern durch potente Töne, damit hat das wenig zu tun. (Außerdem geht es einem auf die Nerven, wenn einer den ganzen Abend brüllt.)

Die Luft in Schwingung zu versetzen, das lernt man im Gesangsstudium. Aber eine Technik, mit der ich Wirkung vorausbestimmen kann, das, davon bin ich überzeugt, kann einem kein Lehrer beibringen. Das muß jeder für sich selbst erspüren. Es gibt Erlebnisse auf der Bühne, da fühlt man: So möchte ich immer singen. Das hält nicht den ganzen Abend über, aber für Minuten entsteht ein Gefühl, als ob einem unbegrenzte Fähigkeiten zuflögen, nicht nur stimmtechnisch, auch psychisch. Dabei bin ich mir nicht sicher, habe ich die Supereuphorie, dank der ich gut singe, oder singe ich so gut, daß sich dieses Hochgefühl einstellt. Im Grunde egal. Nur, wenn ich darüber reden will, ist es nicht egal! In Carusos Biographie ist zu lesen, daß er in seiner Anfangszeit das

70

Gefühl entwickelte, die Stimme sei ein Vogel, der vorbeikommt, ganz nah heranfliegt und sich manchmal, ganz selten, auf die Schulter setzt.

Das sind diese Momente, in denen man denkt: Jetzt ist er da! Dann sieht man ihn wochenlang nicht mehr, da erscheint er nicht einmal am Horizont, geschweige denn auf dem Fensterbrett. Daraus ergeben sich Ansprüche, die man sich selbst zu erfüllen sucht.

Ich habe Vorstellungen erlebt, von denen ich sogar lesen konnte, daß sie ein großer Erfolg gewesen seien, aber ich gestand mir ein, daß ich nicht einmal überzeugt war, daß der Vogel überhaupt existiert. Dieses Empfinden kann nur insofern trügen, als man denkt: Jetzt! Und es ist nicht wahr. Aber wenn der Vogel auf der Schulter sitzt, weiß man es hundertprozentig. Gesteuert werden kann sein Flug nicht . . .

Manchmal stelle ich mir vor, heute reiße ich das ganze Theater ab mit meiner Stimme – dennoch kommt nichts sonderlich Gutes zustande. Ein andermal trete ich mir fast auf die Hände vor Depressionen, schleiche ins Theater, Angstschweiß im Nacken, die Katastrophe liegt in der Luft. Und das kann ein phänomenaler Abend werden. Eigenartig?

Das heißt nicht, daß ich unbewußt singe. Ich achte, fühle ich mich nur eine Spur mies, genau auf Dinge, die ich mir vorgenommen habe. Versuche, heikle Stellen besonders schlank zu singen in der Hoffnung, dann richtig zu liegen, wie auf einer Schiene. Schaffe ich es, die Weichen geradeaus zu stellen, kann es sein, wenn das eine Weile anhält, daß die Vorstellung glänzend ausfällt. Aber wehe, irgendetwas stellt die Weiche auf eine andere Schiene um – schon geht's bergab.

## Der Erkältungsgott hat zugeschlagen

Singen und Sport, für mich stellen sich verblüffend viele Parallelen ein. Zum Glück aber ist Singen nicht im gleichen Maße meßbar. Man kann nicht ansagen: Singen Sie mal diese Stretta. Stop. Jetzt Sie. Nochmal zurück. Jetzt diese Phrase. Und Sie. Gewinner der diesjährigen Weltmeisterschaft wurde mit drei Punkten Vorsprung . . .

Beim Singen kommt ein gewisses Etwas hinzu, mit einem Wort

71

nicht zu benennen, das dem Sänger eine Art Zauberkraft verleiht, die es schafft, einen Eindruck zu vermitteln, der nicht einer objektiv überprüfbaren Wahrheit entspricht. Windgassen verstand diese Kunst. „Mußt noch eins lernen", hat er mir mal augenzwinkernd gesagt, „mußt die Leute bescheiße könne. Darfst dich net so aussinge, fragt kein Mensch danach." Den Leuten ein X für ein U vormachen? Bin ich gut disponiert, käme ich gar nicht auf die Idee, ein Ensemble nur mit Viertelstimme zu intonieren. Passiert mir, wenn ich mir sagen muß, halt, heute indisponiert, da heißt es, sich schwer in acht nehmen.

Komischerweise kann ich mich nicht erinnern, jemals erkältet gewesen zu sein, bevor ich Sänger wurde. Dabei hat jeder Mensch mal Husten und Schnupfen. Bloß, hatte ich Grippe, habe ich sie nicht registriert. Wenn der Gaumen jetzt ein bißchen ribbelig und heiß wird, liegt schon Panik auf der Lauer, mal sehen, wie's morgen wird. Der Morgen ist da, der Hals ein bißchen schlimmer – Erkältung! Ein anderer merkt noch nichts, ein Sänger ist völlig irritiert. Diese „Hysterie", Sänger zu sein, sollte man nicht hochspielen, Nervosität soll man nicht pflegen. Als ich mit dem Johannes, meinem Sohn, Achterbahn gefahren bin, bis ich zur Vorstellung ins Theater gehen mußte, lief der Abend prima.

Bei der Bundeswehr mußten wir zur Gymnastik antreten, Oberkörper frei, jeden Morgen, bei jedem Wetter, ob Regen, ob Schnee, nie war einer erkältet. (Haben Sie schon mal einen halbnackten Sänger sich im Schnee wälzen sehen?) Und was ist, seit ich Sänger bin? Jedes kleinste Hüsteln, Schlucken, Räuspern . . . Aber das ist die Geschichte, die mir später der Neidlinger gesagt hat, der Gustav mit seinem unnachahmlichen Mainzer Dialekt: „Isch waas net, was da los is, gestern, wo isch net singen mußt, hab isch soo ä Stimm gehabt, heut, wo isch singen muß, is alles fort. Und so geht mir des seit värzisch Jahren."

In meinem ersten Sängerjahr war ich laufend krank, nie in optimaler Form. Ewig war ich zu. Daß ich das überhaupt überstanden habe! Als meine erste Premiere mit Tamino bevorstand: Bronchitis. Ständig, als ob ich einen Frosch im Hals hätte, immer geräuspert und vom Rumhüsteln fast wieder heiser. Diese qualvolle Nacht vor der Premiere! Meine Stimme litt und ich an ihr, und meine Frau litt mit mir mit. Husten, Räuspern, Anstoßen und das gleiche von vorn, bis zum Morgen. Eines Tages kapierte ich, daß Erkrankungen der Atemwege, der Schleimhäute, gerade der

Bronchien, psychosomatisch bedingt sind. „Kapierte" hieß, daß ich mir das bewußt machte. Denn Vorgänge, körperliche wie seelische, unverkrampft begreifen lernen, ist die beste Voraussetzung, sie in den Griff zu kriegen.

Die Belastbarkeit meiner Stimmbänder habe ich, glücklicherweise, nie überschritten. In den letzten Jahren war ich nach einer Vorstellung nie mehr heiser. Zwar gibt es Abende, an denen singt man erkältet, mit etwas Fieber, aber eben noch ohne das Gefühl der Kraftlosigkeit.

In Stuttgart stand ich mit Grippe als Siegmund auf der Bühne. Konnte eigentlich nicht singen, nicht mal richtig sprechen; weil ich die Absage am Telefon nicht rausgekrächzt kriegte, mußte ich ins Theater fahren, um sie aufzuschreiben. Weil aber anscheinend so viel von dieser Vorstellung für das Haus abhing, habe ich mich breitschlagen lassen, doch aufzutreten. Ansage. Erster Akt. Die Nase lief. Spätestens bis zum Schwertmonolog ist mir die Nase so zu, ahnte ich, daß ich mich schneuzen muß. Siegmund mit Lungenentzündung, der arme Kerl. Hab' mich einfach umgedreht und die Nase geputzt. Den ersten Akt brachte ich noch mit Anstand über die Runden. Die Pause ging zu Ende, wieder raus, die Katastrophe nahte: So gut wie keine Stimme mehr, nach ein paar Tönen war Sense (und die Totverkündung kann lang werden!), hab' mich mehr sprechend als singend meinem Ende entgegengeschleppt. Trotz Ansage wurde wild gebuht. Andere haben daraufhin frenetisch geklatscht. Auf so einen Abend will ich mich niemals wieder einlassen. Dieses Auf-die-Schulter-Klopfen, naja, war ganz gut gemeint, dieser Mitleids-Applaus – auf ihn möchte ich nicht angewiesen sein.

Das Ganze spielte sich vor der „Fidelio"-Platte ab. Bei den Aufnahmen: Immer noch Bronchitis. Das Gefühl, zu wissen, ich könnte besser sein, wenn es mir besser ginge, das drückt einem gewaltig auf die Stimmung. Beim Abhören war die Aufnahme auf dem Band, das muß ich dazu sagen, wesentlich besser, als sie es jetzt auf Platte ist. Sonst hätte ich darauf bestanden zu wiederholen. Zum ersten Mal wurde viel zu schnell eine Digital-Oper geschnitten.

Die Kerkerarie. Manche wollen das strahlend gesungen haben. Ist sowieso ein Wahnsinn, daß Beethoven eine Arie für einen Menschen geschrieben hat, „der kaum noch lebt, wie ein Schatten schwebt", der seit zwei Jahren auf Schmalkost gesetzt ist. Der soll mit Bravour singen! Eigentlich singt er nur innerlich, aber in der Oper will man es ja hören. Man müßte singen, ohne den Mund zu bewegen. (Leider kann man das drehen und wenden, wie man will, darunter leidet die Wortverständlichkeit!) Oder man spielt's Playback ein und leuchtet den Sänger mit einem „schwarzen" Scheinwerfer weg. (Aber dieses berühmte schwarze Licht hat man noch nicht erfunden.) Manche Tenöre greifen sich an die Stirn: „Gott, welch Dunkel hier!" Die Tragik ist im Eimer.

Ich habe versucht, den Schmerz auszudrücken. Nur wäre es schöner gewesen, ich hätte ihn nur stimmlich produziert und nicht selbst in dem Moment körperlich durchgemacht. So diktierte im Endeffekt mein Körper, was ich imstande war zu singen, und nicht meine Gestaltungskraft. Dann wäre es Kunst und nicht Notwendigkeit. Mir hätten die schon jahrelang festgelegten Termine egal sein sollen, ich hätte die Aufnahme verschieben sollen. Ich bin auch nicht zufrieden mit dem Ergebnis. In dem Fall ist Kritik berechtigt, ich konnte nicht strahlend singen. Ich hatte richtig Mühe. Man kann leidend wirken und trotzdem strahlend singen – aber dazu muß man einen wohl auch sehen. Wenn der Zuschauer nicht nur hört, wie Florestan Töne produziert, sondern sein Leidensspiel sieht, bleibt am Ende der Eindruck: „ach, der arme Mann". Wie gewünscht. Noch sechs Monate hing mir diese Bronchitis im Hals, spürbar. Dabei hatte ich Vorstellungen, Schlag auf Schlag; in London „Parsifal", sieben Vorstellungen, eine nach der anderen, in Zwei-Tages-Abständen. Die wurden, warum weiß ich auch nicht, besser und besser. Nichts ging schief. Wahrscheinlich singe ich in so einer Situation sehr konzentriert und leicht. Wer da keine Technik hat, auf die er sich verlassen kann, muß daheim bleiben. Allerhöchste Eisenbahn, Schluß zu machen, ist auf jeden Fall das Alarmsignal „Fiebergefühl". Man singt dann nur aus dem Hals. Ganz gefährlich! Denn Wunder, das ist sicher, Wunder ereignen sich auf der Bühne nicht, die besingt man nur. Wenn's nicht geht, geht's auf der Bühne schon gar nicht. Ist man ein wenig auf der Kippe, kann man durch Selbstkontrolle noch die Nerven in Schach halten: Jetzt kommt die Stelle, ganz ruhig, Schlund auf, Kehlkopf tief und locker und wupp – hoppla, denkt man, war sehr gut – und hat sich selbst überrascht. Wenn man dagegen wartet, nur wartet – passives Warten führt zu nichts. Aktives Mitmachen, Manipulieren! Im letzten Moment muß man sowieso auf den Ton warten, kann ihn höchstens präparieren, vorbereiten. Dabei hilft einem seine Technik. Ist sie gut, geht's gut; wird's nichts, war sie offensichtlich falsch. Hat jedoch der Erkältungsgott erbarmungslos zugeschlagen, gehört ein gewisser Mut dazu abzusagen. Ich bin ja da, um zu singen, nicht, um mich davor zu drücken. Aber wenn einer absagt, heißt's gleich: Der schafft's nicht. Oder: Da ist hinter den Kulissen was gelaufen, was sich nicht mehr kitten läßt. Dann wird gekramt und im Trüben gefischt (selten berechtigt!), aber wann hört man schon: Ach, der Arme, muß wirklich krank sein.

Zum Beispiel: Bayreuth, „Lohengrin", letzte Vorstellung '79, wach' ich morgens auf: überhaupt keine Stimme. Das Fenster stand über Nacht auf und Ende August war es unvorhergesehen bitterkalt geworden. Ab in die Badewanne, heißes Wasser drauf, bis der Hals krebsrot wurde, immer noch in der Hoffnung . . . Aber alle Töne wurden nicht greifbar. War mir höchst unangenehm zu sagen: Ich bin krank.

Warum dieses Absagen in der Öffentlichkeit so negativ gemünzt wird, ist mir nicht ganz erklärbar. In erster Linie wohl, weil sich das Publikum auf einen bestimmten Sänger eingestellt hat. Enttäuschte Erwartungshaltung. Der Held ist sowieso der, der einspringt, kann singen wie'n Rostbesen, die Menge jubelt. Ich habe das mal als Zuschauer erlebt: „Walküre". Während der Vorstellung mußte der Siegmund ausgewechselt werden. Der einsprang (er hatte schon zu Hause mit'n paar Bierchen bei der Sportschau gesessen) sang wie ein Rabe und wurde gefeiert, als ob Caruso auferstanden sei.

Manchmal ist man nicht krank genug, daß es zum Absagen reicht, man singt und leidet Qual. Und man versagt. Total. Ohne gute Nerven müßte man sich in ein Nichts auflösen in solchem Augenblick. Ich habe festgestellt, daß ich mich ganz gut beherrschen kann. Ich neige dazu, weiterzumachen, als ob nichts gewesen wäre, was sehr schwer ist. Sich nichts anmerken zu lassen, kostet die meisten Nerven. Richtig versagt habe ich in Chicago bei einer konzertanten „Fidelio"-Aufführung unter Solti. Ich hatte wieder Bronchitis und krankte obendrein an diesem fürchterlichen Klimawechsel, von der Hamburger Winterkälte ins brütend heiße Chicago. Nach drei, vier Tagen wachte ich eines Morgens nach fünfzehn Stunden Schlaf auf, todmüde, mit dem einzigen Gedanken: Weiterschlafen. Über die Probe an diesem Tag rettete ich mich einigermaßen darüber, hoffte auf meine eigenen Heilkräfte. Dann der Abend. Unausweichlich. In meiner Kerkerarie schaffte ich das erste „himmlische Reich" noch, das zweite nicht mehr. Ein unvorstellbarer Schock! Konzertant, in vollem Licht im Frack; auf der Bühne könnte man sich mit Umfallen durchmogeln, aber mit Noten da vorne zu stehen, vorm Orchester! Die Kollegen, Hildegard Behrens war dabei, sagten hinterher, daß es eine Leistung war. „Wir haben gemerkt, wie schwer dir das fiel." Einfach weggehen, war mein einzigster Wunsch. Ich habe nur noch den Mund aufgemacht. Solti ist sofort darauf eingegangen und hat das Orchester so angepeitscht, daß die Leute dachten, der singt aber leise. Dabei habe ich überhaupt nicht gesungen. War ich deprimiert, wie gerne wäre ich verschwunden!

Nur von anderen überredet, mehr für's Publikum als für mich selbst, habe ich nur einen, jenen Stuttgarter Abend durchgezogen, wobei es für mich allein darum ging, stimmlich unbeschadet davonzukommen. Ich krächzte noch monatelang herum, bis der Schaden behoben war. Eine Lehre, die beinahe ins Auge ging, und ich schwor mir: Das mache ich nie wieder! Und ich habe mich bis heute daran gehalten.

*„Das Repertoire ist anstrengend, und man muß sich die Zeit nehmen, die Stimme zur Ruhe kommen zu lassen, muß sich die Zeit nehmen, zu üben und weiter zu studieren. In den letzten zehn Jahren gab es viele erstklassige Sänger, die einen kometenhaften Aufstieg hatten und sich nach fünf Jahren verbraucht haben. Natürlich, einerseits sind die vielen Vorstellungen lukrativ, andererseits aber setzen die Sänger damit ihr eigenes Kapital aufs Spiel"* (Jeannine Altmeyer).

# Die große Chance:
# Chéreau und Bayreuth

## Die Suche nach den Großen von morgen

„Die Bühnenlaufbahn Peter Hofmanns begann 1972, bereits 1973 wurde Wolfgang Wagner durch einen älteren Sängerkollegen auf ihn aufmerksam gemacht: 1973, am 12. August, war er zu einem ersten Vorsingen bei uns in Bayreuth eingeladen. Dieses Treffen arrangierte die inzwischen in Sängerkreisen geradezu schon legendär gewordene Agentur Schulz. Im März 1975 wurde der damals Dreißigjährige in die nähere Auswahl für die neue ›Ring‹-Besetzung unter Boulez und Chéreau einbezogen. Bei den Vorgesprächen kam Peter Hofmann für den Loge im ›Rheingold‹ in Frage und von Anfang an für den Siegmund. Tatsächlich wurde er für den Sommer 1976 als Siegmund und Parsifal engagiert. Jungen Sängern im Wagnerfach *die* Chance zu geben, hat in Bayreuth Tradition. Bereits 1951, als die Festspiele nach dem Krieg zum ersten Mal wieder stattfanden, zeichnete sich diese Tendenz des Werkstattgedankens ab. Und als Werkstatt versteht sich heute Bayreuth mehr denn je. Als Wolfgang Wagner und sein Bruder Wieland Wagner 1949 die ersten Nachkriegsfestspiele vorzubereiten begannen, riet ihnen in Salzburg Kirsten Flagstad, als sie nach ihrer Mitwirkung gefragt wurde: ›Fangen Sie doch mit der jungen Generation an.‹ Und sie empfahl Astrid Varnay für Bayreuth.

Die Suche nach den Großen von morgen ist in Bayreuth jedoch nicht nur umgesetzte Werkstatt-Theorie, sondern Notwendigkeit: Bei der geringen Anzahl von Partien, die sich im Bayreuther Wagner-Repertoire turnusmäßig wiederholen, ist die Ausschau nach dem Nachwuchs zur Erhaltung des Niveaus besonders wichtig geworden".

(Dr. Oswald Georg Bauer, Pressechef der Bayreuther Festspiele)

„In Bayreuth sang ich bereits '73 den Melot für ›Tristan und Isolde‹ vor. Ich erschien damals allerdings zu jung für diese Rolle.

Außerdem wollte mich Götz Friedrich begutachten, der mich schon zu dieser Zeit für einen Parsifal in Amsterdam anvisierte."

(Peter Hofmann)

## Er hat mich auf dem Gewissen

*„Ich persönlich sehe die wörtliche Werktreue nur als große Verlogenheit und Treulosigkeit gegenüber dem Werk, das man hartnäckig auf den Rahmen seines ersten Erscheinens beschränken will"* *(Pierre Boulez).*

Siegmund in Wuppertal. Maßgebliche Leute tauchten auf, mich anzuhören; das ganze Theater in Aufregung! Jede Vorstellung, neun oder zehn insgesamt, mußte ich mir sagen, jemand sitzt im Zuschauerraum, für den es sich lohnt, das Beste zu geben. Ganz schöne Belastung für einen Anfänger, der gerade erst drei Jahre Theater hinter sich hat. Anfänger – das Wort trägt so eine Wertung in sich, die nicht ganz zutrifft, sagen wir: Anfangender. Obwohl – vom ersten Bühnentag an sang ich ausschließlich große Partien. Hätte es damit nicht geklappt, hätte ich gar nichts mehr zu singen bekommen. Tablett über die Bühne und „Herr Graf, die Pferde...", habe ich nie kennengelernt. Gott sei Dank oder leider? Mit Tamino begann es, und in der Größenordnung blieb es. Dafür bewegten sich Risiko und Belastung auf ähnlich hoher Ebene. Aber ich war jung und wollte die Welt aus den Angeln reißen; komischerweise funktionierte alles – manches weniger gut, manches sehr gut. Und in diese Situation, in der von etabliert nicht im entferntesten die Rede sein konnte, kam der Ruf nach Bayreuth. Völlig überraschend. Zwar hörte ich nach der Wuppertaler Premiere: „Die holen dich bestimmt nach Bayreuth" – aber bevor man das nicht konkret weiß, wagt man's nicht einmal zu denken.

Dann war es soweit. Zu meiner Verblüffung – Vorgespräche, Verhandlungen mit Agenten gingen voraus – hieß es, die wollen Bilder von mir und eins in Badehose. Badehose? Um alles in der Welt, warum das? Was soll ich denn da veranstalten? Damals reiste Wolfgang Wagner selbst, schaute sich die Sänger ein erstes Mal an und ein zweites Mal; das dauerte, bis man sicher sein konnte, mit Vertrag und – wichtig wie überall – Stempel: Ich singe in Bayreuth. (Heute sollen häufiger Regisseure und Dirigenten bestimmen, wer singt.)

Diese Frage nach Bildern . . . Beim Kramen fiel mir aus dem Urlaub ein Badehosen-Foto in blödsinniger Tarzan-Pose in die Hand, das schickte ich los und dachte, sollen die sich selbst ihren Reim machen, ob ich sie auf den Arm nehme oder nicht. Dabei wollte Chéreau nur mal Umfang und Typ sehen! (Eigentlich sollte es in keiner Inszenierung möglich sein, einen kleinen dicken Blonden und eine lange dunkle Slawin als Zwillingspaar zu verkaufen!)

Inzwischen sickerten schauerliche Märchen durch, irgendwelche Dampfmaschinen seien in Aktion, keiner konnte sich vorstellen, wo im „Ring" Maschinen dampfen sollten, vielleicht in Nibelheim? „Hast du schon gehört, Pferde kommen auf die Bühne und Wotan im Frack." Schlagworte kursierten – und Wotan im Gehrock, nein, das war einfach nicht drin im Gedankengut. Kurz und gut, schließlich Bayreuth, Anfang Mai, das Gegenteil von einer Weltstadt. Erst die Festspiele erwecken das Städtchen zum Leben, im Frühjahr schlief es vor sich hin. Normalerweise reisen die Sänger später an, kennen nur die Atmosphäre, wenn sich schon überall eine gewisse Probennervosität ausbreitet. Doch der „Ring" war nicht eine, das waren vier Neuinszenierungen auf einmal, die bis Ende Juli auf die Beine gestellt werden sollten. Wir trafen zu dritt ein: Matti Salminen, Hannelore Bode und ich. Und Chéreau mit seiner Mannschaft. Gesehen hatte ich keine seiner Regiearbeiten, aber von ihnen gehört. Als ich antrat, war ich seltsam zweigeteilt. Gleichzeitig engagiert für die Titelrolle im „Parsifal" wußte ich nicht, auf was ich mich konzentrieren wollte: mich einstellen auf das Erlebnis Bayreuth an sich oder auf diese spezielle Sache? Daß sie speziell wird, wußte man vorher.

Tags darauf: erste Probe. Saß da ein Junge, ununterbrochen Nägel kauend, sah unwahrscheinlich jung aus – Patrice ist, soweit ich weiß, ein halbes Jahr jünger als ich – und rauchte wie verrückt. Ausgerechnet das war der erste Anlaß zur Reiberei. Denn sechs oder acht Assistenten, jedenfalls schienen es mir unglaublich viele, saßen auch da und rauchten, Gauloises, Gitanes und mehr von diesem Kraut, verpesteten die Luft mit Qualm, und ich reagierte, nach kurzer Zeit mit meiner ausgetrockneten Kehle kämpfend, verärgert: „Entweder ihr hört auf zu rauchen oder wir hören auf zu singen – weiß nicht, was wichtiger ist." Entsetzte Gesichter! Sie waren von der Schauspielarbeit her gewöhnt, daß sich darüber kaum ein Schauspieler beschwert. Ich rauche auch ab und zu, aber nicht während der Probe. Palaver hin und her. Aggressive Stimmung. Irritation.

Wir probten auf der kahlen Probebüne, notdürftig mit Requisiten für die Szene bestückt. Ein Stuhl diente als Weltesche – sie in ihm zu sehen, dazu gehört schon viel Phantasie. Oder ein Bach, vorne links, markiert durch einen Kreidekreis. So zu proben ist normal, wir fanden nichts Besonderes daran – dann aber wunderten wir uns. Wie wahnwitzig mußten wir körperlich arbeiten, ständig am Boden. Nach zwei Tagen waren die Knie so malträtiert, daß wir kaum mehr Lust hatten, zu knien; wir zogen uns Knieschützer, so Torwartschützer, an und haben weitergeschuftet. Bis zu Momenten, wo wir feststellten, nicht mehr singen zu können: „Ich muß mich so verbiegen, außerdem läuft mir schon der Schweiß runter, rein aus körperlicher Anstrengung, noch ohne Scheinwerfer, und eigentlich soll ich jetzt singen!" Wir haben gemeutert und gezetert. Er aber war unnachgiebig hartnäckig.

Zwischendurch hieß es immer, dann und dann kommt der Ridderbusch, der Karl. Chéreau argwöhnte langsam: „Ja, isch weiß nischt, muß isch da gehen oder was…" „Ne, ne", beruhigten die andern, „bloß der Karl ist ein bißchen direkt, der sagt, was er denkt". (Was ja nicht unbedingt ein Nachteil ist, oder?) Als der Karl eintraf, waren alle gespannt. Wie verhalten sich die beiden? Die Probe lief, erster Akt, Ridderbusch als Hunding wendet sich zum Gehen und Sieglinde versucht, Siegmund – im Orchester das Schwertmotiv – per Blick die Waffe zu signalisieren. Was sehr peinlich sein kann, wenn sie so demonstrativ Blicke wirft: Da, da, sieh mal, da! Jeder begreift es, nur Siegmund nicht, darf er ja auch nicht . . . Will der Karl wissen: „Wo stelle ich mich hin, damit ich das nicht sehe?" Meint Chéreau: „Warum? Kannst du ruhig sehen." „Das habe ich noch nie gesehen, das ist doch geheim!" „Wieso geheim? Ich denke, als Hunding müßtest du wissen, daß in der Esche, mitten auf deinem Grundstück, ein Schwert steckt. Glaubst du nicht, daß du selbst schon probiert hast? Es heißt ›Gäste kamen, Gäste gingen, die stärksten zogen am Stahl‹. Du bist ein kräftiger Mann, du hast bestimmt mal zu ziehen versucht, wenn keiner geguckt hat – aber es klappte einfach nicht. Du bist doppelt so groß wie Siegmund und dicker und schwerer und grinst innerlich, wenn ich das nicht schaffe, schafft der das schon lange nicht." Diese Argumente haben den Karl umgestimmt, er hat nur noch gebrummelt, ein bißchen unleidig. In der Pause nahm er mich zur Seite:

„Dumm ist der nicht." Er meinte Chéreau. Keine große Sache, aber mir hat sich eingeprägt, daß man so einen Brummbären mit Logik doch packen kann.

*„Ein Grund dafür, daß meine Arbeit mit den Sängern komplikationslos verlief: Was ich ihnen an Bewegungen, an Spielmöglichkeiten vorschlage, ist schließlich nichts anderes als der Pulsschlag von Gesang und Orchester. Die Energie, die sie aufwenden müssen, haben sie immer in der Musik zu suchen"* (Patrice Chéreau).

Normalerweise sind Sänger ziemlich konservativ. Ausnahmen bilden Generationen wie die Wieland-Generation, die Felsenstein-Generation, vielleicht bald die Chéreau-Generation; aber alle schwören auf ihre Zeit, in der sie groß waren. Wenn einer was Neues in Gang bringen will, beteuern sie: „Ist nicht mehr vergleichbar. Damals! War alles besser!" Sicherlich ganz gefährlich, so zu denken, auch für uns „Chéreau-Kinder". Ich merkte, wie ich nach der Arbeit mit ihm gegen Regisseure aggressiv wurde, die es vielleicht gar nicht verdient hatten. Ich bin nicht so eng im Kopf, daß ich ab jetzt stehenbleiben möchte; ich trete sofort für Neues ein, aber es muß ähnlich stark sein. Wenn ich fühle, daß es gegen die Wirkung geht, schalte ich auf stur. Wir machen doch Theater um der Wirkung willen, nicht, damit die Leute sich in ihrem Sessel räkeln und sinnieren: „Das ist erstaunlich langweilig, auch sehr gemütlich, die Sänger fühlen sich wahrscheinlich wohl, keiner schwitzt, stellen sich in Positur . . ." So wie es immer war. Das will ich nicht. Und für den Opernbesucher ist der Schlaf im Bett billiger. Bei der Erarbeitung einer Oper sind die Sänger oft, ich sage das in Anführungsstrichen, benachteiligt, das heißt, ich wundere mich, wie manche Regisseure, unbewußt vielleicht, manchmal ganz offensichtlich aus Unvermögen, Sänger weginszenieren. Den Fehler machte Chéreau nicht, er hat nach optimaler Wirkung gesucht. In der „Walküre" wurde nichts, aber auch rein gar nichts nur um eines Gags willen reingemogelt; jede Szene war äußerst ernsthaft gearbeitet. Nie hat er sich über etwas lustig gemacht, was ihm anfangs unterstellt wurde. Logisch gehen andere Regisseure auch vor, aber ich meine, diese Logik, die Chéreau auf die Bühne bringt, ist eine, die man sinnlich nennen könnte. Sie durchläuft nicht nur im Gehirn komplizierte Windungen, sie kommt aus dem ganzen Menschen und zielt wieder auf den ganzen Menschen. Diese Kombination, eine Handlung logisch durchzuformen und sie dabei in packende Optik umzusetzen, ist fürs Schauspiel normal, in der Oper nur bei den besten Regisseuren anzutreffen.

Dazu kam eine für die Oper fast fremde Dimension: Chéreau verlangte kammerspielartige Nuancen. Wir waren überzeugt, daß sie unter den Tisch fielen, weil sie sowieso kein Zuschauer bemerken würde. Dabei war diese Regie die einzige Chance, solche spielerischen Feinheiten zu erleben. Wir konnten das Ergebnis ja im Fernsehen selbst begutachten. Die Aufzeichnung war für uns eine der wenigen Möglichkeiten, zu verfolgen, wie sich transportiert, was man auf der Bühne nur erahnt. Eigentlich tragisch, daß sich eine Lücke auftut zwischen der eigenen Vorstellung von der Wirkung und der tatsächlichen Wirkung auf andere. So kommen diese seltsamen Gesten zustande, die freiwillig kein Mensch macht. Auf der Bühne den Verführer zu mimen – dazu gehört, jeder kennt das, ein lässig schiefer Mund. Klar, das betrifft mehr die Boulevardgeschichten. Bei Siegmund geriet ich nicht in Versuchung, ins Fahrwasser solcher Klischees zu rutschen. Siegmund darf in keiner Weise verführerisch wirken, zumindest darf er sich dessen nicht bewußt sein. Vielleicht, sogar ganz sicher, ist er es für Sieglinde. Aber ein Playboy – niemals. Wenn die Anziehung unbewußt spürbar wird, ja, wenn der Zuschauer wünscht, die zwei, die müßten sich kriegen, ist das in Ordnung.

Mir fallen dabei diese alten Inszenierungen ein: alles im Halbdunkel. In Wien sang ich im Karajan-„Ring", von dem er sich schon lange distanziert hat, da lag wahrhaft der Staub drauf. Man sagt von Karajan, daß er sehr dunkel inszeniere, aber ich denke, einiges wurde im Laufe der Jahre unter der Obhut wechselnder Assistenten noch dunkler. Man hätte getrost dem Publikum die Zunge rausstrecken können, keiner hätte es gesehen. Sänger waren gewohnt, und das Publikum auch, Emotionen über die Stimme und die Musik auszudrücken und zu hören, ausschließlich; daß da noch jemand stand, war geradezu überflüssig; man hätte Schauspieler auftreten und eine Platte ablaufen lassen können, das hätte wenigstens nach außen, eine ähnliche Wirkung erzielt – sogar perfekter, aber unehrlicher, der inneren Wahrheit des Live-Erlebnisses beraubt. Und nur ihm ist dieser Glücksmoment zu verdanken, von dem der Zuschauer zu Hause sagt, da war irgendetwas, was ich nicht erklären, auf jeden Fall nicht vergessen kann.

*„Chéreau arbeitet sehr viel mit seinen Sängern, aber mit viel Liebe.*
*Und das spürt man. Er liebt die Arbeit, liebt die Künstler und sie*
*lieben ihn. Man tut einfach gerne, was er einem sagt" (Gwyneth*
*Jones).*

Ich meine, Chéreau ging davon aus, zu erreichen, in jedem Punkt
wahr zu sein. Dazu forderte er sich und die Sänger bis an die
Grenzen des Machbaren heraus. Als Sänger kann ich dann nicht
mehr „abliefern", muß ich Farbe bekennen. Anfangs waren wir der
Meinung, uns bei dieser Riesen-Action nicht mehr aufs Singen
konzentrieren zu können, zumindest nicht mehr optimal. Und das
ist ungut für einen Sänger, wenn er voraussieht, er könnte doppelt
und dreifach so gut singen, es aber nicht kann, weil er vorher so
rennen muß, daß er keinen ruhigen Atem mehr hat. Chéreau wollte
davon nichts wissen. Ich wurde böse: „Wenn ich ›Winterstürme‹
singen muß, muß ich sie auch gut singen; wenn ich's nicht packe, bist
du daran schuld, mit deiner Regie. Weißt du eigentlich, was das
Orchester spielt? Morgen ist Orchesterprobe, hör's dir an!"
Wir haben den ersten Akt gesungen, in diesem überakustischen
Probenraum, wo's nur so donnert. Leichenblaß war er hinterher,
überwältigt von dem Klang, fragte ab diesem Moment: „Glaubt ihr,
daß ihr da noch singen könnt?" und war sofort zu Kompromissen
bereit – die wir bezeichnenderweise nicht eingingen. Plötzlich
wollten wir es wissen. Psychologisch sehr geschickt: Er hat
zurückgesteckt, wir sind sofort hinterhergeprescht. Je weniger er
wollte, desto mehr hat er uns bei der Eitelkeit gepackt. Wir haben
von diesem Augenblick an von uns aus immer mehr gegeben, als
gefordert war. Weil jeder das lieber tut, von dem er denkt, es sei von
ihm, als sich unter dieses Marionettengefühl zu beugen, das einen
bei Regisseuren plagt, die anordnen, „geh dahin, dreh dich um, geh
weiter", und man weiß nicht, warum. Viel größer ist die Leistung,
dem Sänger ein Bewußtsein für seine Rolle zu vermitteln, ihn dahin
zu bringen, daß er von sich aus die Figur entstehen läßt. Siegmund
ist aus meinem Körper heraus gewachsen. Wenn ich mir Chéreaus
Regieanweisungen ins Gedächtnis zurückrufe, waren das mehr
choreographische Platzbestimmungen. Wie ich aber jeweils dort
hingeriet, das lancierte er in den Proben so geschickt, daß ich selbst
merken konnte, was stimmt, was nicht. Nur ein Beispiel: Einmal
kam ich mir, wie soll ich sagen, direkt ungezogen vor, indem ich
mich von Sieglinde wegdrehte und nach vorn ging; bis uns auffiel,

daß ich mit einem Blick Verbindung nach hinten halten mußte – schon war dieses unangenehme Gefühl vorbei und das Spiel wurde immer dichter. Als ich die Aufführung nachher auf dem Bildschirm verfolgte, sah ich, daß man immer noch dies oder das folgerichtiger angehen könnte, oder anders. Ob es jedoch unbedingt besser würde? Annähernd spürte ich, daß es so gut gelungen war, daß ich es kaum besser hinkriegen könnte. Und das ist herrlich, denn manchmal habe ich dumpf das Gefühl, daß sehr viel verschenkt wird auf der Opernbühne, einfach verschenkt.

*„Die Kamera ist genau, registriert unerbittlicher als das menschliche Auge; ebenso unbestechlich reagiert das Mikrophon, das jede Nuance unwiderruflich festhält. Aber Perfektionismus stand hier gar nicht zur Diskussion, der Bayreuth-Film sollte ja den Live-Eindruck festhalten" (Manfred Jung).*

Bei Chéreau begriff man schnell: Da entsteht etwas; jedenfalls die meisten begriffen es. Ich war anfangs auch gegen vieles, weil ich den Bogen noch nicht gespannt hatte. Bei Probenbeginn weiß man oft nicht, wohin der Hase läuft, welchen Stellenwert man auf der Bühne einnimmt; besonders schmerzlich ist nur, wenn ich bemerke, ich probe und mache und tue, es wird Spannung verlangt und alles Mögliche, und ich habe Null-Ahnung, wo das hinführen soll. Warum also muß ich morgens um zehn wahnsinnig mit den Augen funkeln und dieses Letzte an Spannung rauspressen? Vier Wochen Proben sind lang, um ungemindertes, sogar gesteigertes Interesse für ein Stück aufzubringen, zudem, wenn man es schon oft durchgestanden hat, und wenn man spürt, daß vielleicht nicht viel Neues dabei herauskommt. Dann schleppe ich mich morgens auf die Probe, trete zu einer Szene zum zehnten Mal an, der Regisseur weiß schon nicht mehr, was er probieren soll, ich stelze ohne rechte Überzeugung über die Bühne, wiederhole eine nicht-überzeugende Szene zum soundsovielten Mal, mache zwei, drei Fehler in seinen Augen, weil ich das nicht inbrünstig genug ausführe, was er sich ausgedacht hat; das geschieht nur, weil ich keine Lust mehr habe, denn bald korrigiert die elfte Probe die zehnte, bei der ich zwei neue Fehler mache – ein sinnloser Kreislauf ohne Ende. Diese Sorte Regisseure, denen nichts einfällt, können einen Sänger nicht lange bei der Stange halten. Bei Patrice war das nicht so. Da wollte ich mehr bringen, schlüssigere Dinge, weg von diesem Gestehe und diesen Operngesten, körperlicher sein.

Bisher bewegte man sich zu Beginn der „Walküre" langsam, weil die Musik langsam beginnt. Wenn wir jetzt kurze Blicke wechselten oder in der Kelch-Szene schnell auf die Cellostelle reagierten – das stimmte plötzlich, war viel natürlicher, das Operngetue unnötig. Es gibt eine andere Art der Darstellung, in der manches völlig der Musik überlassen sein sollte. Aber man darf deshalb nicht gleich alles der Musik überlassen. Ungewohnte Bewegungen helfen sogar, in der Musik vernachlässigte Zusammenhänge aufzudekken. Dazu müssen jedoch eingefahrene Schienen zerstört werden, und das ist eine Heidenarbeit. Beim Schwertmotiv, um ein Beispiel anzuführen, wurde auf das Schwert geguckt, wurde es hochgehalten, hochgerissen, und beim Hunding-Motiv mußte Hunding mit dem Kopf zucken – bisher. Daß beim Hunding-Motiv Sieglinde zusammenzuckt, ist das nicht viel einleuchtender? Muß man denn immer wieder fatal darauf aufmerksam machen: Wer zuckt, hat sein Motiv erkannt?

*„Sicherlich ist diese Gefahr bei Wagner weit mehr vorhanden als bei anderen Autoren, gerade wegen seiner Motivtechnik, die man allzu leicht als ein System von ›Hinweisschildern‹ auffassen kann – fast wie Verkehrszeichen. Bei diesem Motivzeichen fahren sie nach links, bei jenem nach rechts und heben den Kopf . . ." (Pierre Boulez).*

Bei Chéreau ging man gerne auf die Probe, obwohl man wußte, daß Knochenarbeit auf einen wartete. Ihm gelang, was selten Regisseuren gelingt: bei uns über lange Zeit nicht nachlassendes Engagement zu wecken. Wir arbeiteten auch nach '76 jeden Sommer bis '80 intensiv mit ihm. Wie er das im Endeffekt geschafft hat – ich habe versucht, es zu ergründen, weiß es aber bis heute nicht. Das ist Kunst. Insider-Kunst.

*„Es scheint mir notwendig, die Akteure zu einem sehr differenzierten Spiel zu fordern, den Sängern die Widersprüche, die Brüche in den Gedanken, die Ideenwechsel, eine Sinnlichkeit und Erregung vor Augen zu führen. Man muß von ihnen fordern, daß sie in ihrem Körper und ihrem Gesang die Gewalt und Grausamkeit der Geschichte tragen. Ich möchte, daß die seelischen Erschütterungen und die Wunden in ihr Fleisch und Blut übergegangen sind, daß sie die Einsamkeit nicht nur spielen, sondern sie auch fühlen und dann natürlich auch, daß sie permanent Vergnügen dabei empfinden, zu*

*spielen, auf der Bühne zu leben, zu existieren. Sie sollen dabei eine Freude haben, die dem musikalischen Jubel entspricht, der dort regiert" (Patrice Chéreau).*

Nicht, daß ständig eitel Sonnenschein herrschte, es gab durchaus Situationen, in denen wir uns stritten, in denen ich zornig und trotzig wurde. Bei einer „Rheingold"-Probe habe ich eine seiner verquasten Ideen beobachtet. Beim Einzug der Götter in Walhall sollten an einem schrägen Seil Mäntel hochgezogen werden, auf Bügeln; wir haben geprustet vor unterdrücktem Lachen; ich unkte: „Wenn das bleibt, demolieren die Leute das Gestühl aus Protest." Chéreau hat kapiert, wie schlimm wir's fanden und später die fliegenden Klamotten ersatzlos gestrichen. Aber dieser Mut, es auszuprobieren . . . Im Nachhinein, wenn ich das jetzt erzähle, geht mir auf, daß was Geniales dahintersteckte. Leere Mäntel hochzuziehen! Sind sowieso leere Typen, diese Götter, da ist Hopfen und Malz verloren, egal, ob Körper hochgehen oder nur repräsentative Hüllen, völlig egal. Aber es hat sich nicht vermittelt, die Szene hob sich durch ihr Eigenleben auf. Da ertönt die pompöseste Musik im ganzen „Ring" – vergleichbar noch der Trauermarsch –, aufgeplustert und eitel, da braucht man keinen Knalleffekt draufzusetzen.

Zum Ereignis wurde Chéreau für Leute, die eine Sensibilität für sinnlich-visuelle Zusammenhänge entwickelt hatten. Komisch fand ich, daß alljährlich auch die wiederkehrten, die offenbar höchste Pein litten, hätten doch daheim bleiben können. Das Gros des Publikums war jedoch, soweit ich das beurteilen konnte, bereit, seinen Geschmack zu ändern. Was noch '76 ausgebuht und niedergeknüppelt wurde, war im nächsten Jahr akzeptiert, im übernächsten fast genial und im letzten trug es schon einen Heiligenschein. Für einen kleinen Rest des Publikums aber blieb die Wagner-Welt in Unordnung, Wotan trug keinen hehren Kopfputz mehr (was war, bitteschön, bisher an den Plastikhaaren hehr?), erschien nicht in graublauen Dunst gehüllt (denn eigentlich darf der gar nicht den Boden berühren, ist ja ein Gott, muß schreitend schweben und geheimnisvoll „dräuen"). Jetzt irrte so ein armseliger Kerl in schrecklicher Not umher, so tief gesunken, daß er es nötig hatte, zu Mime, diesem billigen Mime, in die Höhle zu kriechen, um sich selbst seine Schläue und Stärke zu beweisen. Hätte ein Gott das nötig? Ich fand diesen Gehrock, diesen zerfledderten, und diesen Dreispitz typisch für einen unruhigen Geist, ähnlich einem Seemann ohne Schiff. Hatte was Lächerliches an sich. Diese Diskrepanz zu den großartigen Tönen, die er spuckt: „Wanderer heißt mich die Welt." Die Welt? Wer ist das? Ungefähr so, als wollte ich einem Kind in meinem Dorf imponieren: „Bin aus New York, in der Welt nennt man mich Wanderer." Ob das stimmt, weiß man nicht, aber dem Kind gehen die Augen auf und es denkt, toll, muß ein ganz berühmter Typ sein.

Sicher, Wotan hat noch seine Kultur in sich und sein Wissen – nur vermag er damit nichts mehr anzufangen, besitzt nur noch den Habitus eines Großbürgers oder meinetwegen einer gottgleichen Gestalt. Aber seine Kenntnisse interessieren keinen mehr, er ist überrollt. Bei Chéreau stimmte das endlich. Ich frage mich, warum hat man auf der Opernbühne so lange etwas anhören können, ohne zuzuhören?

Ich konnte feststellen, daß auch Schauspieler – schade, diese ständige Unterteilung in Schauspiel- und Operngefühl! – von dieser Inszenierung angetan waren. Simone Signorets erster Satz nach der Vorstellung: „Sie haben mich blamiert." Ich war völlig konsterniert: „Was habe ich getan?" Und sie erklärte mir: „Ich dachte immer, wir Schauspieler sind dazu da, zu spielen und nur wir. Jetzt hat man gemerkt, daß Sänger das auch können." Das hat sie traurig gestimmt, irgendwie. Ich versteh's. Wenn ich mir vorstelle, ein Schauspieler sänge meine Arien, und das auch noch gut . . .

*„Der Schauspieler ist ärmer dran, er muß vom Wort allein leben, der Sänger ist zwar von Natur aus arm dran, total von seiner Kehle abhängig, aber er wird auf der Bühne von einer Woge von Musik und Gefühl getragen" (Heinz Zednik).*

Ein Beweis für das gelungene Spiel war offensichtlich: Die Handlung wäre bei Chéreau auch ohne Text verständlich; schon die Körperhaltung allein beschreibt die Stimmung. Sogar wer von der Oper nichts kennt, bekommt mit, was vorgeht: Siegmund, der sich nicht wohl fühlt in der fremden bedrohlichen Umgebung, der trotzdem zu müde ist, um weiter zu hecheln, dann dieses „Ploing" zwischen Sieglinde und ihm, er, der nicht bleiben will, weil er ein komischer Hecht ist, der Unheil bringt, sie, die ihn bittet, zu bleiben, weil's nur besser werden kann. Und so fort. Man müßte den Versuch unternehmen, jemanden ohne Vorkenntnisse die

Video-Kassette als Stummfilm vorzuführen; ich wäre gespannt, welche Story der sich zusammenreimen würde.

Dieses Spiel war auch nicht abhängig von Stimmungen. Man konnte ruhig einen Abend erwischen, an dem man selbst daneben lag, keiner hat es gemerkt. Das beweist mir, wie schlüssig die Regie gelang. Dann bin ich auch bereit, mich unterzuordnen; zu sagen, einverstanden, mache ich eben genau, was wir machen sollen. Und nichts anderes.

Was nach Chéreau kam? Das große Unbehagen an der Oper. Er hat mich auf dem Gewissen, und ein bißchen uns alle, die wir bei dem Bayreuther „Ring" dabei waren.


## Jetzt hat er sich einen Mut genommen

*„Was vorher niemand wagte: Chéreau ließ alle Personen als Menschen auftreten. Was vorher niemand glaubte: Es glückte!"* *(Hanna Schwarz).*

Dem Stummfilm-Experiment, wie es Peter Hofmann vorgeschlagen hatte, ist eine Erfahrung vergleichbar, die ich mit Nina, sieben Jahre alt, machte, als sie den ersten Akt der „Walküre" auf dem Fernsehschirm erlebte. Die einzige Information, die sie über das Geschehen hatte, war der Bildschirmkommentar, aus dessen Inhaltsangabe sie einiges behielt.

Ninas Kommentar, während die Aufzeichnung lief: „Warum geht der Vorhang nicht auf? Hu, das ist ja zum Fürchten. Die Frau fürchtet sich auch. Der Junge ist kaputt. ›Ein Quell, ein Quell‹, hat er gesungen. Er hat Durst. Wunden hat er aber keine. Ich gehe in die Singschule und weiß, daß man dann gar nicht singen kann, wenn einem was weh tut. Er tut nur so, als ob er verwundet ist. Die Frau will, daß er da bleibt. Da kommt der große schwarze Vater, vor dem fürcht' ich mich gleich. Der arme Junge! ›In Feindes Haus‹ hat er gesungen. Ganz allein ist er. Der Vater ist böse zu der Frau. Der Junge will gar nichts erzählen. Jetzt erzählt er doch was, jetzt hat er sich einen Mut genommen. Er sagt, daß er gekämpft hat. Der Junge fürchtet sich, weil es Nacht ist und er in Feindes Haus ist. Guck' doch mal hierhin, hier ist das Schwert!" (Sie läuft aufgeregt zum Fernseher und deutet auf den Baumstamm.) „Jetzt ist er erschrokken. Weil auch vorher der Mond so auf dem Schwert geblitzert hat. Warum fürchtet er sich vor dem Becher? Sie will nicht, daß er das Schwert nimmt. Die sollen rauslaufen. Nun lauft doch! Wann laufen sie fort?"

Drei Wochen später diktierte mir das Kind die Geschichte von der „Walküre" auf meinen Wunsch hin noch einmal, fließend und ohne nachzufragen, in die Schreibmaschine: „Im Wald war Krieg. Mitten im Wald stand ein Haus. Ein Fremder stürzte hinein. Er hieß Siegmut. Er war verletzt. Ihm tat alles weh. Dann kam eine Frau. Sie hieß Sieglinde. Der Mann hieß Hunding. Er war auf der Jagd. Die Frau gab dem Jungen Wasser aus dem Brunnen. Dann kam Hunding aus dem Wald. Er ärgerte sich, weil seine Frau einen Fremden eingelassen hatte. Er schrie ganz laut und warf vor Wut den Tisch um. Er wollte mit ihm kämpfen. Am nächsten Morgen. Dann gingen alle schlafen. Nach einer Weile kam Sieglinde aus dem Haus. Vorher blendete Siegmut das Schwert. Jetzt kommt erst Sieglinde aus dem Haus", verbesserte sie, „dann erzählte Sieglinde Siegmut ihre Geschichte. Sie erkannten, daß sie Geschwister waren. Dann zog Siegmut das Schwert aus dem Baum. Sie haben sich sehr gefreut."

Vorher hatte Nina nur verlangt, daß ich ihr die Namen der Personen aufschreibe. „Wenn ich nicht weiß, wie sie heißen, kann ich die Oper nicht erzählen", war ihre Erklärung dafür. Auf das Singen der Figuren ging sie dagegen nicht ein. „Sieglinde *erzählte* ihre Geschichte." Den ihr völlig fremden Namen Hunding akzeptierte sie sofort, aus Siegmund machte sie konsequent Siegmut. Zwei erstaunliche Resultate zogen wir aus der Kindererzählung. Die Handlung ist, wie Peter Hofmann vermutete, durchaus ohne Text verständlich. Die Siebenjährige, die weder die Sage noch den Operntext kannte, konnte erfahrungsgemäß verhältnismäßig wenig Text verstehen. Und: Das Kind störte sich nicht am Gesang, nahm ihn selbstverständlich hin, war mit dieser Form der Äußerung einverstandener, als sie in der Diskussion um die Daseins-Berechtigung der Oper heute akzeptiert wird.

*„Durch die Chéreau-Inszenierung wurde ich wieder ›naiv‹ genug, die wunderbar konkrete Erzählung der ›Ring‹-Geschichte wahrzunehmen und darüber hinaus fasziniert von der Intensität und ›Menschlichkeit‹ der Darstellung, von Heinz Zednik als Loge und Mime, von Peter Hofmanns Siegmund und Jeannine Altmeyers*

*Sieglinde, von Gwyneth Jones' Ritual mit dem Leichentuch oder ihrem Erwachen als Brünnhilde" (Prof. Günther Erken, Chefdramaturg des Staatstheaters Stuttgart).*

## Ich gestehe, ich war schockiert

Die Tragik des Sängers ist, daß er sich eigentlich nie sieht und deshalb nicht genau weiß, wie er auf andere wirkt, es bleibt für ihn ein Rest Unsicherheit im Raum. Man kann ein Tonband aufnehmen oder einen Film drehen, es wird nicht das, was auf der Bühne zu sehen und zu hören war. Das unmittelbare physische Erlebnis kann nicht konserviert werden; nicht erklärbare Kleinigkeiten werden eliminiert, die aber für den Gesamteindruck von höchster Wichtigkeit sind; allein die Töne verlieren in jedem Fall ihre Unmittelbarkeit. Auch ein Film mit der besten Anlage bringt nicht das Gleiche. Eine traurige Erfahrung, daß man weiß, sich selbst überprüfen zu können, unverfälscht, geschieht nie, kann nie geschehen.

Auf der anderen Seite kann sich dieses Selbst-Beobachten auf der Bühne hinderlich auswirken. Man steht ständig neben sich und merkt viel mehr als jeder andere. Ist ein Ton nicht ganz so geraten, wie ich ihn wollte, registriere ich das, wenn noch kein Mensch es bemerkt. Aber ich habe es gemerkt und das behindert mich bereits. Wissen um diese Nebensächlichkeiten bedeutet bereits Risiko. Ein „typischer" Tenorvertreter gibt nichts auf diese Klippen und ist viel leichter mit sich selbst einverstanden. Ich kenne sie, die rausgehen in dem Gefühl: Da werde ich jetzt mal abräumen! Und auch in dem Gefühl, abgeräumt zu haben, wieder von der Bühne kommen – sogar wenn es nicht groß war, was sie geleistet haben.

Eine interessante Erfahrung war in diesem Zusammenhang die „Walküre" auf dem Bildschirm. Es stellte sich fast ein Synchrongefühl ein zwischen den Empfindungen, die ich auf der Bühne, und zwischen denen, die ich jetzt als Zuschauer entwickelte. Ich sah mich auf dem Schirm und wußte haargenau, was ich in dem Moment empfunden hatte, empfand das aber beim Zuschauen neu. Wirklich ungeheuer: Im selben Moment hatte ich zwei Gefühle. Das Erinnerungsgefühl, das mir genau die Empfindung von damals zurückbrachte, und gleichzeitig ein neues Gefühl, weil ich ja viel mehr sah, die ganze Szene, meine Partnerin und wie sie reagierte, mich und wie ich auf sie wirkte, alles, was ich auf der Bühne nur erahnen konnte. Für die Aufzeichnung wurde genauso gespielt wie in jeder anderen Bühnenvorstellung. Aber erst durch die Kamera kamen Feinheiten zum Vorschein, wie eine plötzliche Traurigkeit in den Augen. Alles war vorher genauso da, doch die Kamera hat es für jeden sichtbar gemacht.

*„Und Siegmund, er akzeptiert zu sterben, will aber wissen, wie. Er lehnt die Religion Walhalls ab und zieht die Irrfahrten der Seele vor, er stellt sich dem Problem des Jenseits, er kennt die Heimlichkeiten, die Leidenschaft und den Aufruhr, er weiß von Anfang an, daß er im Haus seines Feindes ist" (Patrice Chéreau).*

Dabei muß ich eingestehen: Ich war schockiert. Auf der Bühne zu sterben, ist anstrengend genug, mir dabei zuzuschauen – so schnell verkraftete ich das kein zweites Mal. Die Videokassette hatte für mich lange Sendepause.

Streckenweise ergab sich beim Siegmund in der Chéreau-„Walküre" etwas, das ich bei anderen Rollen nie so deutlich gefühlt hatte: Identifikation. Ich ließ mich treiben, konnte (und wollte!) nicht mehr genau unterscheiden zwischen Bühnengestalt und meinen Emotionen, so stark steckte ich in der Rolle. Normalerweise bin ich kontrollierter. Aber in einer wirklich guten Inszenierung kann man sich eine so starke Identifikation erlauben.

Ab dem Zeitpunkt, wo man solche Aufzeichnungen emotionslos anschauen kann, ist es möglich, für die nächste Probenarbeit daraus zu lernen. Denn ich merke, wenn wir auf der Bühne ausnahmsweise mit Video proben, hilft es mir, wenn ich mich anschließend sehe. Was ich vorher, ohne Wissen um die Wirkung, versäumt habe, anzubringen, oder wo ich unbewußt falsch reagierte, obwohl mich der Regisseur darauf hingewiesen hatte – das fällt mir, habe ich das Videoband gesehen, leicht zu ändern. Manchmal kommt man über technische Dinge, wie banale Schauspielertricks, zur optimalen Spielweise.

*„Siegmund, der in bewußter Freiheit handelt und deshalb wahrscheinlich auch für Wotan unerträglich, ist das Gegenteil von Siegfried, denn er – Siegmund – kämpft inmitten der Welt und in der Gesellschaft und er weiß, daß er einen Vater hat, der ihn ausgesetzt hat" (Patrice Chéreau).*

# Die Phantasie von der Unverletzlichkeit

Hannover, Juni 1977, der Monat, der von einem Tag auf den anderen die so hoffnungsvoll begonnene Karriere Peter Hofmanns hätte beenden können. Daß der Motorradunfall dieses Junitages aber auch sein Leben hätte beenden können, das sich auszumalen, verbietet ihm sein zäher Lebensoptimismus.

Wie durch ein Wunder – so schnell – wurde er zum Erstaunen der Mediziner gesund. „Wie durch ein Wunder" hört sich nach schicksalhafter Fügung an, der Hintergrund dieses „Wunders" sieht jedoch realistisch aus: Der unbeugsame, eiserne Wille einer lebensbejahenden Natur steckt dahinter.

An dem Unglückstag war Peter Hofmann mit seiner 1000er Kawasaki unterwegs, als ihm aus einer Einbahnstraße ein Polizeifahrzeug in verkehrter Richtung entgegenraste. Ausweichen unmöglich. Der Motorradfahrer flog durch die Luft. Überlebte. Mit einem schlimm zerschmetterten Bein.

Über diesen „Bruch" im Lebenslauf, und wie Peter Hofmann damit fertig wurde, über gemeinsame Erfahrungen und Erkenntnisse aus dieser Zeit sprachen mit ihm fünf Jahre später, nach einer „Parsifal"-Vorstellung in Bayreuth, der Chirurg Dr. Klaus Klemm aus Frankfurt und dessen Frau, die Diplompsychologin Brigitte Winter-Klemm, die den Sänger in der Klinik ihres Mannes kennengelernt hatte.

*Müller:* Der Unfall beschwor eine Extremsituation herauf, die durch einen extrem schnellen Heilprozeß überwunden wurde.

*Hofmann:* Ich bin tatsächlich unendlich schnell gesund geworden. Aber – es gibt doch andere Schicksale, nicht, daß jetzt ein Lamento entsteht über das bißchen Unglück, in das ich geriet.

*Winter-Klemm:* Ein Unfall paßt nie, gebrauchen kann ihn keiner, aber Ihnen widerfuhr er in einem ausgesprochen ungünstigen Moment.

*Hofmann:* Einen Tag vor Probenbeginn in Bayreuth.

*Winter-Klemm:* Durch solch ein Ereignis wird nicht nur der Körper verletzt: Die Phantasie von der Unverletzlichkeit wird böse erschüttert. Diese Vorstellung, unverletzbar zu sein, trägt jeder in sich, braucht jeder für sein psychisches Gleichgewicht. Deshalb wollten Sie möglichst rasch die Wunde verheilen lassen, denn ein Kratzer an der Unverletzlichkeit wiegt schwerer als ein gebrochenes Bein.

*Hofmann:* Bis auf wenige Tage, ja Stunden, war ich sehr positiv eingestellt. Das ging so weit, daß ich den Unfall nie richtig wahrhaben wollte. Schon am Unfallort. Ich merkte, mit dem Bein ist was Eigenartiges los, seltsam umgeschlagen, ein Schuh ganz woanders; als ich nach dem verlorenen Schuh griff, spürte ich meinen Fuß darin. Dieses Gefühl werde ich nie vergessen. Ein Gefühl wie: Das Bein hört mittendrin auf, danach eine lange Strecke Kälte, weit vorne der Fuß, zehn Meter weg oder hundert . . . Auf dem Transport zum Rettungshubschrauber entwickelte ich sowas wie Galgenhumor, fragte den Arzt: „Mit Motorradfahren ist heute wohl nichts mehr drin?" Tage später kam der Arzt darauf zurück: „Selten erlebe ich jemanden, der mit solcher Verletzung so reagiert." Automatisch müßte man schreien oder jammern, weil das nach 'ner Weile höllisch weh tut. Empfunden habe ich das auch so (lag da schon 'ne Dreiviertelstunde, bevor der Hubschrauber eintraf), aber ich bin dermaßen dagegen angegangen, bis ich mir einbildete, das Bein gehört nicht zu mir.

*Winter-Klemm:* Mußten Sie auch. Weil es verletzt war, durfte es nicht zu Ihnen gehören. Andererseits waren Körper und Seele so gesund geblieben, daß Sie später das verletzte Bein wieder annehmen konnten, als ob sie ihm gut zuredeten: Du hast mich enttäuscht, aber jetzt mußt du schnell wieder mitmachen! Patienten, die sich von ihrem verletzten Körperteil im Stich gelassen fühlen, sind oft so gekränkt, daß sie ihn total vernachlässigen, auch seelisch; dadurch kann es zu furchtbaren Krankheitsverläufen kommen.

*Dr. Klemm:* Als Parallelbeispiel hatte ich einen Patienten, der vorzeitig pensioniert werden wollte; als er sich das Bein brach, ereignete sich der Unfall für ihn „zur rechten Zeit", denn er enthob ihn der Verantwortung für seinen ungeliebten Beruf. Für Sie dagegen kam der Unfall absolut ungelegen: Gerade als Ihre Karriere begann, in der zweiten Bayreuth-Saison.

*Hofmann:* Zum Glück in der zweiten, nicht in der ersten!

*Dr. Klemm:* Daß der Betroffene aber ein Jahr später seinen Beruf wieder aufnehmen kann, und zwar nicht am Schreibtisch, sondern auf der Bühne, damit ist bei solchen Verletzungen nicht zu rechnen.

*Hofmann:* Es dauerte nicht einmal ein Jahr. Am 11. Juni passierte es. Ende Februar stand ich wieder auf der Bühne. „Freischütz". London. Das verletzte Bein war in einem Apparat geschient, daran ein Hebel (wir nannten ihn immer den Rückwärts-gang), den ich drücken mußte, um das Knie abzubiegen.

*Dr. Klemm:* Im Augenblick sind fünfundzanzig Prozent meiner Patienten jugendliche Motorradfahrer mit ähnlichen Verletzungen; obwohl sie sehr positiv motiviert sind, dauert der Heilprozeß im allgemeinen viel, viel länger. Zwei Jahre sind ein guter Durchschnitt.

*Hofmann:* Wie ernst es wirklich war, habe ich nie registrieren wollen. Laß die mal reden, dachte ich mir, ich werde das schon hinkriegen. Die sollen sich noch wundern!

*Winter-Klemm:* Für einen Ihrer Ärzte, der das Ganze absichtlich sportlich nahm, war Ihr Optimismus eine gute Hilfe. Auch dem Pflegepersonal hat die Atmosphäre, die Sie verbreiteten, Spaß gebracht. Für Sie stellte sich damit ein angenehmes Gruppengefühl ein.

*Hofmann:* Was habe ich immer im Verbandszimmer gesungen? Aus „Parsifal": „Die Wunde, die sich nicht schließen will . . ."

*Dr. Klemm:* Angekündigt wurden Sie in unserer Klinik als Bayreuth-Sänger. Vermutete das Personal, keineswegs erbaut über solche VIP-Patienten: „Kommt wieder einer, der schrecklich viele Wünsche hat, alles besser weiß." Nur, in diesem Fall haben sie einen erlebt, der sich hervorragend in den Stationsbetrieb einfügte, zwar durchaus erwachsen seine Wünsche äußerte, aber nicht kleinlich insistierte.

*Winter-Klemm:* Es ist ein Zeichen von größter Unsicherheit, wenn einer ununterbrochen alles besser weiß. Sicher kann man bei Ihnen berufliche Parallelen ziehen. Sie sind „trainiert", sich anzuvertrauen. Ob Regisseur oder Arzt – es gibt bestimmte Dinge, die sind der Job des andern, und den soll man dann auch machen lassen.

*Hofmann:* Zu Ihnen nach Frankfurt kam ich allerdings mit einer Negativ-Erfahrung aus der ersten Klinik. Dort hatten die jeden Tag eine Tube geleeartiger Salbe in diese Wunde, „die sich nicht schloß", geschmiert, die vielmehr immer offener wurde. Wenn ich fragte, ob das normal sei, bekam ich zu hören: „Das granuliert jetzt." Nichts wie dieses Zauberwort. Bleibt mir mein Leben lang im Ohr. Eine Art, mich zu beruhigen, die mir nicht hilft.

*Dr. Klemm:* Beunruhigt waren Sie, als die Komplikation verharmlost wurde. Bei uns fing die Behandlung damit an, daß wir zugaben, es sei gar nicht so harmlos, mehrere Operationen stünden

94

Ihnen bevor. Von diesem Punkt an hatten Sie einen konkreten Ausblick nach vorn.

*Winter-Klemm:* Leute, die – meist schon in der Kindheit – schlimme Erfahrungen mit Unzuverlässigkeiten erlebt haben, entwickeln ein Gespür dafür, wann sie beschwichtigt werden und wann sie sich verlassen können. Wer je Treulosigkeit oder wechselnden, unverständlichen Verhältnissen ausgesetzt war, wird sich diese Sensibilität bewahren.

*Hofmann:* Dieses Gefühl war zum Greifen nah. In der anderen Klinik bestand ich darauf, daß der Gips abgenommen wurde. Ich wußte nicht, warum, aber ich hatte so ein merkwürdiges Gefühl, keine Schmerzen, aber eine Stelle am Knöchel erschien mir verdächtig. Riesentrara! Mißmutig sägten die den Gips auf – und vor ihnen lag eine große schwarze Stelle. Ganz schwarz. Wie die den Arzt angeschaut haben!

*Dr. Klemm:* Das ist arg, wenn der Patient den Arzt blamiert.

*Hofmann:* Was mir übrigens dort nicht gefallen hat, war, wie dieser Arzt über Patienten sprach. „Jetzt ruft der wieder an! Und die! Hat Schmerzen, was soll das überhaupt, ich arbeite hier Tag und Nacht . . .“ Sein eigentliches Problem bestand darin, als Assistenzarzt überfordert zu sein.

*Dr. Klemm:* In stationärer Behandlung waren Sie bei uns insgesamt äußerst kurz, nur drei Monate. Als wir den Fixateur, einen stabilisierenden Metallrahmen mit Knochennägeln oberhalb und unterhalb der Bruchzone, anbrachten, konnten wir Sie nach Hause entlassen.

*Winter-Klemm:* Nach Hause?

*Hofmann:* Stimmt, ich war ständig unterwegs, bin in der Generalprobenzeit, Ende Juli, sogar nach Bayreuth gefahren. Ein Phänomen war für mich das Gefühl, nicht Wochen, sondern Jahre im Krankenhaus gelegen zu haben.

*Dr. Klemm:* Im Januar haben wir den Fixateur entfernt, im Februar standen sie bereits mit dem Schienenhülsenapparat auf der Bühne.

*Hofmann:* Ich hatte eine Therapie für mich erfunden, die immer etwas weiter ging, als die Ärzte mir erlaubt hatten.

*Dr. Klemm:* Der Patient sollte ruhig ein wenig über das hinausgehen, was gestattet ist; in dem, was der Arzt zugesteht, liegt noch eine Sicherheitszone.

*Hofmann:* Dieser Hebel, der Rückwärtsgang, nervte mich nach einer Weile so, daß ich ihn eines Tages einfach absägte.

*Dr. Klemm:* Im Grunde der ideale Patient, vergleichbar den Reaktionen eines Tieres; Katzen oder Hunde beißen sich einen Gipsverband bei fortschreitendem Heilverlauf selbst ab.

*Hofmann:* Was ich nie vergesse: Im nächsten Bayreuth-Sommer piekst da während einer Probe sowas von innen gegen die Haut, wie 'ne Nadel; ich denke noch, was ist denn heute los . . . In einer Probenpause schaue ich nach. Steht da ein Stückchen Knochen aus der Haut raus; eigenartig. Ich hab' dran rumgefummelt und gezogen, hat ganz schön weh getan, aber ratsch, hatte ich's rausgerissen.

*Dr. Klemm:* Wir hatten schon die nächste Operation geplant; mit Ihrer Spontanhandlung sind Sie dem Arzt zuvorgekommen. Dafür liegen Leute drei Wochen in der Klinik.

*Hofmann:* Operation in der Probenpause.

*Dr. Klemm:* Ein guter Patient hat ein Gespür für das, was geht.

*Hofmann:* So hatte ich das sichere Gefühl, als es soweit war: Auf dem Knochen kannst du stehen, der hält. Ein paar Wochen vorher hatte ich das sichere Gefühl: Wenn ich mich jetzt draufstelle, bricht der durch wie Papier.

*Winter-Klemm:* Das unterstreicht meine These, daß Sie niemals die Verbindung zu Ihrem verletzten Bein verloren hatten. Das Gefährliche in solchen Situationen ist das psychische Abstoßen. Operationen werden dann paranoid erlebt: Die wollen schon wieder an mir rumoperieren!

*Hofmann:* Bei einem der Ärzte hatte ich allerdings, muß ich ehrlicherweise anmerken, das Gefühl: Von dem mußt du dich fernhalten. Als der mich begutachtete, sprach er als erstes von Amputation. Ich dachte noch, der nimmt mich auf den Arm und protestierte. Im Grunde habe ich – hört sich schrecklich selbstbewußt an, aber ich kann es nicht verleugnen – das, was ich wollte, wirklich wollte, immer erreicht.

*Winter-Klemm:* Sie waren aber auch bereit, sich für die Erreichung Ihrer Ziele anzustrengen. Das heißt, Sie wußten, daß der Weg nicht einfach wird, es Rückschläge geben kann, daß man als Sänger schwer ackern muß, viele Jahre ohne zu verdienen, bevor man sein Handwerk erlernt hat. Einen pathologischen Narziß erkennt man daran, daß er als Star oder Generaldirektor beginnen will, Arbeitsstörungen hat, als Musiker zum Beispiel nicht üben kann. Gesunder Narzißmus besteht darin, daß man sich sehr wohl für unverletzlich hält, aber versucht, ist man verletzt worden, sich wieder herzustellen, sich den Wunsch bewahrt, sich zu erheben, den Höhenflug zu wagen. Diesen Wunsch braucht man, sonst krebst man ewig am Boden; „fligh with the eagle or scratch with the chicken", wie es so treffend auf den Autoaufklebern heißt. Für den übertrieben narzißtischen Menschen muß außerdem ständig Bestätigung von außen kommen, er ist nicht imstande, sein Selbstwertgefühl über die eigene Leistung zu regulieren. Und er kann sich keinen Mißerfolg zugestehen.

*Hofmann:* Ist das eine Gabe oder eine Begabung?

*Winter-Klemm:* Zum großen Teil eine Frage der frühen Entwicklung.

*Hofmann:* Als Anfänger in Lübeck hatte ich eine schwere Rolle zu singen; jeder wußte, das ist Wahnsinn. Obwohl ich sie auch nicht gut packte, hat mir das nichts anhaben können. Ich wußte, noch fünfundzwanzig Vorstellungen, die sind zwar schlecht, aber gehen vorbei. Genauso mit dem Bein: Es geht vorbei.

*Dr. Klemm:* Aber die letzte Vorstellung, war die nicht ein ganzes Stück besser als die erste?

*Hofmann:* Auf jeden Fall. Ich habe trotzdem an der Partie gearbeitet, auch wenn ich immer dachte, das wird sowieso nicht das, was ich mir vorstelle.

*Winter-Klemm:* Der krankhafte Narziß würde von sich als Anfänger in der Provinz verlangen, strahlend zu singen, sofort nach Bayreuth engagiert zu werden. Der gesunde Narziß wird sich sagen, ich halte das jetzt mal durch, dann kann ich schon zufrieden sein. Der andere hätte sich als Versager empfunden, hätte nie wieder singen wollen.

*Hofmann:* Stimmt, ich hätte mich auch krank melden können. Enorm lernt man solche Vorgänge beim Sport. Dort gehört es dazu, deklassiert zu werden, ohne es tragisch zu nehmen. Aber auch da haben welche dann Schaum vorm Mund.

*Winter-Klemm:* Extrem narzißtisch gestörte Menschen brauchen immer einen, der sie bewundert; sie sind schier süchtig danach. Sie müssen deshalb ständig andere klein machen, um selber groß zu sein. Ich habe so ein bißchen Ihr Verhältnis zu Ihren Kollegen beobachtet. Das zeigt, daß Sie ruhig den anderen leben lassen können, es Sie nicht stört, wenn ein anderer Sänger gut ist.

Natürlich muß man auch konkurrieren können – eine Frage der Objekt-Beziehung.

*Hofmann:* Wenn man ihm übel will, kann man dem Partner auf der Bühne mit einfachen Dingen die „Show" stehlen. Andersrum: Ein guter Kollege läßt sie einem, wenn man gerade was zu „verkünden" hat.

*Winter-Klemm:* Übrigens empfand ich die Sache mit dem Speer auch als ein Stückchen Kollegialität. (In der Götz-Friedrich-Inszenierung des Bayreuther „Parsifal" fängt Peter Hofmann den Speer, den ihm Franz Mazura als Klingsor entgegenwirft, in der Luft auf.)

*Hofmann:* Wir haben mal aus Spaß in einer Probe versucht, ob das klappt. Mir war dieses ewige Getue mit dem Speer aus'm Loch oder ähnlichen Tricks einfach über. Beim Zehnkampf haben wir uns ja auch die Speere über eine weite Distanz zugeworfen. (Franz Mazura ist ebenfalls Speerwerfer.) Wie hoch diese Leistung einzuschätzen ist, weiß ich nicht. Nur – Leistungen, die man aus dem Ärmel schüttelt, sind keine mehr. Für den, der es nicht kann und trotzdem schafft, ist es eine echte Leistung. Aber das darf man gar nicht sagen, weil sonst die Leute denken, man wäre größenwahnsinnig.

*Winter-Klemm:* Eine Leistung, die man beherrscht, bringt keine Bestätigung mehr.

*Hofmann:* Auch aus solchen Gründen habe ich wohl die Rockplatte gesungen, das TV-Drehbuch geschrieben, die Show gedreht, im Wagner-Film gespielt. Natürlich ist es gefährlich, darüber in dieser Form zu reden, weil ein Sänger schon morgen in einer Situation sein kann, wo er tatsächlich von neuem die Leistung voll und ganz bringen muß. Als Sänger kann man nie sagen: Das kann ich.

*Winter-Klemm:* Ihr Bruder sagte mir, daß er nicht den Nerv hätte, sich diesem Risiko täglich auszusetzen. Wahrscheinlich gehört eine Menge an gesundem Narzißmus dazu, um sich überhaupt auf diesen Beruf einzulassen, in dem alles nur von der Stimme abhängt.

*Hofmann:* Von diesem Knorpel . . .

*Winter-Klemm:* Ein gehöriges Stück psychischer Gesundheit erfordert es, diese Angst durchzustehen und seine Schwächen nicht vor sich zu verleugnen.

*Hofmann:* Man muß ungeheuer viel Kraft haben, und ich glaube, daß die eben diesem Narzißmus entspringt. Wenn mir ein Ton nicht gelingt, gelingt er nicht; kann ich nicht sagen, Moment, gilt nicht, nochmal zurück. Eigentlich werden wir deshalb nur für die „schlechten" Abende, für die, an denen wir uns schlecht fühlen, bezahlt.

*Müller:* Das Gleiche galt wohl für das Bein: Schwäche akzeptieren, nicht in Panik ausbrechen, eine Situation realistisch betrachten.

*Hofmann:* Ich wollte immer ganz konkret wissen, was mich als nächstes erwartet, wann eine Operation fällig wird, damit ich wußte, auf was ich warte. Das beschäftigte mich ungemein; denn getan habe ich in dieser Zeit unwahrscheinlich wenig. Erst habe ich noch Bücher neben dem Bett geschichtet, dann nicht eins gelesen. Als ich damit anfing, empfand ich das als Ablenkung. Ich merkte sehr genau: Ich muß hier liegen und mich darauf konzentrieren, gesund zu werden; dabei kann ich nicht lesen.

*Winter-Klemm:* Das zeigt, daß Sie etwas sehr Wichtiges konnten: soviel seelische Elastizität aufbringen, sich zu gestatten, richtig krank zu sein. Regression im Dienste des Ichs nennt man das, eine heilsame Regression, in der man die Krankheit annehmen kann, sich an sie anpaßt und nicht so tut, als wäre gar nichts und Bücher liest wie in gesunden Tagen.

*Hofmann:* Für mich ebenso bedeutsam: die erneut bestätigte Erkenntnis, die ich in der Militärzeit gewonnen hatte, daß ich meine Ansprüche fast auf Null zurückschrauben kann, buchstäblich fast auf Null. Ich will nicht angeben, aber wenn man weiß, man muß sechs Wochen im Winter in einer Zweighütte verbringen, wo man durchnäßt und vor Kälte bibbernd keine Nacht durchschläft, wer da einen Weg für sich gefunden hat . . . Ist zwar nicht zu vergleichen mit so einem Bein . . .

*Winter-Klemm:* Doch, in beiden Fällen vegetiert man nur noch, macht eine Art seelischen Winterschlaf durch.

*Müller:* Lädt das nicht gewaltig die Seelen-Batterie auf?

*Winter-Klemm:* Sicher, denn viele Dinge werden unwichtig; man kommt sich selbst sehr viel näher unter solchen Minimalverhältnissen.

*Hofmann:* Ich habe mir ganz kleine, erreichbare Ziele gesteckt und träumte davon (das muß man sich mal vorstellen!), wie von etwas Unerreichbarem, etwas unfaßbar Schönem: selbst aufs Klo gehen zu können, nur diese paar Meterchen. Als ich den Apparat zum Laufen bekommen sollte, versicherte ich dem erstaunten Arzt: „Ich freue mich richtig auf dieses Gerät." Hat der mich angeguckt! In dem Wartezimmer saßen aber auch alle so grau rum, waren am Nörgeln, schauten, als ob ihnen ein Bein abgenommen werden sollte. Da drückte was und hier drückte was. Sagte ich: „Wär' froh, wenn irgendwas drückt, aber bei mir drückt ja nichts, hab' ja das Ding noch nicht." Als ich mit dem Apparat den ersten Schritt probierte, war ich begeistert: „Perfekt!" und bin weggegangen. Der Arzt hat nichts mehr gesagt. Nur noch: „Der wird gesund!"

*Dr. Klemm:* Ich rekapituliere kurz den medizinischen Tatbestand: Herr Hofmann hatte einen geschlossenen Oberschenkeltrümmerbruch und einen offenen Unterschenkeltrümmerbruch; beide Brüche wurden durch das Anschrauben von Platten versorgt; der Heilverlauf im Oberschenkel war komplikationslos, am Unterschenkel kam es durch die offene Verletzung zur Infektion; die Platte lag frei, die Wunde vereiterte. In diesem Zustand wurde er mit einer infizierten Pseudarthrose, einem infizierten Falschgelenk, in unsere Klinik eingeliefert. Wir haben die Platten entfernt und eine Vitalfärbung durchgeführt, wobei dem Patienten Farbstoff eingespritzt wird, der alles, von Kopf bis Fuß, grün färbt, sieht abenteuerlich aus, alles grün, aber auch alles . . .

*Hofmann:* Augen, Zunge . . .

*Dr. Klemm:* Alle Gewebsteile, die keine Blutversorgung haben, bleiben weiß; Knochenbruchstücke, die abgestorben sind, können wir so bei der Operation besser erkennen. Anschließend wurden in die Defektstrecke antibiotikumhaltige Kunststoffkugeln eingesetzt, Septopalketten, die das Antibiotikum in hoher Konzentration absondern.

*Hofmann:* Die Klemmsche Kette, Ihre Erfindung!

*Dr. Klemm:* Stabilisiert wurde durch den Fixateur. Damit sind Sie bis zur nächsten Operation entlassen worden. Später wurden die Septopalketten entfernt, Knochenübertragung aus dem rechten Schienbein folgte. Als der Fixateur entfernt wurde, erhielten Sie, vor allem in Hinblick auf Ihre Bühnentätigkeit, einen Schienenhülsenapparat aus Metallschienen mit Ledermanschetten. Diesen Apparat haben Sie stückweise selbst abmontiert und eines Tages ganz . . .

*Hofmann:* Eine Karte hab' ich aus London geschrieben und eine

100

Kritik beigelegt. Sie konnten es einfach nicht glauben, daß ich schon auf der Bühne stand.

*Dr. Klemm:* In diesem Jahr, 1978, waren zwei Ihrer Ärzte in einer Bayreuther „Walküre"-Aufführung. Sie trugen noch den unteren Teil des Apparates und um den beiden einen Schrecken einzujagen, stürzten Sie absichtlich besonders eindrucksvoll zu Boden. Der eine hätte beinahe im Zuschauerraum aufgeschrien, so erschrak er: Jetzt ist es passiert, wieder gebrochen!

*Hofmann:* Daß alles in Ordnung war, merkte er bald, der Sturz über die Treppe war ja mein Auftritt im ersten Akt.

*Müller:* Herrn Hofmanns Krankheitsgeschichte bringen Sie auch als Beispiel in Ihren Vorträgen?

*Dr. Klemm:* Der Heilprozeß verlief, auch röntgenologisch, so bemerkenswert günstig, daß ich seinen Fall, natürlich ohne Namensnennung, bei in- und ausländischen Kongressen demonstriere.

*Hofmann:* Auf diese Weise wurde mein linkes Bein weltberühmt . . .

*Dr. Klemm:* Bei einem so beispielhaften Heilverlauf spielt allerdings der Gesundungswille des Patienten eine entscheidende Rolle. Bei Peter Hofmann hätte sogar ein Kurpfuscher noch Erfolg verbucht!

*„Man muß immer wieder zu sich zurückfinden, das ist die größte Stütze, die man hat· Selbstdisziplin ist das wichtigste Stichwort"*
*(Maria de Francesca-Cavazza).*

# Auf fremden Bühnen –
# Gastieren gehört zum Beruf


## Träume . . .

. . . ich hab' Träume . . . Ich werde auf die Bühne geschubst,
gucke an mir runter – so fängt der Traum an – gucke an mir runter,
habe ein merkwürdiges Kostüm an, kann es nicht gleich deuten, geh
zurück in die Gasse und frage die Leute, die mich rausgestoßen
haben: „Was ist das denn überhaupt für ein Stück, um Himmels
willen, was . . ." „Ja, geh raus, geh raus, das machst du schon!"
Und ich geh raus, weiß nicht mal, ist's ein Schauspiel, eine
Operette, eine Oper – gehe raus und brausender Auftrittsapplaus.
Offenbar muß ich irgendwelchen Kredit bei den Leuten im Traum
haben. Dann sehe ich einen Orchestergraben, einen Dirigenten,
der den Taktstock hebt: Aha, Oper oder Operette! Offenbar aber
wartet er auf meinen Einsatz, und ich denke, wenn er nur einen
Takt vorher spielen würde, damit ich so ungefähr wüßte, was von
mir erwartet wird. Aber es kommt nichts. Das ist das Schlimmste:
Dieses Mund-Aufsperren in völlig überzeugen wollender Pose!
Und ich fange an, die Musik setzt ein – und es war natürlich völlig
falsch! Das ist meistens der Moment, wo ich aufwache . . .


## Mein eigener Regisseur

In meinem Beruf halte ich es nicht für ausschlaggebend, wie viele
Rollen ich anzubieten habe, sondern welche. Es liegt auf der Hand,
daß ich Partien bevorzuge, in denen ich wenig Konkurrenz zu
fürchten habe oder die mir „auf den Leib geschneidert" sind. Ein
hoher Prozentsatz meiner Vorstellungen, nicht zuletzt aus diesen
Repertoire-Gründen, besteht aus Gastspielen. Auf die Dauer

würde ich meinen Beruf ungern ausüben, wenn dieses Gastieren, dieses vielgeschmähte, nicht wäre! Kreativ zu sein – hier bekomme ich Gelegenheit dazu. Ich bin auf mich selbst angewiesen und muß mich auf mich verlassen können. Im entscheidenden Moment richtig reagieren. Situationen entstehen, über die ich vorher nichts erfuhr. Dann heißt's, spontan handeln, sich etwas einfallen lassen.

Sagen wir mal, ich komme nach Wien, der Kollege, den ich dringend zur Probe benötigte, reist erst am Nachmittag an, ich setze mich mit einem Regieassistenten zusammen, der – Pech – die Inszenierung nicht besonders gut kennt, denn der Assistent, der sie normalerweise betreut, ist auch nicht erreichbar. So erhalte ich meine Anweisungen aus dritter Hand, weiß gerade, von welcher Seite ich auf- und am Schluß des Aktes wieder abzutreten habe. Bei jeder Inszenierung kann man das freilich nicht so auf die leichte Schulter nehmen. Aber wie oft bin ich im „Rheingold" eingesprungen, in Wien, München, Hamburg, da fanden diese befremdenden Einweisungen statt; ich hörte nur mit halbem Ohr hin, ein paar Angelpunkte genügten mir. Wenn ich Loge sang, mußte ich wissen, wie das Gold aufgeschichtet wird. Unangenehm, wenn der Hort nicht pünktlich aufgeht. Mir auch schon passiert! Ferner: Ich ließ mir sagen, wo der Rhein liegt und wo Nibelheim. Peinlich, wenn ich Wotan auffordere: „So schwingen wir uns durch die Schwefelkluft? Dort schlüpfe mit mir hinein!" und nach rechts abgehe, während er, wie gewohnt, sich nach links wendet. Sonst hatte ich in diesen alten Inszenierungen keine Fragen an die Regie. In einer Chéreau-Aufführung wäre man damit allerdings schlecht beraten! Folglich wirkten Inszenierungen nach der Bayreutharbeit auffallend unstimmig auf mich.

Siegmund bei den Münchner Festspielen in dem denkwürdigen Rennert-Arrangement. Dafür wurde, weil man aus Bayreuth die Eulen husten hörte, ein zweites Siegmund-Kostüm angefertigt. Das erste war so ein übliches Fellgerät, das nächste eine Art Vietnamkampfanzug. Mit Fallschirmstiefeln. Vielleicht war es nicht so gemeint, machte aber diesen Eindruck. Ohne jeglichen Sinn, nur um aktuell zu sein. Gestimmt hat das nie; es schleicht sich eine Gleichgültigkeit ein, aus der heraus man dann sagt, so jetzt hauen wir auf den Putz. Leonie Rysanek hatte mich als Siegmund in Bayreuth gesehen und jetzt beschwor sie mich in München: „Machen wir auch sowas. Schmeiß mich hin, schmeiß dich drauf, nur mach' was, ich mach' alles mit, bloß: Mach' nicht nichts!" Der

Abend löste Riesenapplaus in München aus! Mit Siegmund gastiere ich nach wie vor sehr viel. Der Loge dagegen ist mir inzwischen abhanden gekommen. Er behagt mir stimmlich nicht mehr sonderlich. Die eine Szene am Anfang, ein paar schöne kleine Stellen, aber sonst wartet man nur, mal wieder singen zu dürfen. Interessant dagegen, was sich mit der Figur aussagen läßt. Dieser Feuergott, der sich blitzschnell wie sein Element verändert. Vogelfrei tanzt er herum. Independent. Deshalb habe ich ihn viel und gerne gesungen. Er hat die Fäden in der Hand und weiß sie geschickt zu ziehen. Über jede gelungene List freut er sich und hegt unterschwellig eine leise Verachtung für die, die ihm so mir nichts, dir nichts befehlen wollen. In Dortmund habe ich die Partie '75 mit Paul Hager erarbeitet; da habe ich den Beruf auf einmal sehr geliebt, alles war easy, die Produktion ungewöhnlich gut, mit ausgezeichnetem Teamgeist. Hager sah die Figuren aus der Distanz, interpretierte sie intellektuell und ließ einem dennoch einen großen „Spiel"-Raum. In einer Kritik las ich: „Er beherrscht die Kunst, jene zu führen, die er gewähren läßt." So sah ich das auch. Ich konnte dem Loge sehr viel Körperlichkeit geben, präzise und wandlungsfähig sein. Kann ich in dieser Übereinstimmung mit mir selbst eine Rolle gestalten, vergesse ich völlig, daß ich mitten in meinem Berufsleben stecke, dafür „sogar" Geld bekomme.

Gastierverträge werden bis zu drei, vier Jahren im voraus geschlossen. Anders beim Einspringen (was damals bei mir noch der Fall war), das sehr kurzfristig terminiert sein kann. Aber diese Gastauftritte – man hat von vornherein einen Kredit beim Publikum – empfand ich als besonders angenehm. Es sagt mir zu, alle Nervenenden nach außen zu fahren. Dabei hilft mir, daß ich im Lauf der Zeit meine Partien oft genug gesungen habe, um mit einem sicheren Netz in den Abend zu starten.

„Walküre" in Wiesbaden. Ich hatte nicht einmal einen Blick auf das Bühnenbild werfen können. Im letzten Moment wurde eine Sieglinde eingeflogen, die keiner kannte – meine Zwillingsschwester, in die ich ja sofort unsterblich verliebt zu sein habe. Wußte überhaupt nicht, was auf mich zukommt. Herrlich! Die Künstlichkeit des Theaters wird in solchen Momenten fast aufgehoben. Ein bißchen wenigstens. Man kommt sich wie in einer realistischen Situation vor, die zum ersten Mal entsteht, nicht geprobt aus dem Augenblick heraus geboren ist. Die Lage scheint ernst – und ein Abenteuer zugleich.

Das alles spielt mit, wenn ich behaupte, der Beruf sei ohne Gastieren langweiliger. Klaus Kinski hat mal zugegeben, nie gerne geprobt zu haben. Das entspricht meinem momentanen Probengefühl. Noch vor ein paar Jahren fand ich das unmöglich. Inzwischen habe ich zu oft erlebt, daß ich morgens auf die Probe komme zu einem leeren Regisseurgesicht, die Sängergesichter, samt meinem, noch leerer, alles zeichnet sich durch eine gewisse Hoffnungslosigkeit aus, die man mühselig bis zur Pause überbrückt. Sicher, das muß nicht so sein, siehe Chéreau.

Als ich feststellte, daß Regisseure schamlos abkupfern, und nicht nur aus eigenen Inszenierungen, habe ich mir beim Gastieren ein Beispiel daran genommen. Beim „Parsifal" in Mannheim, um eine dieser Stationen zu nennen, war für mich nur eine Probe vorher angesetzt. Am Abend habe ich mich auf das Konzept des Stuttgarter Friedrich-„Parsifal" verlassen. In solchen Vorstellungen fühle ich mich pudelwohl: Mein eigener Regisseur!

Das betrifft Kleinigkeiten, Äußerlichkeiten ebenso wie inhaltliche Interpretationen. Macht mich richtig froh, wenn ich im ersten Akt „Parsifal" auftrete, mich umschaue: Aha, so sieht das hier aus. Und der Gral? Merkwürdiger Topf. In solchem Tempel bin ich noch nie gewesen, nie in solcher Gesellschaft, die uniformiert traurig vor sich hinsingt. Und ich stelle mir vor, wie würdest du reagieren als der, der so gelebt hat wie Parsifal? Ein schöpferischer Vorgang, der mich beflügelt. Plötzlich spielt es keine Rolle mehr, ob eine Stufe links runterführt, obwohl mir vorher gesagt wurde, sie ginge nach rechts, ob sie überhaupt vorhanden ist. Oder vergißt die Partnerin, was wir kurz vorher besprochen haben und läuft in eine andere Ecke, ich käme doch nie auf die Idee, dorthin zu singen, wo sie eigentlich zu stehen hätte. Ein wahres Vergnügen, aus der Situation heraus zu handeln, Reaktionen aufzunehmen, die nicht verabredet sind.

Denkt man in diesen Szenen, hoffentlich registriere ich alles, was los ist –, hat man schon das Spiel gegen sich verloren, man gerät in Unsicherheit. Mir noch nie passiert, weil: Ich freue mich darauf, Unbekanntes zu erleben! Daß ich dann Spaß daran habe, ergibt sich von selbst.

# Von der Schwierigkeit, Gold zu schichten

Als ich in Wien zum ersten Mal als Loge gastierte, war ich für Peter Schreier eingesprungen. Von der Inszenierung wußte ich so gut wie nichts, nicht einmal, wie das Gold aufgebaut werden sollte. Der „Einweisende" hatte es mir nur auf Fotos in der Kantine gezeigt. Schien einigermaßen problematisch zu sein – was sich auf der Bühne auch zeigte. Der Assistent dagegen versicherte: „Kein Problem, an jedem Goldklumpen ist ein Haken, jedes Teil hat eine Nummer und außerdem hilft dir der Froh."

Abends fordere ich also den Gott – das war der Waldemar Kmentt – auf: „Hilf mir, Froh!", der kommt und flüstert: „Weißt du, wie das geht?" „Ne", sag' ich, „denke, du weißt das!" Kmentt war auch eingesprungen!

Entsetzlich, aber was bleibt uns übrig? Wir sortieren Gold, versuchen im Bühnendunkel, die Haken zu finden, die zu allem Überfluß winzig sind. Ich prüfe jedes Goldstück abschätzend – die Sucherei muß ja irgendwie glaubhaft verkauft werden. Wahlloses Aufeinanderschichten geht nicht, die Stücke passen nur in der numerierten Reihenfolge aufeinander. Wir tauschen wie die Weltmeister Goldbarren aus, kaschieren das Durcheinander bis zur Stelle „Der Hort ging auf". Das halbe Gold liegt noch schön verstreut in der Gegend rum. Meinen Text nuschel ich nach hinten: „Der Hort ging auf." Peinlich: Unser Gold nicht.

In Hamburg habe ich mich als Loge selbst reingelegt. Nach Alberichs Fluch muß Loge fragen: „Ist er gelöst?" und Wotan befiehlt: „Bind ihn los!" Wotan sang Hans Sotin und den Alberich ein Gast, dem ich interessiert zuhörte. Stehe da auf der Bühne und gucke und – vergesse meinen Text. Denke noch, was ist es ruhig geworden, Menschenskind, der Alberich hängt. Dabei hänge ich! Der Souffleur hängt auch – mit dem halben Oberkörper aus dem Kasten, Text flüsternd. Alberich tut mir leid: Der arme Kerl, weiß nicht weiter!

Dann hat in altbewährter Weise Horst Stein vom Dirigentenpult aus die Lage gerettet und selbst gesungen. Und ich hab' genickt! Beinahe hätte ich noch „Er ist gelöst" gesungen. Schrecklich und köstlich zugleich. Wotan hätte zwar auch ohne mich weitersingen können, aber in solchen Momenten ist alles paralysiert, keiner kommt darauf zu improvisieren. Und ich dachte die ganze Zeit, der Ärmste, wie soll das nur weitergehen. . .

Spielsituationen kann man leichter retten. Fällt mir doch im „Freischütz" in Stuttgart der Hut in den Graben. Ich mußte ihn auf das Gewehr hängen, das vorne im Orchestergraben stand; das Gewehr fällt um, der Hut ist weg. Während meiner Arie überlege ich: Wenn ich den Hut nicht wiederbekomme, ist das Stück eigentlich zu Ende. Max braucht den Hut dringend, weil Kaspar ihm die Feder als Zeichen für den geglückten Schuß anstecken muß. Max wiederum muß zu Hause mit der Feder des schönsten, größten Steinadlers prahlen können. Die Feder wie 'ne Blume in der Hand? Nein, wie sieht das denn aus! Ich singe und dabei rotiert's in meinem Kopf: Wie komme ich zu meinem Hut? Keiner von den Orchesterleuten kümmert sich um den Hut. Wenn einer ihn rauflegte, wär' die Sache geritzt, hoffe ich inständig. Aber nichts rührt sich. Nach Kaspars „ird'schem Jammertal" wird's still, keine Musik, und ich beuge mich zu den Orchestermusikern runter: „Geben Sie mir bitte meinen Hut wieder, sonst geht's nicht weiter." Die ersten Zuschauerreihen lachen, ein Musiker reicht mir den Hut, ich setze ihn auf – fast wie inszeniert.

Der „Freischütz" hat's in sich. In Hamburg war das Gewehr wieder der Unglücks-Auslöser. Diesmal ging der Schuß nicht los. Kaspar ruft: „Schieß!" Aus Versehen soll sich daraufhin der Schuß mit der Freikugel lösen. Ist ja wichtig, daß er fällt. Sonst fällt der Adler nicht, Max kommt nicht zu seiner Feder, wie aber steht er ohne die in der Agathenstube da? Wieder wäre das Stück peinlich früh zu Ende. Also habe ich den Schuß zu lösen, unbedingt, ich entsichere, drücke, sichere, drücke, hin und her, gucke in die Seitengasse, wo dieser „Notschießer" mit der Pistole steht – aber der schaut mich unverwandt freundlich an, blinzelt mir zu, lächelt und meint, ich schäkere mit ihm; in welcher Not ich bin, registriert der überhaupt nicht, lehnt da, der „Notschütze", gemütlich die Pistole in der Hand und begreift nichts. Der Kaspar sagt zum x-ten Mal: „Nun schieß doch!" Und ich zische ihn an: „Es geht doch nicht, du Arsch." Sagt der: „Ich weiß, aber was soll ich denn machen?" und brüllt wieder: „Siehst du ihn nicht?" Ich: „Doch." Und er: „So schieß!"

Irgendwann klickt es in einem, schließlich sind wir nur auf der Bühne. Soll ich etwa verzweifeln, bloß weil der verdammte Schuß klemmt? Es muß ja weitergehen, die Zuschauer fangen schon zu kichern an, der Kaspar fängt zu kichern an, zwischendurch fordert er mich immer wieder zum Schießen auf, und plötzlich bin ich auf der anderen Ebene, das geht sekundenschnell. Überlege, soll ich sagen: Warum schießt hier denn keiner? Oder: Knallt doch endlich! Dann hab' ich selbst angelegt und laut „Peng" gerufen, worauf der Adler fiel und die Hölle los war. Die Leute haben sich kaputtgelacht. Und ich hab's voll vertreten. Die merkten das und lachten noch mehr – schließlich muß der Max noch sagen: „Aber diese Büchse ist doch wie jede andere."

Eine ähnlich verzwickte Geschichte entstand, als ich Alfred in einer meiner ersten „Fledermaus"-Vorstellungen sang. Ich komme auf die Bühne ans Ende meiner Wünsche, sinke am Schluß des Duetts auf Rosalinde, wir stürzen auf eine Couch, ich liege auf ihr – und in dem Moment hat Dr. Frank, Gefängnisdirektor, einzutreten. Wir liegen schon – und niemand kommt. Minutenlang. Im Inspizientenbuch stand, wenn ich mich recht erinnere, nachher: Drei Minuten. Wenn man die dort oben allein gelassen zu überbrücken hat – eine Ewigkeit!

Niemand kommt – hört sich harmlos an, aber wie soll man in dieser Szene harmlos bleiben? Im Grunde mußte ich die Sache steigern, irgendwann landete ich folgerichtig im Ausschnitt meiner Partnerin. Erst haben wir Blut und Wasser geschwitzt, dann fanden wir's lustig. Still war's auf der Bühne, sehr still, bis sie fragte: „Kommt da wer?" Ich blicke hoch: „Nein". Knutschend und haarverwirrend wirkte ich wie Don Juan auf sie ein – aber es kam immer noch niemand. Wir machten alles Mögliche, es sollte ja nicht langweilig werden; noch sah es für das Publikum wie Regie aus. Wir führten vor, wie er sie verführt. Allmählich dachte ich, die wollen uns verarschen, warum lassen die nicht den Vorhang fallen?

Die Geschichte fing an, peinlich zu werden. Die Leute riefen „holla" und „oho", pfiffen, lachten, eine aufgeräumte Stimmung. Außer meinem Gefummel an ihr geschah nichts; mal den Arm von unten an sie ran, mal in Richtung Oberschenkel vortastend, aber dann war's auch zu Ende, sonst läuft auch dieses Stück in eine andere Richtung. Auf jeden Fall begannen wir irgendwann zu lachen. Sie flüsterte: „Ist der Vorhang immer noch offen?" Ich nickte: „Der ist immer noch offen."

Sie schreit auf: „Ich höre ein Geräusch!" Ich reiße mich von ihr los, renne in die Mitte des Raumes, aber nichts passiert, also ich wieder auf sie gestürzt. Liege so mit ihr da, bis es mir schließlich zuviel ist: Das darf doch alles nicht wahr sein! Jetzt dauert die Verführung schon so lang, daß sie nicht mehr verführerisch wirkt.

Ich nehme mir vor: Eins probiere ich noch, dann gehe ich ab, das Loch bin ich nicht gewillt zu übernehmen, sonst sieht das am Ende so aus, als ob ich selbst nicht mehr weiter wüßte. Rase also zur Tür, in der eigentlich der Gefängnisdirektor auftauchen soll, reiße sie auf und schreie: „Um Himmels willen, da kommt einer!" Schlage die Tür zu und verstecke mich hinter der Couch. Und tatsächlich: Die Tür geht auf, der Mann erscheint . . . Das Schönste war – mit diesem Sänger, einem Amerikaner, der als Gast diese Partie zum ersten Mal sang, hatten wir auf den Proben immer Blödsinn veranstaltet, weil er noch nicht hundertprozentig Deutsch sprach. Und jetzt wußte er vor Nervosität nicht mehr, was Blödsinn, was richtig war. Wie so Sänger sind, finden sie das witzig, es lacht zwar keiner mehr, aber mancher Witz ist auf die Art so etwas wie Kulturgut geworden. Dieser Sänger tritt schließlich auf und sagt todernst: „Erschrecken Sie nicht Madame, mein Name ist Frank, ich bin der Empfängnisdirektor."

Da war er, der Probenwitz, den wir souffliert hatten: „Sag's doch so, das ist viel schöner, einfach eleganter!" Die Leute, die auf der Bühne in den Seitengassen standen, brachen zusammen vor Lachen. Höchstes Theaterglück, solche Pannen mitzuerleben. Vor Überraschungen ist man nie sicher. Eine der herrlichen Seiten des Theaters – allein die Geschichten, die ich schon erlebt habe – abendfüllend.

# Oper hat mit uns zu tun

## Oper contra Schauspiel

Wenn Regisseure und Sänger es schaffen, die Notwendigkeit des Singens plausibel zu machen, ist Oper legitimiert. Und man braucht, meiner Meinung nach, nur zu vergleichen. Verschiedene Opern vorexistieren auch als Schauspiel oder besser umgekehrt, Schauspielstücke wurden vertont. Nehmen wir „Othello". Shakespeare gegen Verdi. So stark kann ein Othello gar nicht spielen, daß er einen guten Sänger, der schauspielerisch zumindest nichts falsch macht, übertrumpfen könnte. Die Musik trägt und gibt einfach alles. Todessehnsucht, Beruhigung, Streit – das kann kein Mensch so spielen und sprechen, daß es stärker wirkt als der Gesang. Bei großen Othello-Sängern haben ganz nüchterne Geschäftsleute, die nie auf die Idee kämen, 'ne Träne wegen irgendwas zu vergießen, geheult.

*„Die Oper, in der der Sänger, sterbend, noch ein hohes C hinausschmettert und mit der Süßigkeit seiner Melodie mehr vom Tode aussagt, als wenn er sich winden und krümmen würde; denn daß der Tod ein Jammer ist, ist wichtiger, als daß er gräßlich ist"* *(Paul Kornfeld)*.

Oder ich denke an den Tambourmajor: Seinen Auftritt begleitet ein Rondo martiale, das den Typ so potent erscheinen läßt, daß er zur Musik nur noch auf die Bühne zu kommen braucht und ein paar Töne singen: „Ich bin ein Mann, ich hab' ein Weibsbild zur Zucht von Tambourmajoren. Ein Busen und Schenkel und alles fest" – stärker geht's nicht. Um Ausdrucksmöglichkeiten für diese Partie zu lernen, bin ich in den Büchnerschen „Woyzeck" gegangen. Und konnte eigentlich gar nichts lernen. Überhaupt nichts. „Entnahmt Ihr was der Worte Schwall?" singt Beckmesser nach der Stolzing-Arie. So ging es mir. Der Tambourmajor erschien mir im Schauspiel nicht mehr so wichtig; in der Oper verleiht ihm die Musik seine

Wichtigkeit. Für die Handlung gerechtfertigt: Er, der physisch Stärkere, der die Marie elementar anspricht, ein Weib, das lieber mal richtig gepackt werden will als ständig mit einem rumzuziehen, der mit hängenden Ohren rumschleicht wie der Woyzeck, verzweifelt und mit der Welt hadernd.

*„Die Musik macht hörbar, was unsagbar ist" (Syberberg).*

Wozu Oper? In diese Frage ist für mich die Frage nach der Musik überhaupt eingeschlossen. Eine der ersten Fragestellungen, die wir in unseren Gesprächen umkreisen, und ich kann sie inzwischen eindeutig beantworten: Musik ist für mich dazu da, Emotionen frei zu setzen. Emotionen ganz verschiedener Art. Gefühle, die Herz und Seele öffnen, wie im Vorspiel „Meistersinger" oder auch in italienischen Opern.

*„Wo wir etwas finden, das wie Musik ist, da müssen wir bleiben; es gibt im Leben gar nichts andres zu Erstrebendes als das Gefühl der Musik, das Gefühl des Mitschwingens und rhythmischen Lebens, der harmonischen Berechtigung zum Dasein" (Hermann Hesse).*

Dann wieder trägt Musik etwas Beruhigendes in sich. Ich spüre genau, wie sie auf die Psyche wirkt, nachhaltig und auf verschiedenste Weise. Man lehnt sich zurück und entspannt. Oder Musik kann erotisieren. Oder diese unheimliche Traurigkeit und Melancholie, wenn ich die Gurrelieder von Schönberg höre, die mich, auch wenn ich es vorher überhaupt nicht war, tief traurig stimmen können.

*„Der Musik ist eine Urkraft und ein tiefer Heilzauber eigen, mehr noch als die anderen Künste vermag sie die Natur zu ersetzen" (Hermann Hesse).*

Oper ist ein Zweig der Musik, eine Kunstform. Im gelungensten Fall könnte man sagen, Oper ist Schauspiel mit Musik. Aber ich finde, daß bei vielen Themen die Oper mehr gibt von dem, was sich nicht sagen läßt: „Wo die Worte aufhören, fängt die Musik an." Der Sänger als Schauspieler bezieht die Dimension der Musik mit ein. Er kann ganz ruhig dastehen – macht das ein Schauspieler, würde man sagen, der spricht nur, der spielt ja gar nicht. In der Oper reicht es oft, wenn man sieht: Der weiß, was er singt. Obwohl das schwer ist, den erhobenen Zeigefinger, dieses „Jetzt guckt mal her, ich weiß auch, was ich singe" zu unterdrücken; weniger statt mehr zu spielen, ist nicht einfach. Leider stellen nicht allzuviele Zuschauer diese Ansprüche, sie begnügen sich mit sentimentalen Unwahrheiten auf der Opernbühne. Gut, ich toleriere das, aber für den Personenkreis, der diese gewisse Sensibilität entwickelt hat, war Chéreau, ich komme immer wieder auf ihn zurück, ein zukunftsweisender Opernregisseur.

*„Alles Lebendige ist ein Werden, nicht ein Sein. So ist auch das, was Sie ›Kultur‹ nennen, nichts Fertiges und Abgeschlossenes, das man erben und pflegen oder das man wegwerfen und zerstören kann. Sondern es bleibt stets genausoviel von unsrer Kultur lebendig und wirkt weiter, als die Generation sich zu eigen zu machen und lebendig zu machen versteht" (Hermann Hesse).*

## Aber nicht vor der eigenen Tür

In Wuppertal sang ich „Ein wahrer Held" von Giselher Klebe. Was ich später bei Parsifal umsetzen mußte, war hier in anderer Form vorweggenommen: das Erschrecken vor dem realen Ergebnis einer Tat. Solange Parsifal „anonym" auf Schwäne schießt, löst das bei ihm kein Gefühl aus. Aber wenn das tote Tier direkt vor ihm liegt . . . In der Geschichte des Christopher Mahon, genannt Christy, nach dem Stück „The Playboy of the Western World" von John Millington Synge, kommt ganz deutlich zum Vorschein, daß eine Heldentat oft Grausames in sich birgt. Theoretisch will man das nicht wahr haben. Eine Heldentat, die irgendwo geschieht: bewundernswert! Aber wenn sie sich vor der eigenen Haustür ereignet: grauenhaft! Das hat Christy, dieser „wahre Held", erfahren müssen. Er kommt in der Fremde in einen Gasthof und erzählt, er habe seinen tyrannischen Vater umgebracht. Alle bewundern ihn. Ein toller Kerl, hat dem schrecklichen Vater den Schädel gespalten. Die Frauen sind besonders erotisiert, weil der so herrlich brutal erscheint und über Leichen geht. Ja, und dann taucht der Vater auf; Christy hat ihm nicht den Schädel gespalten, ihm nur eine Beule gehauen. Jetzt sieht Christy die Enttäuschung der gesamten Sippschaft um ihn herum, die ihn mittlerweile vergöttert wegen seiner Tat. Und er denkt, das einzige, was ich machen kann, ich bring ihn „nochmals" um. Er geht raus und haut diesmal mit einem Spaten zu. Christopher soll dafür gehängt werden. Er versteht die Welt nicht mehr.

39 „Die Stimme ist ein Geschenk der Natur, aber man muß dieses Geschenk entwickeln und dann diese Stimme in gutem Zustand halten." (Peter Hofmann in einem Gespräch 1979)

40 Zeit ist kostbar und knapp – ein „Intercity"-Sänger lebt oft wochenlang nur zwischen Telefon, Flugzeug und Bühne.

41 + 42  *„Es war ein Wagnis, nur die großen Partien als Anfänger zu singen."*
*Oben: Peter Hofmann als Tamino in Wolfgang Amadeus Mozarts „Die*
*Zauberflöte" in Lübeck 1972/73.*
*Unten: Peter Hofmann als Nero in Claudio Monteverdis „Krönung der*
*Poppea", ebenfalls in Lübeck 1972/73.*

43 + 44 *Nach zehn Jahren besucht Peter Hofmann alte Bekannte aus
seiner Lübecker Zeit im Theater. Ein neuer Pförtner sitzt als
„Theaterzerberus" am Eingang und herrscht ihn an: „Wo
wollen Sie hin?" Als der Sänger in der Kantine angelangt ist,
seufzt er auf: „Schön, daß Ihr mich noch kennt, sonst kennt
mich ja niemand mehr hier, lauter neue Gesichter!"
Oben: Peter Hofmann in der Titelrolle von Mozarts „Idomeneo" in Lübeck 1973/74.
Unten: Peter Hofmann als Alfred in der „Fledermaus" mit
Barbara Neuhauser in Lübeck 1973/74.*

45 + 46 „Wenn man zu sehr mit sich und seiner Stimme auf der Bühne beschäftigt ist, bemerkt man nicht mehr, welche Spannung vom Publikum zu einem rübergeschickt wird. Könnte man diese Kraft nützen, wäre einem in einem Moment der Unsicherheit schon ein wenig geholfen." (Peter Hofmann als Loge in „Rheingold", Dortmund 1975, Wotan: Richard Cross, Fricka: Linda Karén)

47 Sowas Verderbtes, dieses in sich Hinein-
horchen. Das Wichtigste der Welt: keine
roten Stimmbänder!" (Peter Hofmann als
Lohengrin in Hamburg 1978)

48 Peter Hofmann als Parsifal in Hamburg
1976

49 „Heute Mailand, morgen Hamburg: Mein
zweites Zuhause ist im Koffer." (Peter
Hofmann als Florestan in Ludwig van
Beethovens Oper „Fidelio", Hamburg
1980)

50 „Opernsingen ist Dauerstreß, denn: Man
ist immer nur so gut, wie man in der letzten
Vorstellung war." (Peter Hofmann als
Bacchus in „Ariadne auf Naxos" von Richard Strauss, Hamburg 1979)

51 „Heldentenor, was ist das eigentlich? Ein Tenor, der dramatische Rollen singt? Wenn ich eine ganze Phrase in piano singe, bin ich dann kein Heldentenor mehr? Eine althergebrachte Bezeichnung, die sich irgendwie romantisch anhört, aber mit Heldentum wenig zu tun hat." (Peter Hofmann als Siegmund in Richard Wagners „Die Walküre", Paris 1976)

52 „Man kann Arien auch bei Wagner mit lyrischer Stimme piano herausarbeiten – etwas, was ich zur Zeit verstärkt ausprobiere." (Peter Hofmann als Lohengrin, Paris 1982)

53  Peter Hofmann in der Rolle des Siegmund in der „Walküre"-Inszenierung Jean-
Pierre Ponelles, Stuttgart 1978)

*54 + 55 Jean-Pierre Ponelles Interpretation*
*„Die Walküre", 1. Akt, Stuttgart*
*1978. (Peter Hofmann mit Jeannine*
*Altmeyer)*

56 Siegmund (Peter Hofmann) und Sieglinde
(Jeannine Altmeyer) in der Stuttgarter Po-
nelle-Inszenierung, 1. Akt.

57 2. Akt der Stuttgarter Ponelle-„Walküre"-
Inszenierung. (Peter Hofmann mit Catha-
rina Ligendza in der Rolle der Brünnhilde)

58 + 59 *Unter Herbert von Karajan sang Peter Hofmann bei den Osterfestspielen 1980 den Parsifal in Salzburg. Aufnahmen von den Proben.*

60 „Auf der Bühne muß ich am Tag der Vorstellung auf der Höhe meiner Leistungsfähigkeit sein, die Aufführung läßt sich nicht verschieben." (Peter Hofmann als Parsifal in Salzburg, Osterfestspiele 1980)

*61 + 62  Aufnahmen von den Parsifal-Aufführungen in Salzburg 1980: 2. Akt und
3. Akt mit Dunja Vejzovic als Kundry.*

63 *Unten: „Karajan ist für mich der Größte. Die Wochen, die wir in Berlin den
‚Parsifal' aufgenommen haben, werden mir immer unvergeßlich sein. Was dieser
Mann von Musik weiß, was er für eine Kraft hat, die er auch weitergeben kann, das
ist schwer zu beschreiben. Man müßte Poet sein, oder, wie es im ‚Parsifal' heißt:
‚Das sagt sich nicht.'" (Peter Hofmann und Herbert von Karajan bei den
Plattenaufnahmen des „Parsifal")*

64 Zum hundertsten Todestag von Richard Wagner in Venedig wurde in der
Lagunenstadt das letzte Werk des Komponisten mit Peter Hofmann als Parsifal
aufgeführt. („Parsifal", 2. Akt: Blumenmädchen-Szene, Venedig 1983)

65 + 66 *„Parsifal" in Venedig 1983, 2. Akt:*
*Peter Hofmann als Parsifal mit Gail*
*Gilmore als Kundry.*

67 „Kunst heißt für mich nicht, Töne richtig zu treffen, das ist Voraussetzung,
sondern mit der Stimme Gefühl auszudrücken, ohne große Bühnentheatralik
einzusetzen. Die große Geste abzuliefern, bedeutet, äußerlich zu gestalten, Gefühl
aber kommt von innen." („Parsifal", 3. Akt, Venedig 1983)

*Pegeen (das junge Mädchen aus „The Playboy of the Western World"): „Ein Streit vor meiner eigenen Tür und ein Schlag mit dem Spaten haben mich gelehrt, daß da ein großer Abgrund gähnt zwischen einer blendenden Geschichte und einer schmutzigen Tat."*

Ähnliche Erfahrungen macht man selbst oft genug. Dinge, die weit weg ablaufen – nicht so tragisch! Die Opfer von Hiroshima: Japan, das sind 20 Flugstunden – die Bilder sind abgrundtief deprimierend und bleiben abstrakt. Ist man direkt konfrontiert, begreift man das Grauen. Als ich das erste Mal in Berlin war – jeder in Deutschland weiß, daß die Mauer die Stadt teilt, an jedem ist sie schon hundert Mal im Fernsehen vorbeigeflimmert und jeder weiß, was da abläuft; aber als ich zum ersten Mal davor stand, war ich total fertig. Ein kleines Museum ist aufgebaut, in dem alle möglichen Fluchtarten dokumentiert sind. Tiefe Traurigkeit hat das in mir ausgelöst. Daß ich mich richtig engagieren könnte, hätte ich nicht gedacht; seit ich dort war, weiß ich's.

Neben der wichtigen inhaltlichen Erfahrung war die Klebe-Oper für mich auch eine wichtige Bühnenstation. Die Partie war unverhältnismäßig schwer zu lernen, brachte aber ein großes musikalisches Spektrum. Die Spielmöglichkeiten vor allem gaben mir Auftrieb. Da war auf einmal Freiheit auf der Opernbühne. Scheinbare Unwichtigkeiten wurden wichtig genommen, ein Sich-Zulachen wurde gehalten, nichts Flüchtiges geschah, alles bekam Tiefe. Wenn ich noch daran denke, wie freimütig dieser Typ war! Herrlich, wie der so sagt: „Dieser Beruf, den ich jetzt als Schankwirt habe, ist wunderbar, habe meine Freizeit und hier und da schenke ich mal ein schönes Kühles ein, dann mache ich vielleicht ein paar Gläser sauber und schon ist der Tag rum." Einmalig. Wenn ich mich da ausstreckte und meine Stiefel in aller Ruhe schnürte . . . Alles mit ganz natürlichen Bewegungen. Wir hatten enorm daran gearbeitet. In dieser Zeit, in der viele moderne Sachen an diesem Opernhaus gesungen wurden, gingen von Wuppertal anregende Impulse für das Opernschaffen aus, und zwar eine Menge.

Aber es war desillusionierend, daß wir so wenig Resonanz bekamen. Die Insider haben diese Arbeit über alles gestellt – aber zu wenig Leute gingen rein. Für die meisten Zuschauer war das eine Oper mehr, in der keine schönen Melodien zu hören waren. Dabei war sie lausig schwer zu singen, Elfsechzehnteltakt und so (vielleicht gar nicht nötig?). Trotzdem schade, daß diese Oper so selten aufgeführt wird.


## Spar die Tränen gefälligst für die Kirche auf!

Lohengrin birgt die Schwierigkeit in sich, eine nicht greifbare Ebene mitspielen zu müssen. Er ist das Wunder. Aber nun spiel einer mal ein Wunder! Meistens endet das in endloser Statik, was ich falsch finde. Wie aber komme ich mit Lohengrin zurecht, wenn ich ihn ernst nehme? Bis zu einem verhängnisvollen Grad bin ich dabei von der Inszenierung abhängig. Der eine Regisseur stellt mich in einen Rahmen, in dem alles verpufft, was ich mache. Ein anderer schafft es, mich so zu postieren, daß eine Handbewegung, ein Blick schon Sensation vermittelt, völlig unabhängig, was ich dabei empfinde. Ist was daneben inszeniert, kann ich mich zerfleischen und die Leute denken nur: Was ist das denn! Wenn der Chor die Köpfe zusammenstecken muß und Revolte veranstalten, will der Zuschauer nur wissen: Was ist dort hinten los? Und vor diesem Hintergrund muß ich meine hin- und hergerissenen Gefühle loswerden. Singe ich Lohengrin als Gast, ergeben sich oft größere Chancen zur eigenen Gestaltung der Rolle.

Mein Verhältnis zu Lohengrin hat sich im Laufe der Jahre verändert, ist sachlicher, menschlicher geworden. Weg von der Schwebe-Ebene. Als ich die Oper zum ersten Mal in Bayreuth erlebte, hätte ich nichts davon singen können, selbst wenn ich stimmlich dazu in der Lage gewesen wäre und man mich auf die Bühne geschickt hätte. Kläglich hätte ich versagt, wäre so ergriffen gewesen, daß ich nur Absonderliches geboten hätte, was keiner hätte nachvollziehen können. Denn, was der Sänger fühlt, interessiert nicht, er soll dem Publikum emotionale Anstöße geben; alles andere wäre fast Onanie. Es soll so aussehen, als ob er empfindet, was er spielt – das ist die Hauptsache; empfindet er es tatsächlich, ohne daß Interpretation oder Stimme beeinträchtigt werden, ist das natürlich ein herrliches Vergnügen für ihn. Zu der Zeit, als ich Lohengrin im Pavillon der Eremitage für mich ausprobierte, war ich Lohengrin. Ich schwebte, benommen vom Medium Oper, von Lohengrin besonders. Und von Parsifal. Damals war ich der Traumzuschauer, den sich alle Sänger wünschen, der den Text kennt, dem man nichts vormachen kann, der aber ergriffen und angerührt ist von dem, was man selbst zum hundersten Mal produziert. Wenn dieses Feeling verlorengeht, beim Sänger ist es das sowieso schon, wenn es aber auch im Publikum verlorengeht, finde ich's sehr, sehr schade.

Heute weiß ich, wie beschwingend das für Jess Thomas gewesen sein muß, daß einer mit großen Augen Lohengrin wie aus einer andern Welt bestaunte. Ich habe das als Sänger nicht erfahren. Oder man hat es mir gegenüber nie so formuliert. Vielleicht habe ich es auch nur nicht bemerkt. Aber meine eigene Benommenheit verschaffte mir einen guten Einstieg, und ich weiß heute genau, wie ich mir mein ideales Publikum wünsche: So wie mich damals.

*„Gut ist, wonach ich mich gut fühle; schlecht ist, wonach ich mich schlecht fühle“ (Ernest Hemingway).*

Andererseits nützen die vielen Gedanken nichts; von sich aus kann ein Sänger so wenig in eine Inszenierung einbringen. Für die eigene Kreativität bleibt ein schmaler Pfad. Veränderungen, die man eigenmächtig im Laufe der Jahre vornimmt, gehen dabei wohl Hand in Hand mit der Persönlichkeit, die sich verändert, oder haben mit dem oftmaligen Wiederholen zu tun, so daß einem einfach das Alte zu lahm wird und man Neues anbietet.

Bemerkbar machte sich das für mich in meinem Verhältnis zu Stimmungswechseln, die bei Wagner kolossal ins Gewicht fallen. Ich möchte sie immer gezielter herausarbeiten. Zum Beispiel im Brautgemach oder im zweiten Akt, wenn Lohengrin versucht, Elsa zu beruhigen: „Sag, Elsa, mir, vermocht ihr Gift sie in dein Herz zu gießen? Komm, laß in Freude dort die Tränen fließen!“ Wenn ein Kritiker schreibt, daß ich mich „ins Piano gerettet“ hätte, zeugt das von wenig Kenntnis. Diese Stelle in gleichbleibender Lautstärke durchzusingen, ist einfach. Aber zurückzunehmen . . . Viele Leute hören nur auf die Technik und haben keinen Draht dafür, sich reinzudenken in das, was der Sänger ausdrücken will. Sie sind programmiert auf potente tenorale Töne oder was sie darunter verstehen. Wenn einer laut rauströtet, wird das als Zeichen von Kraft gewertet, wenn einer leiser wird, als Zeichen von Schwäche. Dabei ist gerade letzteres schwieriger. Und das kann man laut sagen! Schließlich ein Unterschied, ob ich nicht mehr lauter kann oder nicht will. Hört sich sehr viel anders an! Ich würde ja nicht an einer Stelle, an der das Orchester donnert, demonstrieren, daß ich

Piano singen kann. Doch Stellen wie diese, die beruhigend sein sollen: Ich kann Elsa nicht im Forte auffordern, sich die Tränen gefälligst für die Kirche aufzusparen!

## . . . Ein Kind als Preis auszuschreiben!

Neulich fragte mich jemand, welche Daseinsberechtigung die „Meistersinger" noch hätten. Ehrlich, im ersten Moment wollte ich sagen: so gut wie keine. Eine herrliche Musik – aber was soll ein Regisseur mit diesem Nürnberger Lokalkolorit anstellen? Pomp und bombastische Klänge. Schon schwierig, da etwas Ansprechendes hervorzuzaubern. Aber dann versuchte ich zu erklären, wie Wagner, dieser Superdeutsche, zu einer Zeit, als Deutschland unter der Grasnarbe lag, für das nationale Selbstbewußtsein eintrat. Mit diesem Werk zeichnete er das Idealbild einer Stadt, gab dem Publikum die Möglichkeit, sich mit dem Volk auf der Bühne zu identifizieren. Der Zuschauer konnte erkennen: Das sind meine Leute, die Schneider dort hinten, die Bäcker, Schuster, Seifensieder und wie sie alle aufmarschierten, ebenso die obere Schicht, die Pogners, Kothners und darüber noch die Stolzings. Im Grunde ein Querschnitt durchs ganze Volk. Vom Lehrbuben bis zum Nachtwächter, jeder Typ war vertreten.

Schaut man sich heute das Leben in einer Stadt an, so gehört immer noch jeder in sein Kästchen. Von daher müßten die „Meistersinger" geradezu frappierend modern sein. Man sollte mit Stolzing mitfühlen, daß er der einzig „Normale" ist, weil er, mit seiner scheinbaren Arroganz, nicht so will wie die Meister, er läßt sich nicht einordnen in irgendwelche Singvorschriften, Tabulaturen, er hätte auch kein Talent dazu, nach Regeln vorzugehen. Er fragt: „Wie fang ich nach der Regel an?" „Ihr stellt sie selbst und folgt ihr dann", lautet die Antwort von Sachs. Das ist enorm, eine direkte Aufforderung zu Neuem. Dabei steht Stolzing, was Bildung und Kultur angeht, haushoch über den Meistern. An Seelen- oder Herzensbildung muß er nicht überlegen sein, aber an Kultur und Erziehung.

Aus den „Meistersingern" ließe sich, so gesehen, viel rausholen, mit viel, viel Überlegung! Man müßte sehr aufpassen, nicht einen falschen Weg einzuschlagen; eine Verfälschung in bestimmte

Richtung würde das sowieso – schließlich brauchen wir heute den Deutschen kein Selbstbewußtsein mehr mit dieser Oper beizubringen. Oder doch? Überhaupt: Was für ein Unternehmen, ein Kind als Preis auszuschreiben!

Aktuelle Verhaltensweisen finden sich genauso im „Tannhäuser" – Wagner ist nicht nur im „Ring" modern. Der Venusberg könnte für ein Freudenhaus stehen, in dem jeder Mann mal drin gewesen sein möchte, aber sagt es einer, daß er es war, wird in gewissen Kreisen die Nase gerümpft und der Mann ist out. Außenseiterverhalten steckt drin. Wenn Wolfram singt: „Blick ich umher in diesem edlen Kreise" – geht das ja noch, aber wenn Walther anfängt mit dem Bronnen, den er niemals berühren möchte, dann muß dem Tannhäuser ja der Kamm schwellen.

Der Venusberg sollte im Gegensatz zur Wartburg als Lustgewinn gezeigt werden, nicht negativ und nicht teuflisch, sondern so, daß man sich sagt, bei der Venus war's eigentlich schöner. Zwar kommt der Überdruß, aber man muß verstehen können, warum Tannhäuser platzt, wenn er das hört: Die Frauen achten und nicht berühren – oder nur, wenns dunkel ist! – da denkt er: Ihr habt keine Ahnung, wie die Frauen sind.

Ich würde es so inszenieren wollen, daß der Venusberg unheimlich stark ist; da könnte was ablaufen; ich meine keine pornographischen Darstellungen, nur, daß Tannhäuser von Anfang an am Geschehen beteiligt sein sollte, damit man seine Übersättigung nachvollziehen kann. Dasselbe, als ob ich pausenlos Marzipan esse, und mir, obwohl ich Marzipan leidenschaftlich gern mag, den Bauch verderben würde. Marzipan-Überdruß. Einmal: Hochgenuß und Gaumensegen. Aber hintereinanderweg wird auch ein Leckerbissen zur Qual.

Nur der Chor am Schluß, da wird's peinlich; ein Problem, das modern zu inszenieren.

*„Für einen Regisseur sind zwei Dinge wichtig: Ehrfurcht vor der Tradition und Mut, herauszufinden, auch optisch klar zu machen, warum wir uns heute mit einem Werk beschäftigen" (Götz Friedrich).*

Für mein Empfinden gibt es heute auch Opern, die nicht mehr aufführbar sind. Ich denke da an „La Traviata", für mich ein Greuel, jedesmal mußte ich mit Müdigkeit kämpfen, wenn ich sie mir ansah. Dagegen die Musik: Platte, Kopfhörer auf – zum

Schwelgen! Ganz schlimm wird es im Bereich Operette: Eine Art, uninteressante Geheimnisse lüften zu wollen, die ich für ein sinnloses Bemühen halte. Ich übernehme zwar gerne mal eine Rolle wie den Alfred. Aber eigentlich bin ich so eine Figur nach den Proben schon leid.

## Das kuriose Monstrum Oper

*„In unserer durchrationalisierten Welt wird das auf der Bühne sinnlich dargestellte Musikdrama immer mehr zum Instrument zur Förderung von Kreativität und Phantasie. Musiktheater kann der Verkümmerung von Bild- und Vorstellungskraft entgegenwirken"* (Hilmar Hoffmann).

Da schreibt Beethoven dem halbtoten Florestan eine Arie hin, die absolute Gesundheit erfordert, wirkliche Kraft. Das sind diese nicht-stimmigen Operngeschichten. Größte Kunst, das überzeugend zu bringen. Vielleicht als Schwindsüchtiger, der eine letzte Euphorie erlebt. Nur: Es geht weiter, er muß kräftig singen bis zum Schluß. Unvermindert. Aber dann ist er gerettet! Nach dem Finale kann er anständig essen, ein Bierchen trinken – und wieder zum Gesangslehrer gehen!

Oder der hungernde Poet Rudolf – steht da ein italienischer Star, vollgedonnert mit Spaghetti bis hinter die Augen, so vollgestopft, daß er sich kaum rühren kann, und der soll nun überzeugen, singend und spielend, daß er nichts zu beißen hat. Wenn so ein Tenor bezaubernd singt, kann man trotzdem beim Schluß von „Bohème" zu weinen anfangen. Der ist so komponiert, daß er unter die Haut gehen muß. Wenn der angemessen traurig ist, und dann der Schluchzer bei „Mimi" – ich könnte jedesmal heulen, auch wenn ich nur in einer mittelmäßigen Vorstellung sitze.

Der italienische Tenor Benjamino Gigli war einer von denen, die nicht gespielt, sich nur hingestellt haben und die Leute zu Tränen rührten, reihenweise.

Die Stimme ist ja ein Spiegel der menschlichen Erlebnisfähigkeit. Ein kalter Typ, an dem jede Liebesfähigkeit an der Außenhaut abperlt, der singt auch so. Wirklich gehandikapt ist man auf der Opernbühne, wenn man unter der Normalgröße liegt, wie das wohl bei Joseph Schmidt der Fall war; dann kann man kaum noch die gängigen Tenorrollen singen. Ein Mini-Siegmund neben einer Riesen-Sieglinde – das ist nicht mehr drin, bei aller Kuriosität.

Aber auch manche Vorstellungen sind bei allem guten Willen nicht tragbar. Ich denke da an die schlimmste „Walküre", die ich als Zuschauer gesehen habe. Ein bloßes Monstrum die Oper, wenn nichts, aber auch gar nichts stimmt. In der Musik sind große Gefühle vorgegeben, und die wurden nicht erfüllt.

# Ich singe –
# das Konzept machen andere

———

Ein Opernsänger ist kein souveräner Alleinunterhalter in Eigenregie, er ist eingebunden in vielfältige Abhängigkeiten, vom Partner, dem Orchester, dem Bühnenbild, seinem Kostüm und ganz entscheidend von der ersten Probenwoche an vom Regisseur, im späteren Probenstadium und während jeder Vorstellung vom Dirigenten. Seine Leistung kann von diesen Menschen und Umständen gefördert oder behindert werden, von seiner eigenen Tagesform ganz abgesehen. Zu diesem Thema bezog der Sänger in unseren Gesprächen wiederholt Stellung. Seine grundlegende Haltung und damit gleichzeitig der Anspruch, den er als Sänger an sich stellt, läßt sich mit einem seiner Sätze treffend umreißen: „Am Gesang zu kleben, würde mir nicht gerecht werden; ich will begreifbar machen, daß ein Sänger nicht nur eine Gesangsmaschine ist."

———

## Wie singe ich, wenn ich ein Bild sein soll?

Auf der Bühne wie ein Stab zu stehen, ist mir nie eingefallen. Mancher Regisseur hat mich sogar gebremst: „Mach' weniger, ist hier mehr!" Und ich tat's. Denn in meiner gesamten bisherigen Laufbahn traf ich auf keinen Regisseur, mit dem ich mich überhaupt nicht verstanden hätte. Bis auf Achim Freyer beim „Freischütz" in Stuttgart. Sonst war mein Kontakt mit jedem Regisseur gut, ausgesprochen gut. Nur er, er war der einzige, an dem ich mich massiv gerieben habe, nicht ausführen wollte, was er wollte. Dabei machte mir nicht seine Interpretation zu schaffen, einzig die „Befehle", die ich erhielt, paßten mir nicht ins Konzept. „Linke Hand ausstrecken, nach der ersten Hälfte der Arie langsam zurückführen, rechten Arm ausstrecken!" Erst dachte ich, das sei ein Witz. Schließlich fühle ich mich nicht als Befehlsempfänger.

120

Manche fanden die Inszenierung gelungen. Aber bei mir entstand dieses Gesten-Sortieren nicht von innen heraus. Ich hielt das für eine Gemeinheit, zu verlangen: „Jetzt füllen Sie das mit Persönlichkeit." Unverschämt. Ein bißchen viel Verantwortung auf den Darsteller abgewälzt! Obendrein wird Marionettenverhalten gefordert. Und bei all dem soll man singen. Für mich undenkbar.

*„Denn Ziererei erscheint, wenn sich die Seele in irgend einem andern Punkte befindet, als in dem Schwerpunkt der Bewegung" (Heinrich von Kleist).*

Freyer zeigte mir Danksagungsbilder, nach denen er sein Gestenvokabular richtete. Auf den Abbildungen hielten Figuren ihre Arme parallel nach vorne oder nach oben in einer Flehgeste oder reckten mal den rechten, mal den linken Arm von sich. „Sehen Sie, so will ich das", erklärte mir Freyer. „Das sind Bilder", wehrte ich mich, „wollen Sie Bilder nachstellen? Die singen nicht, die sind gemalt. Wie singe ich, wenn ich ein Bild sein soll?" Ich aber wurde das Gefühl nicht los, inszeniert wurde nur so, damit es um jeden Preis auffiel. Ohne mich!

Inzwischen bin ich dazu übergegangen, mich vorher mit den Regisseuren über ihre Inszenierungsideen zu unterhalten. Gefallen sie mir, will ich gerne der beste Garant für den Erfolg sein. Aber merke ich, daß ich für eine Sache überhaupt nicht geeignet bin und mich deshalb rumstreite, ärgert mich das ungeheuer. Sicher, man streitet auch mit guten Regisseuren, aber konstruktiv, man diskutiert, um es besser werden zu lassen. Im „Freischütz" spürte ich, daß es für mich nicht stimmte und meldete das an. Da hörte ich: „Ja, da müssen wir ändern." Ich verstand darunter, etwas anderes zu versuchen. Aber nein: Ich sollte verändert werden.

Dabei war es immer so, daß ich weg wollte von diesem Gestehe und den traditionellen Bewegungen, schlüssigere Bühnenabläufe finden. Bei Chéreau arbeiteten wir so. Ältere Regisseure wollen das oft nicht, sind traditionsverhaftet; ein Sänger hat sich bei ihnen eben anders als ein Schauspieler zu bewegen.

Die „Freischütz"-Premiere habe ich schließlich nicht gesungen, dafür die nächsten, viel unpopuläreren, fünf Repertoire-Vorstellungen. Ich war noch in Stuttgart fest engagiert und konnte nicht so ohne weiteres Rollen ablehnen, für die ich eingesetzt wurde. Außerdem wollte ich dem Haus beweisen, daß ich zwar nicht einverstanden war, aber mich deshalb nicht stillschweigend aus der Affäre zog. Paradoxerweise sagten Zuschauer hinterher, jetzt hätten sie erst verstanden, was gemeint sei. Das hat eigentlich der Regisseur nie begriffen, daß ich trotz aller Aggressivität einer seiner Protagonisten war.

Und obwohl ich mich gegen die Inszenierung sträubte, habe ich mich ziemlich aufgeschwungen, jeden Abend sauber hinzukriegen. Aus welchem Antrieb heraus, weiß ich im Grunde nicht. Irgendwie hat das wohl mit Gewissen zu tun. Mit einem Blick, einer winzigen Geste hätte ich das Ganze ins Lächerliche ziehen können. Auf den Proben kam das schon mal vor. Dann war's aus. Ich hätte das ebenso auf der Bühne provozieren können, habe es aber gelassen. Moralisch wäre ich inzwischen sogar bereit dazu. Nur ich weiß, es wäre unfair, seinen Ärger am Abendpublikum auszulassen.

*„Die Inszenierung bedient sich des Gestenvokabulars und der Bildersprache der Votivmalerei, wie sie als naiver Ausdruck frommer Dankbarkeit für göttliche Hilfe bis zum heutigen Tag im süddeutschen Raum lebendig ist. Wir entdecken Gefühle und Zustände mit Auflösungen und Unlösbarkeiten, die uns auch heute noch bewegen" (Achim Freyer).*

## Wenn einer der Big Boß sein will

Durch eigene Kritikfähigkeit kann man die Arbeit nicht nur erleichtern, sondern unter Umständen auch erschweren. Die Kollegen sagen dann „Probenbremse". Ich meine, man sollte Unklarheiten ausdiskutieren können, lieber mal eine ganze Probe lang nur reden. Danach ergeben sich Gänge und Bewegungen von allein. Hat man die Situation voll erfaßt, decken sich die Auffassungen von Regisseur und Sänger, kann man viel mehr aufbieten, besser mitdenken, an der Story mitbasteln. Hin- und Hergehen, „freudig erregt" oder „in wildem Grimm", mit stereotypen Gesten, das kann jeder. Das Ergebnis sind dann unwesentliche Reaktionen, die mit dem Ganzen nichts zu tun haben, schlicht und ergreifend abgeschmackt.

Natürlich ergibt es sich manchmal, daß eine Fragestellung nur meine Rolle betrifft, nur ich an einem Thema Feuer gefangen habe.

122

Dann kann ich von den Kollegen nicht die gleiche Aufmerksamkeit verlangen.

Die größeren Differenzen zeichnen sich bei mir eindeutig den Regisseuren insgesamt gegenüber ab. Bei manchen Persönlichkeiten unter ihnen habe ich allerdings das Gefühl: Bei dem darfst du nichts schlampig bringen, wenn ich zum Beispiel einmal nicht besonders eingesungen bin. Die sind nicht böse, aber enttäuscht. Was schlimmer ist. Im Gegensatz dazu: Wenn ein Regisseur böse wird, weil ich nicht aussinge, singe ich gar nicht mehr. Ausgerechnet er, der Nicht-Sänger (in den meisten Fällen), hat mir nicht zu sagen, wann ich bei der Probe mit der Stimme voll rausgehe und wann nicht. Ich werde schon mit voller Stimme den Part ausprobieren. Nur: Auf einer kleinen Probebühne, mit der Stimme aufdrehen, daß die Scheiben klirren – das will ich nicht. Dann ist solch ein Regisseur zwar zufrieden, aber die Bühnendimensionen hören sich ganz anders an und damit auch das Ergebnis. Was auf der Probebühne Spitzenklasse war, ist auf dreißig Meter Entfernung gar nicht mehr toll.

Seit Jahren bewege ich mich unter namhaften Regisseuren auf der Bühne, denen Szenen auch mal danebengehen. Aber beispielsweise Götz Friedrich – sogar wenn ihm gar nichts einfällt, ist er bei weitem besser als mancher andere, der trotzdem einen klangvollen Namen im Regiegeschäft hat. Wenn ich an Paris denke . . . Das war ein Kapitel für sich. Daß es noch so schlimm sein kann, heute, habe ich nicht vermutet. Wir waren offenbar die ganze Probenzeit nur dazu da, damit der Regisseur das Stück kennenlernte. Der hatte kaum Ahnung. Wir haben einfach geliefert, was so üblich ist. Und sonst passierte nichts. Diesen Regisseur zu beschreiben, so ein sanfter, geduckter, der ganz leise sprach, grenzt an eine Parodie. Er redete so leise, daß man ihm nach ein paar Tagen ein Mikrophon gab. Er sprach kein Wort Deutsch, machte aber eine Oper in deutscher Sprache. Ein Schallplattentextheft hatte er dabei, immerhin, und einen offiziellen Übersetzer, der sehr schlecht Deutsch verstand, eigentlich fehl am Platz war. Komisch, man muß als Sänger allerlei tolerieren und wird selbst stiefmütterlich behandelt, wenn man Sängerprobleme hat. Da kann ein Übersetzer sein, der nicht übersetzen kann, ein Regisseur, der nicht Regie führen kann . . . Aber wenn ein Sänger kommt, der nicht Spitzenklasse ist, muß er ausgetauscht werden. Er scheint doch wertvoll zu sein.

Wenn ich mal Regie führen sollte, würde ich wirklich erst an ein

Stück rangehen, wenn ich alle wichtigen Dinge bedacht und eine schlüssige Lösung parat hätte. Denn ich weiß, wie entsetzlich das ist, wenn Proben leer laufen. Der eine schafft diese Klippe elegant, der andere weniger. Ich finde toll, wenn einer sagt: „Machen wir Schluß", obwohl die Probe erst eine Stunde alt ist. „Ich habe ein Brett vorm Kopf; bevor ihr da rumsteht, geht heim, vielleicht könnt Ihr mal selbst überlegen, ich tue das gleiche und morgen treffen wir uns wieder." Manchmal argwöhne ich, Regisseure nehmen alle Inszenierungsangebote an, entweder weil sie sich denken, da läßt sich schönes Geld holen, oder an dem Haus habe ich noch nichts inszeniert, das Stück sagt mir zwar nichts, aber ich übernehme es; ist ja auch erst in zwei Jahren, vielleicht habe ich bis dahin eine Idee. Der Sänger empfindet das als eine massive Verantwortungslosigkeit des Regisseurs ihm gegenüber. Wenn ein Sänger – und zweifelsohne sind manche Partien schwer – ähnlich unvorbereitet eintrifft, sind die Regisseure die ersten, die sagen, Leute, das geht nicht. Un altro tenore! Manchmal frage ich mich wirklich nach dem Stellenwert des Sängers.

Leider hängt soviel vom Regisseur ab. Teilweise hat man das Gefühl, daß es unvergleichlich stark ist, wenn man auf der Bühne produziert. Dann sieht man die Inszenierung per Zufall vom Parkett aus, weil die Zweitbesetzung singt: Man ist vor den Kopf geschlagen, bemerkt, von welcher Dunkelheit und Trostlosigkeit alles ist, vieles gegen den Sänger inszeniert wurde zugunsten eines Konzeptes. Oder wenn sich das Bühnenbild – noch schlimmer der Bühnenbildner – darstellt mit Riesenspektakel, fällt der Sänger, der gerade verzweifelt vor sich hinbrütet, nicht mehr ins Gewicht.

Auch durch Kostüm- und Maskenbildner kann man sehr beeinträchtigt werden. Ein Risiko, dem man auf der Bühne schlecht entweichen kann. Manche haben das traumhaft sichere Talent herauszufinden, was einem am wenigsten steht. Das ist nicht nur unangenehm, sondern erfordert ein gerüttelt Maß an Beherrschung, in solcher Situation dieses Manko vor sich selbst wegzuleugnen. Die Haltung „egal, wie ich aussehe" erfordert Kraft. Unnötige Kraft. Mit steigendem Niveau nimmt dieser Ärger ab, aber immer noch wiederholen sich Situationen, in denen ich genau weiß, während ich auf der Bühne stehe, daß ich in dem Kostüm unmöglich aussehe.

Zum Beispiel würde ich nie einen Hut aufsetzen. Lieber heimfahren. Zum Glück muß ich wenige Hut-Rollen singen. Diese

Krempe über der Stirn – da kann ich einfach nicht mehr richtig Luft holen. Beim „Freischütz" ist das so ein Reibungspunkt. Ich nehme den Hut in die Hand und lasse ihn langsam während des Stückes verschwinden. Es entstanden stundenlange Debatten darüber, die damit endeten, daß ich forderte: Entweder der Hut oder ich! Mit einem Hut auf dem Kopf kann ich nicht singen.

Falsche Erwartungshaltungen der Regisseure, meist derer, die aus dem Schauspielbereich kommen, können auf der anderen Seite schuld daran sein, daß ich mich aus Selbstschutz, weil ich mich vereinnahmt fühle, zumache. Diese Regisseure spielen sich wahnsinnig auf, belegen einen mit Beschlag, von morgens bis nachts. Sie meinen, man gehe heim und verarbeite die Sache noch die Nacht durch. Der schwierigste Punkt in jeder Probenarbeit ist jedoch der Einstieg, die Konfrontation, das erste Abtasten. Man hat ja, wenn man die Partie studiert, eigene Vorstellungen von Tempi und Interpretation entwickelt. Dann kommt der Dirigent, der es ganz anders auffaßt, dann der Regisseur, der sich was ausgedacht hat, das der eigenen Ideenwelt völlig zuwider läuft. Das ist problematisch an diesem Beruf.

Gott sei Dank konnte ich feststellen, daß mit steigendem Marktwert in der Arbeit kaum etwas unangenehmer wird. Eher umgekehrt. Höchstens eine Portion Streß hat man zu schlucken.

*„Es ist keinem Sterblichen gegeben, sich stets auf der Höhe seines wahren Wesens zu halten" (Richard Wagner).*

# Immer wieder Parsifal

Seit dem „Bundesparsifal" 1975 – die Kritiker nannten ihn so, weil er kurz hintereinander in Wuppertal, Hamburg und Stuttgart mit dieser Rolle debütierte – begleitet die Rolle des „thumben Toren" Peter Hofmann quer durch die großen Opernhäuser Europas und Amerikas. 1982 war er der „Jahrhundert-Parsifal", den in Bayreuth Götz Friedrich zum hundertsten Aufführungsjahr des „Bühnenweihfestspiels" inszenierte. Unter seiner Regie hatte Peter Hofmann die Partie bereits 1976 in Stuttgart erarbeitet. Das Gespräch, dem das folgende Protokoll entnommen wurde, fand vor der Bayreuth-Inszenierung 1982 statt.

## Im ersten Akt in der Kantine zu sitzen – undenkbar!

Die Ansatzpunkte zur Gestaltung änderten sich für mich im Laufe der Jahre, so daß ich die Figur „lockerer" auf der Bühne darstellen konnte. Meine ersten drei „Parsifal"-Premieren fanden innerhalb von drei Wochen statt. In ganz verschiedenen Inszenierungen. In Hamburg führte August Everding Regie, Ernst Fuchs lieferte das Bühnenbild. In Wuppertal besorgte ein merkwürdiges Triumvirat die Inszenierung. Der Mann, der vorgesehen war, trat nicht an. Der ganze „Parsifal" auf Treppen. Man stelle sich den Zaubergarten als Treppengeländer vor, mit einem roten Tuch überzogen. Das sah aus! Jedenfalls standen wir vorne, ich in schwarzen Bügelfaltenhosen und Lackschuhen, Silberhemdchen. Man wußte nicht, was das soll, halb konzertant, aber doch mit Spiel, eine schwere Vorstellung. Lange mußte man eine Geste halten, und ich dachte, damit sei für mich diese Art von Spiel abgetan. Grundlegend jedoch hat sich meine Einstellung zu dieser Rolle seit der Stuttgarter Inszenierung nicht mehr verändert. Diese Interpretation war einfach grandios. Noch über sie hinauszugehen, dürfte schwer sein. Götz Friedrich als Regisseur und Günther Uecker als Bühnenbildner. Ich war begeistert vom ersten Moment an.

*„Uecker hat mir die Augen geöffnet für eine moderne, ornamentlose, gleichnishaft poetische Bühne" (Götz Friedrich).*

Meine erste Arbeitsbegegnung mit Friedrich fand in einer seltsamen Stimmungsmischung statt. Ich hatte in Stuttgart als Zweitbesetzung viel zu wenig Proben und immer das latente Gefühl, man wollte mich nicht allzu viel von der Inszenierung wissen lassen, weil ich gleichzeitig mitten in den Proben in Wuppertal und in Hamburg stand. Befürchtete man „Werkspionage"? Als ich wieder in Stuttgart auftauchte, pochte ich darauf, den dritten Akt zu probieren; was auf der Aue los war, wußte ich noch nicht. „Gut, gut", hieß es. „Aber ich fahre übermorgen", gab ich zu bedenken, „und komme erst zur Hauptprobe mit Orchester wieder." „Jaja, wir denken daran." Es wurde nicht daran gedacht. Als ich zurückkam zur Hauptprobe, versuchte ich in der Aue über die Runden zu kommen. Friedrich war entsetzt, unterbrach die Orchesterprobe: „Was machen Sie denn da?" Ich sage: „Irgendwas, weil ich ja nicht weiß, was ich machen soll." Wir stritten, ich rannte in die Garderobe, Perücke runter, wollte abhauen; nach ein paar Minuten einigten wir uns. Ich probte weiter, bis mich wieder die Wut packte. Bei vollem Orchestereinsatz sollte ich nach hinten singen. „Das muß nach vorn, die, die bezahlt haben, sitzen dort, die wollen es hören, für die machen wir es." Streit. Friedrich: „So etwas hat mir noch keiner gesagt!" Erwiderte ich: „Mir ist auch noch nicht passiert, daß ich nichts weiß, weil der Regisseur mir nichts gesagt hat und mich anbrüllt, weil ich nichts weiß." Ab da funktionierte die Arbeit zwischen uns prima.

Es gibt kaum Punkte, die ich seither anders empfinden kann oder ausdrücken möchte. Die Entwicklung Parsifals, auf der Bühne ausnehmend schwer darstellbar, kam in Friedrichs Regie so zum Tragen, wie ich sie mir wünschte. Zum Beispiel auf der Bühne Unbekümmertheit auszustrahlen, ist schwieriger, als man sich das vorstellt. In erster Linie drückt sich das in der Haltung aus. Parsifal ist dabei trotzdem kein Tölpel. Ein Tölpel hat „keine Augen", man sieht sie nicht; so einer döst vor sich hin und die Augen sagen nichts aus. Wäre ich solch ein Parsifal auf der Bühne, der mit Beeren-Sammeln zufrieden ist, dann käme Gurnemanz niemals dazu, in mir den künftigen Gralserlöser zu sehen. In Parsifal muß so viel

Hoffnung zu setzen sein, und die muß begründet sein. Diese Wandlung im ersten Akt vom Burschikosen zum mitleidsvoll Ahnenden ist mir immer besser gelungen.

Zu Beginn will ich ihn als jungen Menschen zeigen, der im Wald aufgewachsen ist, keine Kultur besitzt, höchstens eine Ahnung davon, das ist aber auch alles, sonst reagiert er wie ein Tier. Wie ein liebenswertes vielleicht, manchmal aber auch wie ein grausames, ohne Gewissen. Vielleicht ist das das Entscheidende: Er hat kein Gewissen. Ein Tier lebt ohne Gewissen, reißt ein anderes, frißt es auf, wobei es ihm völlig gleichgültig ist, ob das ein Muttertier war, dem jetzt sechs Junge im Nest verhungern. So hat Parsifal den Schwan erschossen. Das muß rauskommen. Danach kann man sehr schnell übergehen zu diesem langsam in ihm erwachenden Bewußtsein. In der Stuttgarter Inszenierung hatten wir den Weg dafür gefunden. In einer Londoner Inszenierung, die einer der beiden Chefs der Royal Shakespeare Company inszeniert hat, entwickelten sich gute Gedanken zum Thema schlechtes Gewissen. (Was ist das eigentlich? Anerzogen, primär zum Menschen gehörend, vielleicht sogar etwas Egoistisches? Etwas, das auf jeden Fall erst mit dem Vorgang des Denkens einsetzt.) Leider gingen diese Ideen total unter, weil der „Parsifal" in einem schrecklichen Bühnenbild spielte, das aussah wie Carwash oder ein Lager für Teppiche, die hochkant aufgerollt nebeneinander standen. Auch akustisch eine Katastrophe, alles aus filzartigen Kunststoffhaaren, denkbar ungünstig – aber das ist für mich nicht die Inszenierung; Inszenierung ist das, was wir machen. Eine Idee gelang sehr gut: Gurnemanz führte mit Schraubstockhänden Parsifals Hand zum Schwan, legte sie gegen seinen Willen auf das Tier, als ob er demonstrieren wollte: Schau' dir's ganz nah an und fühle, was du getan hast; ob das recht ist, nur zu probieren, ob du „triffst, was da fliegt". Plötzlich „ereignete" sich dieses Mitleid. Ich mußte mich als Parsifal hinknien, habe weggeguckt, wollte nichts sehen, versuchte, den Arm wegzudrehen. So genau wollte ich's nicht wissen, was ich angerichtet hatte.

*„Eine Erinnerung zu provozieren, einen Eindruck wieder lebendig zu machen, wieder zu erleben und das in einen Ausdruck zu verwandeln: Das ist Probenarbeit" (Augusto Fernandes).*

Als Kind habe ich auf einen Vogel geschossen, mit einem Luftgewehr. Wenn ich gewußt hätte, was das für Auswirkungen hat. . . Aber ich wußte nicht einmal, was ich erwartete. Der Vogel war nicht richtig getroffen und flatterte unvorstellbar lange am Boden rum. Es war furchtbar! Ich hatte aus dem Haus geschossen, geriet in höchste Aufregung, war aber nicht fähig, hinauszugehen und mit einem Stein das Tier zu erschlagen, damit die Qual ein Ende hatte. Mit hochrotem Kopf lief ich im Haus umher; der ganze Tag war verdorben und die nächsten waren es auch. Den Vogel auf dem Hof zu erlösen, das hatte ich nicht fertig gebracht. Auf Tiere zu schießen, ist mir seither unmöglich. (Und nicht unbedingt nötig.) Das war so eine Parsifal-Tat im kleinen, so stelle ich mir das Mitleid vor, das Parsifal vor dem Schwan packt. Wahrscheinlich rannte er auch nie dem Pfeil nach und sah sich an, was da verendete. Um den Schwan zu essen, hatte er ihn wohl kaum geschossen. Und was weiß er von „heilig" oder „Symbol"? Diese Ritter um ihn herum regen sich jedoch entsetzlich auf, er entwickelt Aggressionen gegen sie und denkt: Jetzt hört bloß auf, was habe ich denn schon gemacht! Das wird viel zu selten deutlich in dieser Szene. Ich habe mir Gedanken gemacht, was ich machen könnte, aber viel läßt sich nicht ausrichten, weil die Sequenz so kurz ist; nach dem Mitleid mit dem Schwan ist Parsifal im Grunde schon ein anderer. Das Spektrum zu zeigen, von diesem Waldläufer bis zum Gralskönig, ist riesig schwer. Und für die erste Stufe bleibt wenig Zeit, nur bis „ich wußte sie nicht", die Schuld. In London haben wir die meisten Verdeutlichungen dazu erfunden.

*„Wagner hat im ›Parsifal‹ noch stärker als in seinen früheren Werken an die Phantasie des hörenden Zuschauers appelliert, gerade weil er immer wieder Grundbilder unseres Unterbewußtseins benutzt – aus der eigenen Kindheit und aus der Kindheit der Menschheit" (Götz Friedrich).*

Auch im nächsten Abschnitt, wenn er den Gralstempel betritt, ist er nicht gleich ein anderer Mensch; nur das Mitleid, das hat er jetzt kennengelernt. Wieso soll er dort also vierzig Minuten wie paralysiert stehen? Höchstens im ersten Moment, wenn Amfortas zu klagen beginnt. Wenn ich mir überlege: ich bin im Wald aufgewachsen, treffe zum ersten Mal auf Männer, die merkwürdig und alle gleich aussehen, bleich daher wanken, höre in einem Raum, groß und fremd, Glocken, ein verhülltes Monstrum von Gefäß wird gebracht – was soll ich damit anfangen? Gurnemanz hatte festgestellt: „. . . bist du ein Tor und rein, welch Wissen dir auch mag beschieden sein." Für mich ist klar, daß Parsifal neugierig wird, einen der Ritter bitten will: Erkläre mir doch, was hier los ist. Deshalb spiele ich das auch aus. Aber die Leute antworten mir nicht, blicken starr geradeaus. Da sie mich nicht angreifen, wage ich, herumzugehen, alles zu beschauen, dann werde ich ruhiger, und ab dem Zeitpunkt, wo ich Amfortas zuhöre, bin ich still. Frage mich, warum leidet der denn so? Beklommen bin ich, deshalb kann ich die erwartete Frage nicht stellen.

*„Parsifal weiß es, der zweite Akt beweist es. Gurnemanz versagt in dem entscheidenden Moment, da er von dem Jungen viel zu früh eine Meinung haben will. Aber er vollzieht mit diesem Versagen ein großes Gesetz, indem er den Toren in die Welt hinausjagt, wo er noch Schreckliches erfahren und wissend werden muß" (Götz Friedrich).*

Der erste Akt ist, trotz der Spärlichkeit an Gesang, für Parsifal entscheidend. Außerdem heißt das ja nicht, wenn ich auf der Opernbühne nichts mehr zu singen habe, daß ich dann nichts mehr zu „sagen" habe. Parsifal ist ein sensibler Knabe, der alles sehr genau registriert. Zwar heißt es „So dumm wie den erfand bisher ich Kundry nur!" Aber es heißt auch: „Doch adelig scheinst du selbst und hochgeboren." Das muß sich irgendwo äußern, er ist kein Primat, kein Kaspar Hauser, der durch den Tempel talpt und an der Tischdecke zieht; das ist ein sehr schmaler Grat, auf dem man zu wandern hat. Parsifal muß offen sein für jede Art von Gefühl; seine Sensibilität ist nur noch nicht ausgelotet. Was mir deshalb unbegreiflich ist: Einer meiner Tenorkollegen hat sich im „Parsifal"-Tempel doubeln lassen; mit dem Rücken zum Publikum stand ein Assistent im gleichen Kostüm, stocksteif und guckte. In der gleichen Inszenierung habe ich darauf bestanden, selbst dort zu stehen. Ich kann mir nicht vorstellen, in der Kantine zu sitzen, während der erste Akt läuft. Undenkbar! Natürlich hätte ich ebenso diese Pause für mich in Anspruch nehmen können. Kein Mensch hätte es gemerkt. Aber es war mein „Luxus", auf der Bühne zu bleiben. Ich glaube, daß man ohne innere Haltung zu dem, was man singt, nie einen Zustand auf der Bühne erreicht, der es dem Zuschauer ermöglicht, zu glauben, was dort geschieht.

Wenn ich keine Einstellung zum Text habe, kann ich ihn trotzdem schön singen, wenn einem aber wichtig ist, was man mit dem Gesang aussagen will, hat man auch mehr Mut, riskante Sachen zu wagen. Zum Beispiel auf der Aue: „du weinest". Fis, eine komische Lage für einen Tenor, man gibt lieber mehr Druck als nötig. Dazu gehört viel Mut, hier locker zu lassen; man wägt dann ab, soll ich oder nicht, vielleicht merken es viele gar nicht, aber geht es daneben, merkt es jeder. Dann rede ich mir ein, es ist anders nicht möglich, einfach peinlich, wenn ich es laut singe.

Die Körpersprache ist eine zweite Sache, die man eigentlich braucht, um glaubwürdig zu sein, und die selten genug voll ausgeschöpft wird. Was schon in Stuttgart da war, auch in London: Viel Körperkontakt in der Kundry-Szene. Sie kann durchaus von Anfang an eine unfreiwillige Erotik in sich tragen; wenn Kundry von der Mutter erzählt, habe ich mich kniend an sie gelehnt, nur an Herzeleide gedacht, was das für eine schöne Zeit war, als ich so geborgen lebte; aus dieser Stimmung heraus kann mich Kundry in die Arme nehmen, was sie ja beabsichtigt hatte. Ich finde das an den Haaren herbeigezogen, wenn endlos gesungen wird und plötzlich küssen sie sich. Eine merkwürdige Art von Erotik. Wir versuchten, in beiden Inszenierungen eine Annäherung vorausgehen zu lassen; interessanterweise war der Kuß dann viel erotischer, als wenn man zehn Meter auseinander steht und zum Kuß mal kurz vorbeikommt.

Immer wieder erlebe ich, daß Parsifal stimmgewaltig durchgezogen wird, ohne jede Emotion; das ist für mich mehr als Pein. Wenn man den Parsifal gut bringen will, muß man gewaltig arbeiten. Ich denke gerade an diese Stellen, bei denen Sänger generell schlecht zu hören sind, weil das Orchester drauflosrauscht, und ich traue Wagner zu, daß er es so geplant hat. Vielleicht hätte er sogar mit Mikrophon arbeiten lassen, hätte er dieses technische Hilfsmittel gekannt. Er hat sich sicher gesagt, hier habe ich das herrliche Orchester, trotzdem muß ich mir jetzt Gedanken machen, wie ich den Klang reduziere. In Bayreuth setzte er seine Musiker in den „Keller", in den „mystischen Abgrund" von Orchestergraben mit Deckel darüber, damit der Sänger noch zu hören ist. Hätte er Mikrophone gehabt. . .

Oder: Nehmen wir den Anfang von „Rheingold", man stelle sich einen Synthesizerton vor, der einem durch Mark und Bein geht, so tief kann ein Contra-Es, das am Anfang schwingt, gar nicht kommen. Man könnte es anschwellen, bis zum Orkan loslegen lassen und ihm eine perfekte Tiefenfärbung geben. Selbst die Gralsglocken im „Parsifal", die entscheidend die musikalische Aussage beeinflussen, sind synthetisch. Wenn Wagner nur ein

Bruchteil von dem zur Verfügung gestanden hätte, was heute auf dem Markt ist. . . Karajan hat extra einen Computer entwickeln lassen für diese Gralsglocken. Das war ein Problem, bis das stimmte. Nebenbei bin ich überzeugt, daß Rockleute davon mehr verstehen. Wenn man Pink Floyd hört: Die zaubern einen Sound hin, offenbar problemlos, ein Baß klingt, als ob das Jüngste Gericht beginnt – wenn ich mir den für „Rheingold" vorstelle. . . Warum nicht auf solche Mittel in der Klassik zurückgreifen? Da liegt Zukunft drin. Auch für die Oper. Und für Wagner ganz besonders.

Inszenatorisch läßt sich mit den Wagneropern noch so viel anfangen. Wenn man erst einmal darauf kommt, was noch zu machen ist, wenn man Mut hat und mehr Technik investiert! Zum Beispiel Laser – wenn man „Star-Wars" gesehen hat, wo mit einen Laserschwert gekämpft wird. Wäre das nicht vorstellbar als Speer von Parsifal? Oder: „Das Imperium schlägt zurück". In diesem Film kommt ein Krater vor, unter der Erde, in den man hineinfliegen kann – man könnte sich so im „Rheingold" den Abstieg nach Nibelheim vorstellen. Würde man solche Tricks voll durchziehen, die Leute würden ausflippen. Richtig investieren und mit Superquadrosound bringen, reinknallen mit allem, was noch zurückgehalten wird. Das muß packen, daß sich die Nackenhaare stellen. Dann wird nicht gefragt, war das intellektuell sonderlich gut ausgedeutet, sondern plötzlich ist es so, daß einer, der nie in der Oper war, das Grugeln bekommt und sagt: Ist das toll! Man soll sprachlos sein, die Kinnlade nicht mehr hochbekommen. So eine Art von Theater würde ich immer der vorziehen, deren Logik ich mir erst aus vierzig Seiten Programmheft rauslesen muß. Das heißt natürlich nicht, daß alles, was überzeugt, laut und knallig sein muß. Überhaupt nicht. Bloß wirken soll es.

*„Durch Einpauken von Kunstintelligenz können wir das Publikum nur vollends stupid machen" (Richard Wagner).*


## Hundert Jahre Parsifal –
## und immer noch nicht „richtig"

Am 13. Februar 1983, als sich Wagners Todestag zum hundertsten Mal jährte, sang Peter Hofmann den Parsifal im Teatro La Fenice in Venedig. Im Sommer zuvor, hundert Jahre nach der

132

ersten „Parsifal"-Aufführung in Bayreuth, stand ebenfalls Peter Hofmann als Titelheld von Wagners Alterswerk auf der Bühne, für die sich der Bayreuther Meister einst Sänger gewünscht hatte, die genauso voller Ausdruck spielten wie sangen. Diese beiden „Parsifal"-Aufführungen waren Anlaß zum letzten Teil unseres „Parsifal"-Gespräches.

———

Im „Jahrhundert-Parsifal" steckten für mein Spielempfinden eine Menge guter Lösungen. Die Idee, daß Parsifal am Anfang des ersten Aktes im Gralstempel nicht steht, sondern hockt, war ganz ungewöhnlich. Vielleicht eine Kleinigkeit, aber für mich sehr bedeutsam. Friedrich läßt eine Szene anlaufen und einen erst mal machen. Das finde ich toll, und gerade für den Anfang von „Parsifal" kreativ.

Friedrich hat mich als Anfänger kennengelernt, und in unserer langen Reibezeit haben wir uns so gut verstehen gelernt, daß wir über vieles nicht mehr reden müssen. Wenn er eine andere Idee hat als ich, kann ich sie oft sofort akzeptieren, weil so viel vorausgegangen ist. Es ist ein großer Vorteil, wenn man viel miteinander gearbeitet hat, sogar, wenn man nicht immer auf der gleichen Welle liegt, weil man durch die Reibung unter Umständen in eine bessere Richtung läuft, als wenn beide die gleiche ohne Diskussion einschlagen.

Zurück zu dieser zusammengekauerten Haltung: Plötzlich merkte ich, daß das eigentlich Parsifal ist; kindlich, er weiß nicht genau, wohin mit den Händen. Embryohaltung; er schließt sich ab, will im Moment nichts mit den andern zu tun haben, macht zu und wartet, was kommt. Wenn er nun aufsteht, wirkt das ganz anders, als wenn er schon die ganze Zeit über gestanden hat. Von der Stuttgarter Inszenierung bis zu dieser Bayreuther habe ich ihn – während ich selbst sieben Jahre älter wurde – für diese kleine Sequenz vom Jugendlichen zum kindlichen Parsifal verjüngen und damit seinen Entwicklungsbogen erweitern können. Parsifal als Knaben darstellen, hier steckt die einzige Chance. Im Blumengarten ist er schon der „ewige Stauner", mit seiner wundersamen Erzählung der einzige Mensch, der sich nach einem Kuß an eine Wunde erinnert – das muß man auch vom Charakter her zeigen.

133

Meine Haltung zu Parsifal hat sich in den Jahren, in denen ich Parsifal singe, nicht grundlegend verändert, aber eben doch verändert: durch in Frage stellen herkömmlicher Inszenierungsformen. Ich stutze oft in Proben und bohre nach, wieso das eigentlich so gezeigt werden muß, doch eigentlich nur, weil es immer so gemacht wurde. Mir ist mal der Bogen in der Generalprobe schon beim Auftritt zerbrochen, an der präparierten Stelle, an der er nachher zu zerbrechen hat. Jetzt stand ich da mit kaputtem Bogen. Katastrophe? Wieso eigentlich? Völlig egal. Selbst wenn der ohne Bogen auftritt. . . Es wird nur ein Anhaltspunkt angesprochen und das ist der Pfeil. Trotzdem, an der Stelle „Siehst du den Blick?" denkt man, der Bogen müsse zerbrochen werden. Und so geht es mit vielen anderen Dingen auch, mit so vielem, was ich gerne einmal anders sehen möchte.

Dieses Abendmahl – ich kann es fast nicht mehr ertragen. Das habe ich noch nie gut gelöst gesehen, noch nie. Was daraus zu machen wäre! Welche Chancen in den Inszenierungen vergeben werden! Jetzt wieder in Venedig. Das Schlimme dabei: Ich muß es dem Zuschauer glaubhaft verkaufen, ausgerechnet ich. Ein ständiger Kampf in mir. Ich stehe da und denke, schade, du spielst mit einer Art reduziertem Gefühl. Und der Schluß! Mit ihm war ich einzig in Stuttgart einverstanden. Da hatte ich das Gefühl, am Geschehen wirklich beteiligt zu sein. Das war dramaturgisch so gebaut, daß die Leute wieder ehrlich gespannt gewartet haben: Wann kommt der endlich mit dem Speer? Diese Spannung hat es mir ermöglicht, den gesamten Schluß überzeugt zu bringen. Was da sonst alles verzapft wird! Auch bei den Reaktionen des Chores. Die kommen zu ihrem Abendmahl geschleift und schlurfen wieder heim. Man merkt gar nicht, daß sich da was Außergewöhnliches ereignet. Ich dachte das wieder in Venedig, man müßte klar machen, daß die jetzt bekommen haben, wonach sie sich so sehnten wie nach nichts anderem. Aber nein, die vierzig Minuten werden lang und immer langweiliger. Mir tut das Kreuz weh vom Stehen – und wenn mir das schon auffällt. . . Die Szene muß viel drängender geraten, die Brüder müssen nach dem Abendmahl lechzen, radikal, und wenn sie es geschlürft haben, ah, da muß Bewegung auf der Bühne sein, nicht Bruderkuß und Kuttengeschleiche, weil die Musik langsam ist. Musik illustriert nicht, Musik drückt Gefühle aus. Und was die Musik sagt, muß nicht doppelt ausgemalt werden. Gefühle kann man nicht mit äußerlicher Theatralik

134

zeigen, sie drücken sich in ganz natürlichen Bewegungen aus. Oder: Keiner kümmert sich mehr um den Amfortas. Stört mich wahnsinnig! In jeder Inszenierung. Die müßten sich bei ihm bedanken, ihn küssen. Diese Gesellschaft muß in ihrer Forderung grausam sein, aber dann muß doch Dankbarkeit zum Ausdruck kommen. Diese Ritter, die für das Gute streiten, dürfen doch keine Armleuchter sein. Die werden zu Tieren, wenn sie nichts zu fressen bekommen wie jeder Mensch; aber wenn wieder alles in Ordnung ist, muß sich ihre Humanität zeigen. Das sind doch keine Monster oder Zombies.

*„Wenn die Gebärde die Musik unterstreicht, und diese wiederum den Text, dann gibt es nur überflüssige ›Zeichen‹ – Wiederholungen – während eigentlich eine Synthese auf drei nicht notwendigerweise gleichgeschalteten Handlungsebenen notwendig ist. Die Verbindung ist dann nicht so simpel wie dieses bloße Unterstreichen des Unterstreichens des Unterstreichens. . ." (Pierre Boulez).*

Auch der umgekippte Tempel ist noch zu wenig für die Verdeutlichung dieses Geschehens (in der Bayreuther Friedrich-Inszenierung, mit dem Bühnenbild von Andreas Reinhardt). Man gewöhnt dem Publikum langsam ab, diese Gestalten ernst zu nehmen. Für die Sänger hat es sich außerdem als ökonomisch erwiesen, sie ebenfalls nicht ernst zu nehmen. So ein Künstler wie Zoltan Kelemen, den ich toll fand als Alberich in Bayreuth, wie unbeteiligt der im Grunde war. Er sagte mir: „Hat doch gar keinen Zweck, wenn ich mich heute hier innerlich engagiere, muß ich es übermorgen für eine ganz andere Auffassung, dann kommt eine siebte und achte und sechzigste Ansicht in einem Sängerleben dazu, soll ich vielleicht mein Bewußtsein spalten?" Viele denken so, wollen wissen, was sie zu tun haben, führen das aus, die Probe ist dann schnell zu Ende, alle sind happy – und wir haben eine langweilige Vorstellung. Eigentlich geht mein Spieltrieb immer mit mir durch. Selbst in schlechten Inszenierungen, wo ich mir sagen könnte: Du streichst als Sänger den Erfolg ein, der Rest kann dir doch egal sein.

Aber ich weiß nicht, was es ist, das mich jedes Mal wieder kribbelig werden läßt. Wenn die Gesamtwirkung nicht gut ist, werde ich nervös. Am liebsten möchte ich dann meilenweit weg sein. Wenn ich von der Inszenierung wenig bekomme, kann ich ihr auch wenig geben. Wenn ich als Parsifal im Tempel stehe und kein einziger Chorsänger nimmt von mir Notiz, ist das falsch. Man muß sich mal überlegen: Ein Fremder im Heiligtum! Oder wenn Amfortas, der nur noch an seine Rettung denkt, hereinkommt, müßte in ihm doch etwas vorgehen, in dem Moment, in dem er Parsifal wahrnimmt.

Der zweite Akt in Venedig war mit wenigen Abstrichen außerordentlich gut, vielleicht der Beste, den ich je gesehen oder in dem ich mitgewirkt habe. Dichte Spannung herrschte! Während Klingsors Erzählung, daß Parsifal jetzt auf der Zinne stehe, war ich tatsächlich schon zu sehen. Und während er weitersang, gebar er aus seinem Mantel nackte Jünglinge, die mit Schwertern auf mich losgingen. Ein richtiger Kampf entwickelte sich, genau choreographiert; ich habe diese Ritter mit Karategriff gepackt, durch die Luft geschleudert, bin hochgesprungen, einem mit dem Fuß ins Gesicht (natürlich daneben!) – und war am Schluß dieser kleinen „Vorspiel"-Szene fix und fertig, bevor ich einen Ton gesungen hatte. Und der zweite Akt hat für Parsifal einiges auf Lager! Sowas nimmt mir zwar physisch an Kraft, gibt mir aber soviel psychischen Auftrieb, daß ich mich nach der Riesen-Action schnell wieder erholen kann. So war das auch bei Chéreau, nach dem ersten Akt in Bayreuth war ich auch jedes Mal am Ende der Kräfte. Jedes Jahr brauchte ich erst zwei Wochen richtiges Training, um mich an diese Belastung zu gewöhnen. Man kann sagen, das sind Kleinigkeiten, aber so eine Aneinanderreihung von Kleinigkeiten könnte dazu führen, daß ersichtlich wird, was sich in Wirklichkeit abspielt. Wenn sich alles an Spannung entwickelt, was möglich ist, kann ich sie auch für mich verwerten und als Kunst über den Gesangston abgeben. Technisch schön zu singen, ist eine Frage des Niveaus. Kunst beginnt erst da, wo die Seele im Ton mitschwingt. Vielleicht ist es deshalb doch ein egoistisches Motiv, daß ich so fanatisch hinter der richtigen Spielweise her bin. Ich bin nicht unabhängig von den Dingen um mich herum, auch nicht vom Publikum. Am 13. Februar 1983 in Venedig war das ein ganz eigenartiges Gefühl. Zuschauer in prächtigen Karnevalskostümen saßen im Parkett und in den Logen. Gerade die Venezianer haben eine geheime Liebe zu Wagner entwickelt, und das war auf eine besondere Weise spürbar.

## Sänger mit Disziplin

„Es war eine große Freude, mit Peter zu arbeiten. Er ist nicht nur ein sensibler Musiker mit einer herrlichen Stimme und einer starken dramatischen Ausstrahlung, sondern er verfügt noch über eine weitere, bei einem so begabten Künstler seiner Generation bemerkenswerte Eigenschaft. Denn ein Sänger mit seinen Fähigkeiten könnte ohne Zweifel Karriere machen nur aufgrund seiner Stimme, seines guten Aussehens und seiner besonderen Eignung für sein Repertoire, ohne besonders große Disziplin zu zeigen. Aber 1982 probte ich einen Monat mit ihm in Bayreuth den Parsifal zur Hundertjahrfeier, also eine Rolle, die er schon oft verkörpert hatte. Er hatte sie nicht nur schon häufig gespielt, sondern er hatte sie auch erst kürzlich mit der gleichen Sopranistin in Wien gesungen, eine Neuinszenierung in Stuttgart mit dem gleichen Regisseur gemacht und mit mir die Rolle an der Metropolitan studiert und gesungen. Trotzdem kam er jeden Tag und arbeitete an jedem Satz, am Ausdruck und an den Gesten, als ob er die Rolle zum ersten Mal probte.

Das ist heutzutage bei einer Generation von Sängern, die von einem Ort zum anderen hetzen, eine sehr seltene Form von Disziplin und Mitarbeit."

(James Levine)

## Lohengrin Superman

Im Musikstudio der Hofmann-Brüder, animiert von grellen Pop-Plakaten, zwischen Lautsprecherboxen und Schlagzeug, Verstärker und E-Gitarren, phantasierten Peter Hofmann und ich über Lohengrin als Superman. (Was wenig später seinen ersten Niederschlag in der Superman-Parodie in Peter Hofmanns TV-Show fand.) Lohengrin als eine Superman-Version auf die Bühne zu bringen, die Idee faszinierte. Sind sie sich ähnlich, diese beiden überdurchschnittlich Begabten, der Gralsritter Lohengrin und der Science-Fiction-Ritter Superman?

Auf dem Gesprächsweg durch Wagner-Inszenierungen waren wir bei der Ueckerschen Bretterwand der Götz-Friedrich-Inszenierung des „Lohengrin" 1979 in Bayreuth, mit Peter Hofmann in der

Titelpartie, stehengeblieben. jener Bretterwand, die optisch markant das Vorspiel illustriert.

„Wenn mir erst drei Tage später einfällt, was ein Symbol vielleicht zu sagen hat", mokierte sich der Sänger über diese Wand, „hat es nichts mit meiner Gegenwart zu tun. Ein Bild muß mir in dem Moment klar sein, in dem ich seine Gegenwart erlebe. Entweder es prägt sich unauslöschlich ein und man wird immer wieder davon sprechen. Oder man geht raus: Naja, war nicht schlecht, aber. . ."

*– Wobei die Musik es einem Bild leicht macht: Sie schreibt keine Bilder vor.*

„Doch, manchmal schon, Lohengrin-Vorspiel, da sehe ich Verschiedenes vor mir, aber ich sehe auf keinen Fall eine ramponierte, demolierte Bretterwand. A-dur, da habe ich ein weites, helles, lichtiges Gefühl und nicht was Düsteres im Sinn. Man kann das Warum erklären – es stimmt trotzdem nicht. Daß da noch keiner drauf gekommen ist, aus Lohengrin Superman zu machen! Ist doch haargenau die Geschichte!"

*– Würde man dadurch der Musik nicht etwas von ihrer „Geistigkeit" nehmen?*

„Superman besitzt seine Muskeln auch nicht, weil er trainiert hat, sondern er ist so geboren. ›Superman‹ ist ein Märchen. ›Lohengrin‹ etwa nicht? Und Märchen entstehen ja nicht unbedingt auf ›ungeistigem‹ Boden, im Gegenteil, große Ernsthaftigkeit liegt in ihnen verborgen. Wenn man die amerikanischen Attribute akzeptiert und sagt, let's have fun, finde ich ›Superman‹ ein phantastisches Märchen. Man nimmt das in Amerika nicht so ernst; winkt Superman nach getaner Arbeit und es ertönt ein ›thank you superman‹, ist das zwar zum Lachen, jedoch: Die Story als solche ist ein modernes Märchen. Wenn diese Frau auf dem Balkon steht und er kommt angeflogen – eigentlich auch ein ›Nie sollst du mich befragen‹. Tagsüber arbeitet er in einem Verlag, operiert dort eher unglücklich herum, und wenn Not am Mann ist. . . Wie Lohengrin: ›zum Streiter für der Tugend Recht‹."

*– Zum Vorspiel also ein enges Büro, aus dem sich der Gralsritter herausträumt?*

„Ein Büro kämpft für das Gute? Nein, das wäre gegen die Musik. Man könnte zeigen, wo er geboren ist, den Stern, auf dem sie alle überirdische Kraft besitzen, dort den Gral ansiedeln, ›unnahbar euren Schritten‹. Naja, man muß es nicht überdeutlich machen, aber die Parallelen sind doch herrlich."

– *Ist Superman im Gegensatz zu der im Grunde tief tragischen Figur Lohengrin nicht jemand, der rundum siegt?*

„Nein, auch er ist eine tragische Figur; er muß, als er heiraten will, sein Supermantum abgeben, geht in eine Box rein, das ›super‹ wird vom ›man‹ getrennt, und schon ist er ein Mensch wie jeder andere, der ein ganz normales Leben führen wird. So, wie Lohengrin sich das wünscht!"

„*Sein Ehren- und Glaubenskodex ist stärker als die Vermutung, er könne als Mr. X Mensch sein*" *(Götz Friedrich).*

– *Man müßte also Lohengrin auf der Bühne vor die Alternative stellen, Elsa fragen zu lassen, wobei er wüßte, was er verlöre?*

„Genau so singe ich das auch."

– *Ließe man dabei sehen, daß er nicht verlieren will, nur an sich denkt, würde er erschreckend egoistisch erscheinen.*

„Er reagiert ja auch mit einem auf den Gral bezogenen, fast unmenschlichen Stolz Elsa gegenüber: ›Daß zum Verrat an mir sich ließ betören das Weib, das Gott mir angetraut!‹ Dann kommt allerdings dieser merkwürdige Punkt, wenn er alle Utensilien, die ihn als Gralsritter ausweisen oder, ich möchte sogar sagen, ausmachen, abgibt. Das läßt mich jedesmal stutzig werden. Wie kann man zeigen, daß diese Dinge für ihn nur ein einziges Mal vorhanden sind? Auf Ring, Schwert und Horn, die ihm wahrscheinlich die überirdische Kraft, über die er als Gralsritter verfügt, garantieren, auf diese Insignien verzichtet er. Das heißt, er trennt sein ›super‹ vom ›man‹. Dadurch ist sein Scheitern besiegelt. Auch für Superman gibt es kein Zurück (wobei er allerdings die erhoffte Frau gewinnt). Einmal das ›super‹ verloren, ist es verloren. Die Parallelen gefallen mir. Nur ist Superman bereits eine Kopie von Lohengrin."

– *Wagners Lohengrin ist ebenso eine „Kopie"; Göttersagen mit einem Heilsbringer haben weit zurückreichende Tradition.*

„Von da läßt sich alles auf einen Ursprung reduzieren. Ich denke an diese Theorie über die Lichtgestalten, die von einem Planeten außerhalb unseres Systems kamen, ›super‹ aussahen, Riesen waren und unbezwingbar. Warum nicht? Warum soll nicht einer gelandet sein? Oder ein paar. Ich bilde mir nicht ein, daß wir die einzigen sind. Wenn man nachts hochguckt, was da für Sterne sind und daß

die zum Teil wesentlich größer sind als unser Erdklumpen! Daß die
alle nur so als Quaderball, als Mineralzusammenballung durch das
Weltall rasen und ausgerechnet nur wir. . . . Das ist mir etwas zu
unwahrscheinlich."
– *Dahinter fängt erst an, was wir nicht mehr beurteilen können.*
„Das ist es, was einem Angst macht. Diese Unendlichkeit."
– *Angst?*
„Nicht direkt physische Angst, aber so ein Gefühl von Unerklär-
barkeit. Wie soll man Unendlichkeit beschreiben?"
– *Das ist doch das Beruhigende daran, daß man nicht nur sich
kennt und weiß, dahinter kommt nichts mehr.*
„Ja, ich finde das auch großartig, daß es Sachen gibt, die kein
noch so schlauer Einsteinschädel ergründen kann. Daß es Dinge
gibt, die nicht zu beweisen, zu belegen oder zu analysieren sind.
Vorgänge, die nicht erklärt werden können, geraten allerdings
unweigerlich ins gesellschaftliche Abseits. Und gar ein Wunder!
Das ist unseriös, hat keinen Stellenwert, ist unangenehm, irritiert.
Vor dem Wunder herrscht geradezu Angst, eine Angst, die sicher
im Mittelalter am größten war."

*„Die Kunst stellt die Frage nach dem unlösbaren Problem besser
als die der Gelehrsamkeit verhaftete Philosophie; Die Kunst ist durch
und durch fragend. Jedoch Fragen ist bereits der Beginn einer
Antwort. Sie sagt uns beinahe, was man nicht sagen kann – das
Unsagbare. Wenn alles gesagt ist, gehören wir ohnehin einer anderen
Zeit an"* (Eugene Ionesco).

———

Ist auf der Bühne Peter Hofmann das „Wunder" Lohengrin?

———

## Mein Lohengrin-Bild bei den 79er Proben

Ich spiele kein Wunder; Lohengrin kommt mit der Sehnsucht,
Mensch zu werden; dieser Traum mißlingt natürlich in der Praxis;
aber ich versuche, den *Menschen* Lohengrin darzustellen. Mich

interessieren Dinge, die vorzeigbar sind. Ich suche einen Weg für die Figur, auf dem sie sich normal bewegen kann, damit man sich mit ihr identifizieren kann. Mit einem Wunder kann man sich nicht identifizieren. Und langweilig wird es im Theater immer dann, wenn keine Identifikation mehr möglich ist.

Ich möchte auch zeigen, was an Melancholie in dem sonst immer nur strahlenden Helden steckt. Wenn er im zweiten Akt angeklagt wird, geht ihn das hart an; die Verwundbarkeit schreitet voran und ist so bemessen, daß er Angst bekommen hat, wenn er singt: „Des Bösen Zweifel darf ich wehren. . ." Mit seinem Background an Kultur versucht er, das Beste aus der Situation zu machen. Aufgrund seiner Erziehung und unter dem Reglement des Grals rehabilitiert er sich selbst, bevor er Abschied nimmt. Gleichzeitig läßt er sich vom Gefühl leiten, denn eine Wehmut schleicht sich ein und er schwankt bei seinem Entschluß: „O, Elsa, nur ein Jahr an deiner Seite...", bricht es aus ihm heraus. Die Gralserzählung jedoch trägt er mit Stolz vor, als Rechtfertigung für den Ruf des Grals, der ihm sehr wichtig ist. In anderen Inszenierungen bleibt er meistens unnahbar. Noch nie wurde so deutlich wie in dieser Götz-Friedrich-Inszenierung, daß sich zuerst Elsa und Lohengrin ansehen; meist geht der Ritter zuerst auf den König zu. Merkwürdig, daß er dann aber auch in diesen Inszenierungen Elsa eine Minute später heiraten will! Zu zeigen, daß beide von Anfang an aufeinander bezogen waren, erschien mir ungeheuer wichtig; deshalb mußten sie direkt aufeinander zukommen. Was sich ja auch realisieren ließ: Die Ankunft Lohengrins, der mit Elsa vom ersten Moment an durch eine Lichtbahn in Verbindung gesetzt ist, wurde zu einer der stärksten Szenen in dieser Inszenierung.

Die verbotene Frage bereitet ihm dann geradezu körperlichen Schmerz.

Einmal jedoch wünsche ich mir eine Interpretation, die das Geschehen von Telramund her aufrollt. Ihm, dem Realisten, ist einer, der einem Geheimbund wie dem der Freimaurer, angehört, sofort verdächtig. Typisch, daß man ihm, der unter „Acht und Bann" steht, im Gefängnis war, nichts glaubt, bevor er überhaupt zu Wort kommt.

# Impressionen

## Auf der Bühne, hinter der Bühne . . .

Peter Hofmanns Motto „Schluß mit den Klischees" und seine
Forderung „Raus aus dem Schubladen-Denken" machte sich in
seiner Laufbahn bald bemerkbar. Seine Vorstellung von Rollenge-
staltung konnte er bereits in Wuppertal als Christy in der Oper „Ein
wahrer Held" von Giselher Klebe ideal verwirklichen. In diesem,
seinem zweiten Engagement wurden nicht nur Kritiker auf ihn
aufmerksam. Schon hier erweckte er bei jungen Zuschauern
Sympathie für eine Theaterform, die sie bislang als „Opas Oper"
abgelehnt hatten. Peter Hofmann als „wahrer Held": Da wurde
plötzlich eine Natürlichkeit und Freiheit auf der Bühne spürbar, die
zu erleben Anfang der siebziger Jahre keineswegs selbstverständlich war. Mit dieser Rolle zeichnete sich ab, was sich 1976 mit dem
Siegmund in Bayreuth bestätigte: Peter Hofmann vermochte, die
„normale Bewegung" überzeugend in die „Künstlichkeit der
Oper" einzubringen. Aus Siegmund, dcm halbgöttlichen Wotans-
sohn, wurde ein Rebell, der „moderne" Züge trug und mit dem sich
eine junge Generation einverstanden erklären konnte.
  Glaubwürdigkeit stellte sich ein, und damit die Möglichkeit für
den Zuschauer, sich mit Figuren auf der Bühne zu identifizieren.
Ein Vorgang, den der Sänger für wichtig und anstrebenswert hält
und den er, soweit es ihm möglich ist, zu unterstützen versucht. Die
Ferne der Opernfiguren von der Zuschauerwirklichkeit ist häufig
der Grund für die Ablehnung der Musikgattung Oper. Peter
Hofmann hat mit einigen seiner Rollen entscheidend dazu beige-
tragen, diesen Abstand durch sein Spiel und seine Ausstrahlung zu
überbrücken. In Bayreuth gewöhnte er durch seine jugendliche
Ungezwungenheit ein junges Publikum daran, die singenden
Figuren ernst zu nehmen. Er ließ es in der „veralteten" Oper
Gegenwärtiges entdecken, „verführte" Opernabstinenzler zum
Genuß einer von ihnen bisher verschmähten Kunstform.

Ähnliches geschah ab 1975 in Stuttgart, seit er dort den Parsifal in der Götz-Friedrich-Inszenierung verkörperte. Er holte diese Kunstfigur aus der pietätvollen Aura von Legendenhaftigkeit heraus, ließ sie körperlich werden in Schmerz und Trauer, Freude und Verwunderung, vermenschlichte sie. Anklänge dieser „Mensch-Werdung" sind auch in seinem Bayreuther Lohengrin bemerkbar. Er betonte nicht die Unnahbarkeit eines göttergleichen Ritters, sondern gab den Wünschen und Sehnsüchten, der Enttäuschung und der Verletzbarkeit einer empfindungsreichen Seele Ausdruck, die letztlich nicht mit strahlender Souveränität über ihrem Schicksal steht. Ob auf Bühne oder Bildschirm, das Ergebnis, das dieser Sängerdarsteller auslöste, wiederholte sich Jahr für Jahr: Neue Zuschauer wurden für die Oper gewonnen, und von ewig wiederholten Klischees ermüdete Operngänger fanden einen neuen Zugang zum Musiktheater.

Die Leichtigkeit jedoch, mit der Peter Hofmann offensichtlich Spiel und Bewegung auf die Opernbühne bringt, ist erkauft mit der kompromißlosen Disziplin derer, denen das Element „Verwandlung" scheinbar mühelos zur Verfügung steht. Zwei kleine Episoden aus dem Sängeralltag zeigen, mit welcher Selbstbeherrschung man hinter den Kulissen rechnet – und auf die sich die Kollegen verlassen können müssen. Bei allen Bühnenintrigen ist im „Ernstfall" auch die Solidarität der Mitwirkenden untereinander ausschlaggebend für die Qualität des Ergebnisses. Das trifft vor allem zu, wenn etwas schiefgeht.

„Tristan", dritter Akt, konzertante Aufführung im Münchner Herkulessaal. Peter Hofmanns erster Tristan. Die Mannschaft ist überanstrengt von kurzer, intensiver Probenzeit, geschafft durch den Klimawechsel; die Proben fanden in Amerika statt. Zu allem Überfluß hat sich im kalten deutschen Nebel eine Erkältungswelle unter den Sängern breit gemacht. Vollgepumpt mit Medikamenten und Spritzen warten sie auf die Aufführung. Hildegard Behrens, die die Isolde singt, rettet sich nur mit knapper Mühe in ihrem Schlußgesang über einen Hustenanfall hinweg. Die öffentliche Aufführung wird am nächsten Tag wiederholt. Der Streß wird „hitziger": Scheinwerfer für die Fernsehaufzeichnung sind daran schuld. Dazu die Doppelbelastung: Gleichzeitig wird eine Plattenaufnahme mitgeschnitten. Peter Hofmann sagte hinterher, daß er soweit gewesen sei, am liebsten alles hinzuschmeißen. Aber: Nerven behalten! – eine Tugend, die ein Sänger um so stärker

entwickeln muß, je höher die Belastungen mit steigendem Marktwert anwachsen.

Oder „Lohengrin", Bayreuth als Siegfried Jerusalem einspringen mußte. Abzusagen war peinlich genug, und das einfachste wäre gewesen, sich an diesem Tag nicht mehr im Festspielhaus zu zeigen. Aber das Verantwortungsgefühl gegenüber der Sache erwies sich als größer. Peter Hofmann kam ins Theater und überließ es nicht einem Assistenten, dem Kollegen Bühnenpositionen und Spielreaktionen zu erklären, er verdeutlichte selbst, engagiert und plausibel, dem Tenorkollegen jeweils während der Pausen die Rolle. Auch als er selbst nicht singen konnte, war ihm „seine" Rolle noch soviel wert, daß er versuchte, sie verantwortungsvoll weiterzugeben. Eine Art von Dienst am Publikum, von dem es in den allermeisten Fällen nichts erfährt. So auch nicht, daß an diesem Abend zwei „Lohengrine" zum Gelingen beitrugen.


# Regen, Regen, Regen. . .

Der Obsthändler an der Ecke wußte es genau, als wir uns Vitaminproviant für eine lange Drehnacht kauften: „Heut' filmen s' mit dem Gemischtwaren-Sänger."

München-Grünwald. Peter Hofmanns erste Fernsehshow ist im Werden. Heute sieht der Drehplan die nächtliche Balkonszene mit Deborah Sasson vor. Eine abgewohnte Villa, idyllisch im grünen Nobel-Viertel gelegen, wurde filmfein getrimmt: mit getürkter Stuckfassade aus feinstem Styropor, künstlichem Laub, das sich malerisch ums Balkongitter schlingt, einem schneeweißen Spiegelzimmer für die Liebesszene. Kabelträger wuseln ums Haus, Assistentinnen eilen mit Drehbuch und Block treppauf, treppab, Autogrammjäger aus der Nachbarschaft stellen sich ein, zum regenverhangenen Himmel wandern erste mißtrauische Blicke.

Einzug der Akteure: Peter und Deborah, die laut Drehbuch Peter und Deborah spielen. Bruder Fritz managt neue Interviewtermine, prüft Requisiten, besorgt Trinkbares; Sohn Johannes darf den letzten Tag kiebitzen. „Morgen muß ich wieder ins Internat. . .", seufzt er.

„Achtung, Aufnahme" – es kann losgehen. Die ersten Tropfen fallen. Peter versucht, die Harley anzulassen. Sie streikt. Es regnet.

144

Mit routinierter Eile verschwinden Kamera, Scheinwerfer und auch das Motorrad unter Plastikhauben. Die bellende Promenadenmischung des Kameramanns, Maskottchen der Truppe, darf wieder über den Schauplatz jagen. Zwangspause. Sie wird zur Villenbesichtigung benützt: „Schön muß sie gewesen sein, als sie noch in Schuß war." Seit Jahren beherbergt sie, mangels eines zahlungskräftigen Käufers, wechselnde Schauplätze vom Western über Krimis bis hin zum symbolbeladenen Jungfilmer-Streifen.

Im kargen, provisorisch eingerichteten Aufenthaltsraum wird derweil liebevoll Peters Helm „besternt", Peter, Fritz und Johannes kleben abwechselnd selbstgeschnippelte Sternchen auf den Sturzhelm. Noch sind sie sich übers Muster nicht einig, ein Sternchen wandert ins Regiebuch der Assistentin, der Helm wird probeweise aufgesetzt – da heißt es „Wir können wieder!" Kaum sind alle Plastikhüllen gefallen, beginnt der Zirkus von vorn. Es regnet. Also: Wieder Warten.

Zur Musik aus dem Kassettenrecorder erklärt Drehbuchautor Hofmann seine Vorstellung von der Villenszene: „Sprung von der Leiter. Käuzchen-Schrei. Ich drehe mich um – statt der weißen Villa sehe ich eine verfallene Gespensterfassade vor mir. Traumsequenz oder unheimliche Wirklichkeit, das soll ruhig unklar bleiben." Der Kulissenentwurf für die Geistervilla lehnt auf dem Kamin im Vorraum, er wird nochmal begutachtet, er gefällt.

Ein Blick nach draußen, Peter klettert versuchshalber die Leiter zur Balkonbrüstung hoch, der Regisseur verzweifelt schier – sein Star springt in leichtsinniger Höhe von der regennassen Latte ab. Tags zuvor war er schon als wilder Reiter kaum zu bremsen. Das Stichwort Reiten ist gefallen. Deborah erzählt von ihren frisch für die Show erworbenen Reitkenntnissen. Nachdem sie den ersten take von der Reiterszene gesehen hätte, sei sie mit sich zufrieden: „Es sieht schon recht vernünftig nach Reiten aus."

Warten. Fachsimpeln. „Mystisch und unheimlich muß am Schluß die Atmosphäre im Garten werden", beschreibt Peter seine Vorstellung vom Ende dieser Nachtszene mit Songs aus der „Westside-Story".

Neuer Versuch, zwischen zwei Regenschauern weiterzufilmen. Das Motorrad ist wieder ausgepackt. Und streikt wieder. Die ganze Crew hat gute Ratschläge parat, die der Sänger in den Wind schlägt, er bleibt hartnäckig „am Drücker" und siehe da, seine Lila-Gespritzte tut's wieder. „Achtung, Aufnahme." Peter knattert durchs Gartentor. Fahrt auf dem Kiesweg. Stop vorm Haus. Die kleine Szene ist mit knapper Not im Kasten – schon beginnt die nächste regensichere Verpackerei. Pizza für die ganze Mannschaft. „Deborah, Sie müssen das Kleid ausziehen", jammert die Garderobiere. „Ich kleckere bestimmt nicht." Nichts zu machen, die Dame mit dem wachsamen Auge fürs Blütenweiß des Maria-Kleides bleibt hart. Das Mädchen der „Westside-Story" verwandelt sich kurzfristig zurück in Debbie mit Jeans: Pizza-Essen genehmigt. „In dieser Produktion werden wir ganz schön knickerig gehalten", mault ein Kameramann, „aber das liegt an der Aufnahmeleitung, so'ne Billig-Verpflegung. . ."

„Zu den Verhandlungen um die Show waren wir, Fritz und ich, mit dem Zug gefahren", erinnert sich Peter, „auf der Rückfahrt haben wir uns Sekt bestellt. Hatten ja allen Grund zum Feiern. Die Bosse waren begeistert; es hatte geklappt, ich durfte das Drehbuch schreiben, so wie ich mir das vorstellte, inspiriert von E.T.A. Hoffmann. Ohne Sprechtext, eine durchlaufende Geschichte zwischen Traum und Wirklichkeit, kommentiert von Arien und Songs, das Ganze undurchsichtig gelenkt und dirigiert von einem Gnom, dessen Stellung oder Funktion nicht einzuordnen ist. Ein Hauch Realität und ein Schuß Alptraum. Vor allem aber: Weg von diesen Galashows."

Regenpause. Schnell umziehen, frierend hinaus auf den Balkon. Peter und Deborah, trotz der Warterei, immer noch in strahlender Laune. „Maria, Maria", schmettert Peter von unten. „Peter, oh Peter, oh Peter" antwortet unprogrammmäßig kess Deborah vom Balkon. „Achtung, Aufnahme, Ton ab, Ton läuft" – schon fallen wieder Tropfen. Peters Blick zum Himmel wird skeptischer – er hat direkt anschließend Proben zum Jahrhundert-„Parsifal" in Bayreuth – und die warten nicht. Auch wenn es tagelang die Dreharbeiten verregnen sollte. . . Man disponiert schnell um, beginnt mit den Innenaufnahmen.

Das Ergebnis dieser Nacht und der Drehwochen um sie herum flimmerte als „Hofmanns Träumereien" im November 1982 über die bundesdeutschen Bildschirme, wurde bereits im Februar 1983 in einer gekürzten Fassung auf Zuschauerwunsch wiederholt (und für die „Rose von Montreux" vorgeschlagen). Was sich bunt und unterhaltsam als ungewöhnlicher Ausflug eines Opernsängers ins artfremde Metier präsentierte, war, wie so oft, eine Mischung aus Phantasie, Ideen, Kompromissen, Mißverständnissen, Zugeständnissen, Auseinandersetzungen um Kleinigkeiten oder ganze Szenen – und auch aus Geduld, die es ermöglichte, daß eine verregnete Drehnacht keinem die Laune verhagelte.

## „ . . . die Eins fängt an"

Die Schlußfolgerung, die ich aus meiner ersten Show gezogen habe: Daß ich sowas nie mehr machen werde, wenn mir nicht die Gesamtkontrolle zugesichert ist, das heißt, daß ich auf den Endschnitt Einfluß habe. Eine Erfahrung, die gar nicht bitter ist, man muß ja den Betrieb erst einmal kennenlernen. Daß ich in dieser „Lehrzeit" gleich ein so hochgespitztes Produkt wie eine Personalityshow lieferte, hat sich teilweise negativ ausgewirkt. Zu Hause habe ich nur positive Briefe liegen. Die Kritik war insgesamt dagegen, was ich auch wieder nicht verstehen kann. Es wird immer von progressiv und wagnisfreundlich geredet – wenn dann einer etwas macht, was grundlegend von der üblichen Galashow abweicht, paßt es den Kritikern auch nicht. Ich lasse mich jedoch dadurch nicht sonderlich beeinflussen. Ich weiß genau, was schiefgegangen ist und was gut war. Ich brauche nicht die Kontrolle irgendeiner Zeitung. Wenn man mein Drehbuch durchliest, hört sich manches anders an. Es blieb zwischen Idee und Verwirklichung eine Kluft. Die gilt es, das nächste Mal zu schließen. Ich war machtlos, weil ich zu wenig Erfahrung hatte. Ich habe jetzt kapiert, daß man sich um die kleinste Kleinigkeit kümmern muß, sich besser vorbereiten muß, keinem Mitarbeiter vertrauen darf, außer, man weiß, wenn ich dem was sage, versteht der genau, was ich meine. Nicht, daß ich mich schämen müßte für meine erste Show. Ich will mich auch nicht rechtfertigen, doch ich kann zum Beispiel nicht verstehen, daß bei den Dreharbeiten der Humor in der Superman-Szene nicht begriffen wurde. Hätte ich, damit es verstanden wird, etwa diesen Boulevard-Humor liefern, immer mal in die Kamera zwinkern müssen? Ich fand es gut, wie es war, würde es nicht ändern wollen, und es ist genauso geworden, wie ich mir die Szene vorgestellt hatte. Ich versuchte darüber hinaus noch eine Menge anderer Ideen durchzusetzen, die aber nicht verwirklicht wurden. Diese Showregie war für mich mehr Bildregie als das, was ich unter Regie verstehe. Bei keiner Show, bei der ich bisher mitgewirkt habe, hat mir irgendeiner gesagt, wie ich zu agieren hätte; der Regisseur kommt und erklärt: „Die Eins fängt an, die Kamera eins, dann gehen wir auf die Sieben, aber die siehst du dann schon, wenn die Lichter aufleuchten. Bei dem Wagner-Film mit Richard Burton in der Titelrolle war das genauso. (Peter Hofmann spielt darin Wagners ersten Tristan-Sänger Ludwig Schnorr von Carolsfeld. Gwyneth Jones die Isolde, Jess Thomas ist in der Rolle des Tannhäusers zu sehen. Und Bruder Fritz mimt den Butler des Sängers.)

Mir ist es zwar egal, welche Art von Regie herrscht, aber es wäre toll, wenn ich vorher wüßte, ob einer Kunst machen will oder nicht. Warum ich für mich bisher Metierfremdes angehe? Weil ich die Zeit, die immer knapper wird, mit Dingen füllen will, die mich wirklich interessieren. Dabei ist die Vorbereitungszeit zu allem was ich übernehme, ziemlich knapp, dafür aber intensiv. Zum Beispiel habe ich in kürzester Zeit Orpheus gelernt und auf Platte aufgenommen. Sie ist hervorragend geworden – ich sage das selten, aber auf die Aufnahme bin ich stolz. Ich hatte das Gefühl, als hätte ich die Rolle schon fünfzigmal auf der Bühne gesungen.

*„Meine Stimme hätte länger überlebt, wenn ich mich mit ihr nicht in das Risiko noch nicht erprobter, noch nicht restlos erarbeiteter Rollen gestürzt hätte" (Titta Ruffo).*

Der Anfang ist sehr melancholisch und traurig, und das hörbar zu machen, ist mir gelungen, wie mir alle bestätigten, die es hinterher gehört haben.

Kunst heißt für mich nicht, Töne richtig zu treffen, das ist Voraussetzung, sondern mit der Stimme Gefühl ausdrücken, ohne große Bühnentheatralik. Die große Geste abliefern bedeutet, äußerlich gestalten, Gefühl aber kommt von innen.

Beim Film interessiert mich am meisten diese Umsetzung, denn da muß sie sich von innen her entfalten; auf der Bühne ist vieles, was im Gesicht vorgeht, nur begrenzt in den großen Raum projizierbar. Manchmal allerdings decken sich Singen und kleinste Emotionsäußerungen; ich habe bemerkt, daß dann ein Blick bis in die letzte Reihe wirkt. Ganz eigenartig. In einem Riesenhaus. Deshalb strebe ich in der Oper weg von dieser merkwürdigen Art von Darstellung, die alles doppelt verdeutlicht. Das wird für mich immer wichtiger. Denn den Kommentar, den ergibt die Musik.

148

## Neidisch auf die „Göttliche Miss M."

Zu meinen größten Eindrücken zähle ich die Rockoper „The Wall" von Pink Floyd, in der Dortmunder Westfalenhalle mit 9000 Zuschauern. Musik und Performance – einmalig! Wenn der Typ allein vor der Mauer sitzt: eine geniale Geschichte! Nicht neu, aber fantastisch gebracht: Ein Mensch vor einer vierzig Meter breiten, zwölf Meter hohen Mauer, allein in einem Spot, singt in einer armseligen, zusammengekauerten Jammerhaltung „Oooh, babe, don't leave me now", das hat herzzerreißende Wirkung. Da hat so mancher geheult. Der Sänger hat überhaupt nicht agiert, nur dieses traurige Lied in sich hineingesungen, als ob die Zuschauer nicht existierten. Durch das Showelement Mauer wurde die Einsamkeit über den visuellen Weg sinnlich faßbar. Hätte der in einer Gruppe von zwanzig Leuten gestanden, nichts wäre im Zuschauer vorgegangen. Aber in dieser Situation will man nicht ergründen, warum die Mauer aufgebaut ist und weshalb der vor dieser ganzen langen weißen Mauer, klein wie eine Ameise, sitzt – in diesem Moment, wenn man mit den Tränen zu kämpfen hat, werden intellektuelle Überlegungen überflüssig. Es ist einfach gelungen, an die Leute ranzukommen, sie weich zu kriegen. Im Theater zugepappte Seelen zu öffnen, seinem Publikum Gefühle zu entlocken: Schaffe ich das, ist mir das Mittel dazu doch gleichgültig!

Wenn ich so etwas erlebe, kann ich Oper nicht mehr als Ausdruck unserer Zeit bezeichnen, das wäre verbohrt. Rock- und Popmusik spiegeln unser Zeitgefühl wider. Auch wohl deshalb, weil für die Oper nichts besonders Wichtiges geschrieben wurde in den letzten zehn, zwanzig Jahren, etwas, das die Herzen erobert oder in irgendeiner Weise den Durchbruch geschafft hätte. Man darf nicht so vermessen sein und sagen, was sich gut verkauft, ist schlecht. Selbst Schlager-Heinis, ich mag deren Lieder nicht besonders, müssen Leute ansprechen, sonst würden die nicht hingehen und die Platten kaufen. Als die Discowelle aufkam, diese synthetische Geschichte, das hat reingefeuert wie sonstwas, die Platten sind weggegangen wie warme Semmeln, weil es was Brandneues war. Ich erinnere mich an heiße Nächte in den New Yorker Edel-Discos mit Andy Warhol, der in einer Ecke hockte und keinen Pieps sagte, die ganze lange Nacht, und Dustin Hoffman, der fünf Stunden lang mit dem Kopf hin- und herschaukelte. Zwei Jahre später waren die Schuppen leer. Das hat weniger mit Qualität als mit Mode zu tun.

Einmal bin ich allerdings richtig neidisch geworden auf das, was auf der Bühne geschah. Nicht in der Oper. Im Film. Als ich „Divine Madness" sah, den Live-Mitschnitt der Bette-Midler-Show. Da saß ich im Kino und fragte mich: Was ist los mit dir, was ist das bloß, was du jetzt fühlst? Bette Midler ist ein amerikanischer Rockstar, die „göttliche Miss M.", wie sie von ihren Fans getauft wurde. In ihrer Live-Show sind Momente drin, die sind so stark, wie ich's in der Oper nicht erlebt habe. Hinreißend! Neid? Was ist weniger stark als Neid? Ärger, daß man es nicht schon so gemacht hat oder nie so fertig bringen wird? Für meine Rockplatte war das ein unheimlicher Anstoß. Anstoß und Rückwurf – beides gleichzeitig. Ich spürte, diese Frau hat beneidenswerte Glücksmomente auf der Bühne, und zwar ganz tiefgehende. Auch im Leid, bis hin zum Weinen – und das sind ja Glücksmomente, wenn man auf der Bühne weint, ein privates Vergnügen. Da entstehen Situationen, die sind kaum zu beschreiben. Sie erzählt was Banales oder vulgäre Witze, hält die Hände vor die Augen, nur Sekunden, und fängt mit einem tief emotionalen Lied an, das mit dem Vorhergehenden überhaupt nichts zu tun hat, aber den Leuten im gleichen Moment tief rein geht – unglaublich.

*„Es gibt die Tränen des Eros, aber auch den Eros der Tränen"* *(Hans Jürgen Syberberg).*

Bette Midler ist ein unheimlicher Zahn, nicht besonders hübsch, aber Augen hat die, wahnsinnig. Wenn ich sowas sehe, werde ich eifersüchtig. Aber eifersüchtig auf was? Das möchte ich gerne wissen. Vielleicht auf diese Glücksmomente? Aber ich kann mich nicht im Ernst mit ihr vergleichen – das wäre einen Apfel mit einer Birne zusammenzählen. Und das lernt man in der ersten Klasse, daß das nicht geht. . .

*„Bette Midler ist eine Befreierin, eine Bilderstürmerin, eine Interpretin von Liedern der unterschiedlichsten Stilrichtungen. Vor allem jedoch hat sie ihrem Publikum und ihren Mitmenschen ein ganz außergewöhnliches Selbstgefühl vermittelt, das sie im Verlauf ihres Lebens und ihrer Karriere für sich selbst entdeckte" (Rob Baker).*

# Immer einen Schritt weiter als möglich

Hofmanns Landsitz – das ist Ruhe, Wald, Luft, viel Luft, frisch und ungetrübt von Industriewolken, ein Teich, direkt neben der Terrasse des Jagdschlößchens, Pferde auf der Koppel, schnelle Autos vor der Tür. Und er wird von Menschen bewohnt, die Natur, Land und Stille zu schätzen und zu genießen wissen. Und nicht nur das, sondern auch den Luxus, zu dem überdurchschnittlicher Verdienst verhilft: Die Schwimmhalle, den Rollsroyce vor der Tür, den Landrover, die Harley Davidson, das Musikstudio mit allem tontechnischen Schnickschnack. „Am schönsten aber ist es, wenn es Herbst wird, die Nebel steigen, das Laub sich verfärbt und kein Laut zu hören ist", findet Fritz Hofmann, der besser als der ständig termingehetzte „Intercity-Sänger" die Jahreszeiten in diesem Landstrich kennengelernt hat.

Ein bißchen „spinnen" sie, die Schloßbewohner, nach Ansicht derer, die hier in der tiefsten Oberpfalz, eine halbe Autostunde von Bayreuth entfernt, schon immer wohnten. So steht im Garten ein Riesenfelsen – als ob es hierzulande nicht Felsen genug gäbe! Landschaftlich also nicht abwegig – nur Form und Material tanzen aus der Reihe. Als polyestergespritzter Kulissenkoloß kam er direkt von der Bühne des Festspielhauses in den Schloßgarten: der originale Walkürefelsen aus der Chéreau-Inszenierung. Gekauft, nicht geschenkt, wie enttäuschte Chéreau-Fans argwöhnten, die selbst hofften, Dekoratives zu ergattern. Gekauft, jedoch mit einem leeren Fleck. Einer der „Ring"-Nostalgiker war schneller als die Gebrüder Hofmann und montierte in der Nacht nach der letzten Vorstellung ein Türgesims ab.

Auch die Lederweste aus der „Walküre", ein ihm lieb gewordenes Kleidungsstück, wanderte aus dem Theaterfundus in seinen privaten Kleiderschrank, und wer es nicht weiß, vermutet hinter ihm niemals ein Stückchen Bühnengeschichte.

Diese kleinen Abweichungen von der Norm verzeiht man ihm, denn sonst ist „der Hofmann" ein Kerl nach dem Gusto bodenständiger Bevölkerung. Das ganze Dorf war eingeladen zur Einzugsfete ins 1460 gebaute Schloß. Wenn man Glück hat, findet man auf der Terrasse noch einen Wildschweinzahn vom letzten großen Grillspaß. Anlässe finden sich dazu im Sommer in Hülle und Fülle. Ein besonders glorreicher war die Ernennung Peter Hofmanns durch die Orchesterkollegen aus dem Festspielhaus zum Ehrenhornisten.

Und auch sonst sind die Bauern im Dorf mit ihm einverstanden, immerhin, der Herr Tenor versteht, sein Pferd eigenhändig von einer Kolik zu befreien, im wahrsten Sinne des Wortes eine „Scheiß-Arbeit". Und auch seine Parkhecken schneidet er selbst, wie sie anerkennend bemerken. Während seiner Bayreuthzeit hat der Tenor den Ehrgeiz, ohne Gärtner auszukommen, „auch wenn ich mir blutige Blasen beim Zwei-Hektar-Rasenmähen hole".

An Wirtshaustischen rund um Bayreuth kann man hören: „Das ist ein ganzer Mann. . ." Zu diesem Bild gehört wohl auch seine Einstellung zum Wohnen im Grünen: „Wenn ich mir auswählen könnte, wo ich alt werden möchte, dann auf dem Land, nicht in der Stadt. Auch wenn ich die Luxusbunker von Hotels genieße, in denen 600 Leute nur dazu da sind, es dem Gast bequem zu machen. Gegensätze reizen mich; wenn ich aus New York komme und hier eine Stunde auf den Springbrunnen gucke, über mich nachdenke, kann die Seele auftanken; in den Superstädten wird sie entleert."

Und ein bißchen was steckt in ihm von der Mentalität seiner Paraderolle, dem Siegmund, den er als „Outsider" charakterisiert, als einen „Rebellen, der sich auflehnt, niemals die Wahrheit verschleiert, weil er sie unbedingt aufdecken will. Siegmund wäre ein sehr unangenehmer, unleidlicher Zeitgenosse."

*„Siegmund würde sich nie von Macht und Autorität verblenden lassen, denn er lehnt sich bewußt und offen gegen den Wert einer Welt auf: ›Was Rechtes je ich riet, andern dünkte es arg‹" (Patrice Chéreau).*

„Siegmund ist konsequent", beschreibt sich Peter Hofmann in seiner Rolle, „läßt sich nichts sagen und ›verkauft‹ sich so teuer wie möglich." Dabei ist er nicht einer, der „wölfisch" im wörtlichen Sinn lebt. Wagner meint damit nicht, daß er mit den Wölfen lebt und heult, sondern daß er das Leben eines Nomaden führt: Eine Art, die seine Art zu leben ist, die sicherlich in Frage gestellt werden kann. Das sagt jedoch nicht, daß er ohne Kultur ist. Wie könnte ein Wilder, der niemals etwas gelernt hat, Gedichte von solcher Lyrik improvisieren? Wie könnte er eine Hymne an den Frühling singen? Schließlich ist er der Sohn Wotans, und das erklärt alles. Er kennt mehr, seine Kultur ist umfassender, als die eines „normalen" Menschen.

Peter Hofmann ist ab und zu auch ein Zeitgenosse, der nicht jedem bequem nach dem Munde redet. Seine Lebensgefährtin Deborah Sasson sieht das so: „Peter versucht immer, einen Schritt weiter zu gehen, als eigentlich möglich ist." Die Leute, die ihn mögen, sagen: „Das ist einer, der sagt, was er denkt." Differenziert spricht Peter Hofmann über seine „private" Einstellung zum Thema Partnerschaft. Eine These von Thomas Mann imponiert ihm, die „einen Riesenanspruch in sich birgt": „Jeder muß sein Geheimnis haben, aber sie sollten gleichwertig sein." Für ihn selbst steht der Begriff Treue im Mittelpunkt von Beziehungen: „Man sollte die Treue verlangen, die man gibt, nicht mehr und nicht weniger. Und wenn man nicht bereit ist, sie zu geben, sollte man sie auch nicht verlangen. Meinem Wesen nach bin ich treu. Natürlich kann man sich absprechen, das Verhältnis etwas zu lockern, sich gegenseitig so und soviel Freiheit zu gewähren. Aber wenn man vereinbart hat, diese Freiheiten auszuklammern, sollte man sich auch daran halten."

## Der Fehlerfinder

Schon mancher Fan hat sich zu früh gefreut: Was ihm freundlich per Band aus dem Telefon entgegenspricht, ist nicht die berühmte Sängerstimme – den Anrufbeantworter hat Fritz Hofmann besprochen, der Manager des Tenors, und – die Namensgleichheit trügt nicht – sein Bruder. (Die Reinemachefrau dagegen heißt stilecht Wagner im Hause Hofmann und hier trügt sie, die Namensgleichheit.) Den Bruder sieht man ihm zum Verwechseln an, was zu einem bunten Täuschungskarussell geraten kann im Hofmann-Clan: Fritz wird mit Peter verwechselt, die Söhne wiederum als Brüder der beiden angesehen und gelegentlich gerät der Tenor in die Lage, für seinen Manager gehalten zu werden.

Fritz Hofmann teilt mit seinem Bruder den schloßherrlichen Wohnsitz, die Liebe zum Sport und zur Rockmusik (wird gerockt, sitzt er am Schlagzeug), und von Oper ist auch er nur zu überzeugen, wenn sie stimmlichen mit szenischem Genuß zu verbinden vermag.

Fritz Hofmann begann seine Ausbildung ebenfalls an der Musikhochschule: Er studierte Schlagzeug. Weil ihm aber die Laufbahn des Orchestermusikers zu wenig chancenreich erschien, stürzte er sich lieber aufs perfekte Sprachenlernen. In Paris wagte er die Umsetzung von sprachlichen und künstlerischen Fähigkeiten: In einer der größten Agenturen, die rund um die Welt Opernstars vermitteln. „Ein Sprung ins kalte Wasser", charakterisiert der Manager seinen Start, und versuchte, die ersten drei „gräßlichen Wochen im grauen Flanellanzug" glimpflich zu überstehen. In knapp zwei Jahren eignete er sich in Paris die Grundlagen für sein Management-Handwerk an, lernte viele einflußreiche Leute in der französischen Metropole kennen – „ein unschätzbarer Vorteil, wenn man vor hat, sich selbständig zu machen".

Schließlich wagte er nochmals den Vorstoß ins Unbekannte: Er stellte sich als Alleinvertreter seines Bruders auf eigene Füße – und schaffte es. „Nerven braucht man, um durchzuhalten." Der große Vorteil: „Ich sitze nicht zwischen den Stühlen, bin nur auf einen Sänger konzentriert und kann zu seinem Vorteil verhandeln. Der Agent sitzt oft zwischen den Stühlen, zwischen Intendanz und Künstler. Sein Interesse ist es, einen Künstler möglichst oft und möglichst teuer zu verkaufen. Gleichzeitig muß er mit Preis und Rolle jonglieren, weil er stets ein paar neue Sänger mit anbieten muß, selten kann er einen Star allein vertreten. Außerdem konkurrieren die Agenturen untereinander um die Gunst der Opernhäuser. Dabei wird oft zu ungunsten eines Sängers entschieden. Der Start einer Karriere ist jedenfalls unweigerlich mit diesen Kompromissen gepflastert: Der Agent wiederum ist zu Konzessionen gezwungen, weil er ›en-bloc‹ verkaufen will.

Mein Grundsatz dagegen: Nie anbiedern. Wenn ein Regisseur oder ein Dirigent auf einem bestimmten Sänger besteht, hat ein Agent kaum eine Chance, seinen Vorschlag durchzusetzen. Mein Prinzip: Die bessere Ausgangsbasis anstreben, indem nicht ich anbiete, sondern man ›uns‹ haben will."

Fühlt er sich manchmal zurückgesetzt gegenüber dem „großen Bruder"? „Überhaupt nicht, mit diesem Gedanken habe ich keine Schwierigkeiten."

Wobei der eigene Erfolg, selbst der Chef zu sein und nicht der Angestellte, mit dessen Erfolgen sich der Boß schmückt, Bestätigung genug ist. „Meine Managerposition erlaubt es uns, die Arbeitsbereiche total zu trennen: Mein Bruder singt, und ich bin für die Entscheidungen drumherum zuständig. Zwischen uns beiden herrscht Vertrauen. Mein Bruder fragt, wie ich etwas sehe und nimmt meine Tips auch an. Und ich finde eigentlich bei jeder Sache ein Haar in der Suppe; ich bin der Fehlerfinder. So stimmte noch bei keinem Fernsehauftritt alles, bis hin zu falsch ausgesuchten Requisiten. Ich bin froh, wenn ich dem Ganzen diene, auch wenn es so aussieht, als ob es von meinem Bruder kommt." Sicher gehört zu dieser Haltung eine gewisse Toleranz, die Fritz Hofmann auch in anderen Dingen an den Tag legt. Beispielsweise seine Einstellung zur Popszene: „Zu Leuten aus einer anderen Branche sage ich doch niemals, es sei schlecht, was sie fabrizieren, bloß weil es mir nicht gefällt."

Das Arbeitsjahr des Fritz Hofmann kennt genauso wenig Freizeit wie das seines Bruders. Sind ein paar Urlaubstage drin, bereitet es ihm das größte Vergnügen, an kein Telefon gehen zu müssen. Zu einem Hobby allerdings (und er hat großes Talent dazu) bleibt ihm viel zu wenig Zeit: zum Fotografieren. (Eins der ausdrucksvollsten Porträts seines Bruders stammt „aus seiner Linse".)

⁚

## Meine Söhne

Jugendliche rebellieren. Das ist ihr Recht. Meine beiden großen Söhne sind jetzt in diesem Alter. Mancher Tollheit läßt sich jedoch die Spitze abbrechen, wenn ich mich als Erwachsener konträr zu dem verhalte, was der Jugendliche von mir erwartet.

Peter, mein Ältester, kam, als er mit siebzehn auf New Wave und Punk stand, hier aufs Dorf mit einer Sicherheitsnadel durch die Backe, einer Kette dran und der anderen Hälfte durchs Ohr. Seine Augen glänzten. Protest-Demonstration. Ich bin nicht darauf eingegangen. „Wichtig ist", erklärte ich ihm als erstes, „den Boden über dem Pferdestall leer zu kriegen. Morgen kommt das Stroh." Bei der Arbeit merkte er, wie hinderlich ihm das Ding war. Stillschweigend ließ er den Kram verschwinden.

Auf dem Land hatte das Zeug keine Daseinsberechtigung, regte sich keiner genügend drüber auf. Das ist Stadtkultur. Hier draußen versuchen sich die Jugendlichen ein bißchen in Neckermann-Punk, aber ohne im entferntesten zu wissen, was es mit Punk auf sich hat, mit dieser „Kultur", die das Häßliche zur Schönheit erhebt. Sie entstand in London, in den Vorstädten, wo es übel aussieht und die Jungens sich sagten, wir sind sowieso so häßlich, daß wir das nur noch ausstellen können. Die besaßen nicht mal Jeans, wie sie sie gerne getragen hätten, weil ihnen das Geld dazu fehlte. Konsequent haben sie darum die häßlichen Hosen noch häßlich bemalt, sich die Haare grün und blau eingefärbt und merkwürdige Schneisen reingeschnitten. Punk wurde zur Überzeugung. Städte können Menschen häßlich machen, auch innerlich. Eine erfrischende Atmosphäre hat die Stadt eigentlich nur für den, der etabliert ist, der sich ihr bei Bedarf entziehen kann.

Drogen sind eine der Zivilisationskrankheiten, die in der Stadt ihren gefährlichen Nährboden finden. Ein Problem, mit dem ich in meiner Jugend noch nicht konfrontiert war. Als mich mein Vater mit einer Zigarette erwischte, hat er mit mir zusammen ein paar Zigaretten, hintereinander weg, geraucht. Eine Roßkur. Mir wurde lausig schlecht und die Raucherei war passé.

Das Thema „Droge" ist heute nicht so komplikationslos zu lösen. Seinen Kindern so etwas wie einen roten Faden zu vermitteln, darauf kommt es an; sie müssen einfach begreifen, daß es zu gefährlich ist, sich eine Heroinspritze reinzuhauen. Ich kann nur versuchen, die Jungen so zu beeinflussen, daß Drogen für sie nicht zu einer Gefahr werden. Auch wenn ich selbst Soft-Drogen nehmen kann, ohne daß sie für mich gefährlich sind, würde ich nicht hingehen und sagen, Leute nehmt das Zeug. Man kann immer nur für sich entscheiden. Unmöglich könnte ich für andere die Verantwortung übernehmen. Was meine Söhne anbetrifft – Jugendliche sind noch nicht gefestigt genug für Experimente. Aber wie soll ich sie hundertprozentig schützen? Das fängt doch im Internat an. Sollen die dort derart streng vorgehen, daß sie sich Hunde wie beim Zoll halten? Ist das nicht ein wenig unmenschlich? Oder, ist es menschlicher, mit anzusehen, wie so ein armes Wurm zugrunde geht, weil es auf härtere Drogen umgestiegen ist?

Die Verantwortung von Eltern gegenüber Kindern ist mit der Drogenwelle gewachsen. Darüber hinaus bin ich der Ansicht, daß in jedem Menschen ein Bewußtsein steckt von dem, was gut für ihn ist und was nicht. Das gilt es zu wecken, zu unterstützen. Was dabei entscheidend ist: dem Leben positiv gegenüberzustehen. Ich lebe gern und habe eine Menge Ideen für mein Leben. Ich bin sicher, daß davon etwas auf meine Söhne übergesprungen ist.

Hat man keine Lebensvitalität, versucht man nur durchzukommen, durchzurutschen, ohne eigene Kreativität. Heute strengen sich manche Typen für nichts, aber auch für gar nichts an, weil sie folgern: Hat ja keinen Sinn. No future! Ob die Recht haben? Manchmal habe ich fast das Gefühl. Wenn ich überlege, wie die ganze Sache abläuft. . . Das Wichtigste scheint Profit zu sein. Dafür werden ganze Völker geopfert. Macht und Profit. Ich rede nur vom Heute, weil ich heute lebe. Obwohl: Es war immer so. All die Staatsformen, die Gewalt legalisiert haben! Oder die Kirche, die kräftig mitgemischt hat, angefangen von der Inquisition bis hin zum Papst, der in einer Luxuslimousine mit Eskorte durch Haarlem fährt und verkündet: Leute, die Pille taugt nicht zur Seligkeit. Das stimmt doch alles nicht, das geht doch nicht auf. Addiere ich das und anderes mehr zusammen, kann ich die No-future-Resignation verstehen. Auch wenn sie mich sicher nicht treffen wird. Und ich hoffe, meine Söhne auch nicht.

Meine Kinder sind jetzt manchmal in Situationen, die ich bei aller Willensstärke auch von mir kenne: daß sie gerne was verwirklichen möchten, aber nicht intensiv genug damit beginnen. Oder etwas können wollen, aber nicht genügend dafür tun. Da geht ihnen in nächster Zeit sicher der Knopf auf. Damit meine ich Gebiete wie die Musik. Oder sie lesen viel, wahnsinnig viel. Man kann sich deshalb herrlich mit ihnen unterhalten.

Daß sie in einem Internat aufwachsen, halte ich nicht für ein Unglück. Die Alternative in Form einer vollständigen Familie bestand für sie nicht, ich war ja ständig unterwegs. Für meine Frau wirkte sich das schlimmer aus als für die Kinder; das aber hat wieder die Atmosphäre für die Kinder verschlechtert. Als Schüler habe ich einen Freund glühend beneidet, der ins Internat geschickt wurde. Wie gerne wäre ich mitgegangen!

Ich finde es gar nicht schlecht, wenn Kinder lernen, Versagen zu tolerieren, zu erleben, was ihnen das Leben noch tausendfach serviert. Und schlechte Lehrer? Wenn sie Pech haben, treffen Schüler überall auf sie. Dabei geht das heute nicht mehr so an die Substanz wie zu meiner Zeit. Damals konnten einem Lehrer wirklich das ganze Leben verleiden. Ist ihnen bei mir nicht gelungen. Aber bei manch anderem. Ich habe in meiner Schulzeit auch mal mit voller Überzeugung die Schule geschwänzt, wenn es nicht so drauf ankam. Ich bin dann nicht mit schlechtem Gewissen losgezogen, sondern unheimlich happy, mit dem Rad irgendwohin. . ., lag auf der Wiese und dachte: Ich brauche das, mein Körper braucht das. Das war mein Alibi. Das genügte mir. Ich kann mich nicht an einen Tag erinnern (was für jedes Kind ein wundervolles Erlebnis ist!), an dem ich hätte offiziell schwänzen dürfen, von zu Hause aus. Das sollte jedem Kind mal erlaubt sein. Für meine Kinder kam der Anstoß sogar von mir: „Jetzt schon wieder ins Internat zurück – nein, jetzt reiten wir erstmal los, querfeldein über die Wiesen; viel wichtiger, als ein Reglement zu erfüllen, das sich laufend wiederholt." Natürlich sollen junge Menschen einsehen, daß sie verantwortlich handeln, bestimmte Dinge einhalten müssen, um etwas zu erreichen, aber dazwischen sollte ihnen auch ihre Freiheit und die Verantwortung für sie eingeräumt werden. Davon abgesehen verschafft es einem Kind eine unschätzbare Sicherheit, daß etwas nicht ganz Legitimes geschieht, was der Vater legitimiert. Diese Chance sollten Eltern nützen. Viele wollen wie der Supermann vor ihren Kindern dastehen, aber dafür zu investieren, sind sie nicht in der Lage. Dabei ist es so einfach. Aber gerade diese Möchte-gerne-Typen sind nicht bereit, ein Risiko einzugehen. Die können noch soviele Erziehungsbücher durchbüffeln, denn: Eigentlich kann man Psychologie nicht studieren, Psychologe muß man sein.

Wenn noch immer Klüfte zwischen Jungen und Alten bestehen, ist mir das ziemlich unheimlich. Ich bin aber überzeugt, daß sich diese Gegensätze nähern, allmählich. Wenn ich zurückdenke, wie Erziehung im Biedermeier ablief oder um die Jahrhundertwende. Damals war es noch ungleich schwerer, was Rebellisches durchzusetzen. Und heute: Mein Verhältnis zu meinen Söhnen sieht ganz anders aus. Ich habe noch aus Protest Rockmusik gemacht. Gegen meine Eltern. Jetzt singe ich Rock, den auch meine Kinder akzeptieren. Obwohl – ich bin mal gespannt, vielleicht machen die mir eines Tages Klassik vor. Im Moment haben sie zu meinen Sachen ein recht gutes Gefühl, nehme ich an. Als sie mich in der Fuchsberger-Show sahen, die ziemlich locker ablief, und ich behauptete, es sei okay, wenn in der Oper gelegentlich Rockmusik zu hören wäre, waren sie begeistert. Nur der Marcel Prawy, der bei der Show neben mir saß, der fand das unerhört. Als ob das der Oper weh tun würde! Aber der kommt aus einer Gesellschaft, in der noch dieses Monster von Opernball gefeiert wird, der überhaupt keine Daseinsberechtigung mehr hat. Debütantinnenball. Als was debütieren sie denn? Das war als Einführung der Heranwachsenden in

158

die Gesellschaft gedacht. Diese Gesellschaft existiert doch gar nicht mehr. Oder doch?

Auf der anderen Seite finden meine Söhne viel Verständnis bei mir mit einer Sache, die ich nur allzu gut kenne: dem, was ich Schulsyndrom nenne. Bei dem Kleinen, dem Johannes, waren die Umstände mit schuld. Gleich zu Anfang mußte er dreimal die Schule wechseln. Obendrein wurde er zu früh eingeschult. Aufgrund eines psychologischen Testes, der damals in Amerika längst überholt war – bei uns dauert es immer länger, bis Versuche, obwohl offensichtlich mißlungen, ad acta gelegt werden. Folglich mußte mein Sohn mit fünf Jahren in die Schule stapfen. Ich rechnete mir aus, daß er dann wenigstens öfter sitzenbleiben könnte, mehr Jahre für die Schulzeit zur Verfügung hätte. Aber das war ein Fehler. Er konnte sich noch nicht konzentrieren, nicht still sitzen. Während der Unterrichtsstunde lief er ans Fenster: „Da draußen ist ein Vogel, den habe ich noch nie gesehen!" Schroff wurde er auf seinen Platz zurückgejagt. Man versuchte, ihn auf ziemlich dumme Art zurechtzubiegen, was daneben ging.

Während seines zweiten Schuljahres zogen wir nach Lübeck. Der Lehrer wollte wissen: „Verstehst du, was wir hier durchnehmen, wart ihr in Karlsruhe auch so weit?" Aus Angst hat der Johannes „Jaja" genickt, nur aus Angst; er hat nichts verstanden, denn die waren ein Dreivierteljahr im Stoff voraus. Schon nach dieser kurzen Schulzeit solche Angst! Unbegreiflich. In einem Jahr hatten die einen kleinen Kerl schon geschafft. Da wußte ich es aber noch nicht, bis herauskam, daß er bei der Klassenarbeit – wie ich damals – ein leeres Blatt abgegeben hatte.

Ich wurde zum Lehrer bestellt, der mir eröffnete: „Der Johannes ist kaputt." „Wie bitte? Was heißt kaputt? Muß ich ihn wegschmeißen, auf den Müll oder was?" „Fast hoffnungslos mit dem Jungen", hakte der Lehrer nach. Ist der denn wahnsinnig geworden, dachte ich. „Ich muß ganz streng vorgehen können", redete der Lehrer auf mich ein und wollte von mir die Erlaubnis haben, Johannes auch mal schlagen zu dürfen. Da bin ich ausgerastet: „Mein Sohn geht nicht einen Tag mehr zu Ihnen in die Schule!" „Er muß, das ist Pflicht." „Sie haben ihn heute zum letzten Mal gesehen!" Ich besorgte ein Attest und ein Vierteljahr später zogen wir nach Wuppertal. Dort habe ich ihn in einer Waldorfschule untergebracht, wo Kinder in erster Linie zu Persönlichkeiten, nicht zu Leistungsmaschinen erzogen werden sollen, was ich für wesentlicher halte. Denn will einer was lernen, lernt er ohne Zwang, und viel schneller als einer, der sich gegen das Lernen sträubt. Gezwungen zu werden, kann dagegen unreparable Schäden hinterlassen.

Ich hatte aus meiner eigenen Erfahrung, die zudem noch nicht lange zurück lag, zur Schule eine andere Einstellung als vielleicht manch anderer. Ich empfand für meinen Sohn tiefstes Mitleid. Wie der sich auf der Waldorfschule verändert hat! Unglaublich. Ruhig ist er geworden; sonst weinte er jeden Morgen eine halbe Stunde, bevor er loszog. Das war eine Tortur, auch für die ganze Familie. Davon konnte ich ihn erlösen. Toll für ein Kind, wenn die Eltern sagen: Ich mache damit Schluß für dich. Ich meine, ohne Grund heult keiner in dem Alter monatelang. Aus Unbequemlichkeit weint kein Knirps, der zetert; aber der Johannes war richtig verzweifelt.

Jetzt ist er so weit, daß er wieder von der Waldorfschule runter will, weil sie ihm zu lahm und auf eine bestimmte Art zu weltfremd erscheint. Er kann nicht begreifen, warum er nicht Fußball spielen soll. Ich versuchte ihm zu verdeutlichen, daß ein Kampfspiel, in dem jeder gegen jeden vorgeht, gegen die anthroposophischen Überzeugungen spreche. Aber das zog nicht bei ihm. Oder Fernsehen. Sicher, wenn man es überbewertet, ist es schlecht, aber ich kann es so reduzieren, daß es unwichtig bleibt. Dann ist es harmlos, und ich sehe nicht ein, warum die Jungens sich diese prompte Informationsquelle entgehen lassen sollen. Keine objektive Meinung, die da verbreitet wird, klar, aber doch vergleichbar einer Zeitung, die eine Tendenz vertritt, aus der journalistisches Gewissen spricht. Was schon mal angenehm ist. Aber der Zweck der Waldorfschule war für Johannes inzwischen erfüllt und mein Sohn lebt jetzt in einem anderen Internat.

Den trotzigen Willen, auf eigenen Füßen zu stehen, koste es, was es wolle, habe ich besonders deutlich bei meinem Ältesten erfahren. Mit achtzehn ist er abgehauen. Wie ich. Nur ostentativer. Der hat sich einen Kram darum geschert, daß ich jeden Monat für ihn ein paar tausend Mark zahle. Er hat im Internat alles hingeschmissen. Monate später kam ein Brief. Auf Ibiza jobte er als Eisverkäufer. Habe ich es damals nicht auch so hingedeichselt, so schnell wie möglich den Zwängen der Familie zu entfliehen und selbst die Verantwortung für mich zu übernehmen?!

160

68 „Singen macht Spaß – nur diese Kraft, die man in den Hotels läßt . . .“

69 *Die junge Sängergeneration: „Wir wollen spielen, um richtig singen zu können."*
*Einer ihrer Regisseure: Patrice Chéreau.*

*70 Einer ihrer Sänger: Peter Hofmann.*

71 „Chéreau ließ mich jede Geste verstehen." („Walküre"-Probe mit Patrice Chéreau, Peter Hofmann und Gwyneth Jones als Brünnhilde; die Chéreau-Inszenierung wurde zu den Bayreuther Festspielen von 1976–1980 aufgeführt)

72 „Mit dem eigenen Aufstieg wird vieles angenehmer: Gute Dirigenten, große Orchester, große Regisseure – sogar bei der Kostümfrage bekommt man mehr Mitsprache-Recht. („Parsifal"-Probe mit Götz Friedrich, Bayreuth 1982)

73 Günther Ueckers ursprünglicher Kostüm-Entwurf für den „Lohengrin" in der Inszenierung von Götz Friedrich, abgebildet im „Lohengrin"-Buch des Bühnenbildners. Der Entwurf sah eine wuchtige Gestalt mit einem Kranz aus Schwanenfedern vor.

74 Skizze während des Gesprächs mit Peter Hofmann: So ähnlich, offenes Hemd, Hose, Stiefel, hätte sich der Sänger sein „Lohengrin"-Kostüm für den ersten Teil des 3. Aktes gewünscht

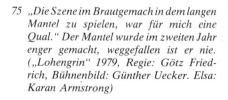

75 „Die Szene im Brautgemach in dem langen Mantel zu spielen, war für mich eine Qual." Der Mantel wurde im zweiten Jahr enger gemacht, weggefallen ist er nie. („Lohengrin" 1979, Regie: Götz Friedrich, Bühnenbild: Günther Uecker. Elsa: Karan Armstrong)

76 „Als Sänger muß man nicht alles nur vom Regisseur erwarten, man kann sich auch auf den Komponisten verlassen." (Peter Hofmann im Gespräch mit „Parsifal"-Dirigent James Levine, Bayreuth 1982; im Hintergrund der Sänger des Amfortas: Simon Estes)

77 „Parsifal"-Probe der Blumenmädchen-Szene, Bayreuth 1982: „Eins der Geheimnisse, wie aus einer Probe eine gute Probe werden kann: als Sänger sich öffnen zu können."

78  „Die Walküre" wurde in Bayreuth in der Chéreau-Inszenierung von 1976–1980
aufgeführt: Peter Hofmann als Siegmund. (Hier: 1. Akt)

*79 „Die Walküre", 1. Akt: Matti Salminen als Hunding. (Bayreuth 1978)*

*80 „Die Walküre", 1. Akt: Hannelore Bode als Sieglinde. (Bayreuth 1976)*

*81 „Die Walküre", 2. Akt: Jeannine Altmeyer als Sieglinde. (Bayreuth 1980)*

82  „Singen bis du abhebst und das Publikum mit dir." Siegmund Peter Hofmann mit
Jeannine Altmeyer als Sieglinde im 1. Akt „Die Walküre".

83 „Die Walküre", 2. Akt mit Gwyneth Jones als Brünnhilde. (Bayreuth 1977)

*84 „Lohengrin", inszeniert von Götz Friedrich, das Bühnenbild gestaltet von Günther Uecker, gespielt zu den Bayreuther Festspielen 1979–1982. Hier: Karan Armstrong als Elsa, Peter Hofmann als Lohengrin, 1. Akt.*

85 *Karan Armstrong: „Peter Hofmann ist nicht nur ein wundervoller Kollege, er entspricht auch optisch dem Bild eines Helden, den man sich herbeiträumt." („Lohengrin", 1. Akt, Bayreuth 1979)*

86 „Bühnenkunst beginnt erst bei der Wiederholbarkeit; sie fängt an, wenn ich eine Rolle dreißigmal gesungen habe." („Lohengrin", 3. Akt: Brautgemach, Bayreuth 1982)

87 „Lohengrin", 3. Akt: Abschiedsszene mit Karan Armstrong als Elsa und Peter Hofmann in der Titelrolle. (Bayreuth 1979)

88 Vor seinem ersten Bayreuther „Parsifal" sagte Peter Hofmann 1976: „Den
Parsifal in Bayreuth zu singen, ist eigentlich der Urtraum eines jeden Wagnersän-
gers. Für mich ist er in Erfüllung gegangen, und ich hoffe, ihn zu Ende zu
träumen." („Parsifal" 1982, 2. Akt, Peter Hofmann in der Titelrolle)

89 Bayreuther „Parsifal", 2. Akt: Blumenmädchen-Szene.

90 Bayreuther „Parsifal", 3. Akt: die Aue mit Leonie Rysanek als Kundry und Hans
Sotin als Gurnemanz.

91 „Man muß dem Erfolg nicht nachlaufen, man muß ihm entgegengehen."
(Bayreuther „Parsifal", 3. Akt)

# Frei von Zwängen der Gesellschaft ist keiner

## Lieber zahlen als ein schäbiger Staatsbürger sein

Für den „Luxus", mein Leben unbehindert von politischen Verhältnissen mit Singen ausfüllen zu können, empfinde ich Dankbarkeit. Wieviel leichter fällt es, Entscheidungen zu treffen, wenn nicht ein Despot wie Hitler allgegenwärtig ist und Gestapoleute ums Haus schleichen. Wobei es ein uralter Hut ist, daß man leichter über die Nazis urteilen kann, wenn sie nicht da sind. In der Zeit gelebt zu haben, täglich Stellung beziehen zu müssen, war viel schwerer als unsere bequeme Sesselexistenz. Sogar zu diesen „harmlosen" Gesprächen hätte dann mehr Mut gehört.

Natürlich wächst mit dieser Freiheit die Verantwortung, die ich für mein Leben oder meine Äußerungen übernehme. Ich merke das besonders in Momenten, in denen ich mein schlechtes Gewissen spüre.

Zum Beispiel, wenn ich so einen armen Schlucker sehe, in Paris. Ich habe einem Penner ein paar Francs zugesteckt, und der lief mir durch die ganze Stadt nach, pries mich als „Engel" und „Wohltäter". Das hatte ich nicht heraufbeschwören wollen. Im Grunde versuchte ich nur, mein Gewissen zu erleichtern. Ich dachte, der hat keine zwei Francs in der Tasche und ich habe ein ganzes Bündel davon; mit einer Geste könnte ich höchstes Glück verschaffen. Im Unterbewußtsein – aber wirklich nur im Unterbewußtsein – sieht man sich freilich als eine Art Heilsbringer: einfach in die Tasche greifen und der Supermann sein. . .

Aber mit einem bewußten Gedanken daran habe ich nicht geholfen. Mich hatte der totale Jammer gepackt. Nichts war das für mich, was zu geben. Aber für ihn. . . Doch dann die Überlegung: Wenn der sich, verdammt nochmal, zehn Flaschen Wermut kauft und dran draufgeht? Sonst würde er es ein Jahr länger machen oder ein halbes? Trotz aller Bedenken: Ich mußte spontan eine hilf-

161

reiche Geste loswerden. Als ich merkte, daß solches Nachlaufen daraus entstehen kann, habe ich nur noch schlafenden Typen Geld in die Tasche gesteckt. Das war wesentlich einfacher, ohne Nachwirkungen und sah für mich bescheidener aus. Außerdem wollte ich diesem Unterbewußten, diesem egozentrischen Gewissens-Alibi, vorbeugen. Schließlich war es mir wichtig, daß der andere was davon hatte. Wenn ich mir vorstelle, wie der aufwacht, einen Zigarettenstummel in seiner Hose sucht und Papiergeld rausholt! Wo ihm manchmal ein Franc fehlt, ein Stück Weißbrot zu kaufen. Ich bin überzeugt, daß ich es von da an mit dem Helfen sehr ehrlich meinte.

Wenn man mir vorhält, daß ich zuviel verdiene, halte ich dagegen, daß ich auch mehr arbeite als viele. Und außerdem gebe ich mein Geld als Steuerzahler auch für die subventionierte Oper aus. Das Bewußtsein, andere durch dieses Mehr-Verdienen unterstützen zu können, verdränge ich dabei nicht. Zwar sagt man immer, und ich genauso, man müßte was machen und tut dann doch nichts. Ein „Stern"-Artikel über hungernde Kinder in Kambodscha war für mich ein entscheidender Auslöser. So ein hungerndes Kind mit Blähbauch und einer jämmerlichen „Gib-mir-was"-Geste. Furchtbar! Ich habe eine Menge Geld überwiesen. Anonym. Das journalistisch auszuschlachten, hieße, ein falsches Spiel spielen, mit doppelter Moral und doch nur wieder auf sich selbst bezogen.

Sicher, man könnte auch der ganz große Unterstützer werden, einzig dafür singen. Da würde ich, das gebe ich offen zu, zuviel soziale Moral von mir verlangen. Ganz am Rande: Eine Menge Leute würde ich damit – und so muß man das auch mal sehen – ungewollt gewaltig blamieren. Indem ich mich als Heiland aufspiele! Selbst ein Priester nimmt sein Gehalt und verwendet es für Privatzwecke. Solange Wirtschaftsbosse, Fußballer, Politiker oder Filmmanager Spitzensummen einstreichen, sehe ich keinen moralischen Grund, die Supergage in der Oper abzulehnen. Schließlich verkaufe ich keine „gefährliche" Ware. Ich bringe den Leuten „nur" die „Droge Oper" näher. Und diese „kleinen Fluchten" zu ermöglichen, ist das nicht legitim?

Davon ganz abgesehen: Ich finde auch die fünfstelligen Summen pro Abend gerechtfertigt, wenn ich als Opernsänger Gipfel erstürme, die unschätzbar schwer zu erreichen sind. Dabei ist das Risiko groß: Weiß man denn, wie lange man's macht? Und die

Traumgagen, die kommen erst nach Jahren knochenharter Arbeit, nach der extrem langen Ausbildung, nach den Anfängerjahren. Kann ja jeder probieren, es nachzumachen – dann wird er sofort merken, weshalb hier gut bezahlt wird.

Zugegeben, tief unten existiert ein schlechtes Gewissen. Ich kann es auch Verantwortung nennen. Die zeige ich bereits, indem ich die nach meiner Meinung richtige Partei wähle, die dann hoffentlich – die richtige Politik betreibt. Politik, das heißt für mich, Zusammenleben regeln, oder mit anderen Worten: Dafür sorgen, daß keiner nichts und der andere alles hat. Ich trage Verantwortung, indem ich diesem Staat meine Steuergelder gebe, mich nicht damit nach Monaco absetze. Viele meiner Kollegen denken anders, die hauen ab. Aber dazu stehe ich: Ich lebe gern in diesem Land. Doch den Staat in Anspruch nehmen und nur sein Nutznießer sein, einzig abrahmen, das kann ich nicht. Dann zahle ich lieber mehr Steuern, als ein schäbiger Staatsbürger zu sein.

Wenn einer behauptet, ein unpolitischer Mensch zu sein, ist das zum Lachen. Solche Leute sind die ersten, wenn ihnen etwas von ihrem Gärtchen oder ihrem Portemonnaie weggenommen wird, die radikal werden. Und Politik, das Regeln des Zusammenlebens, fängt das nicht schon bei zwei Personen an? Eigentlich ist die Frage, wer geht morgens als erster ins Bad, schon Politik.

Nicht politisch zu sein, kann man sich gar nicht erlauben, ist man an seinem Geschick interessiert. Nur, welche Möglichkeiten habe ich, konkret einzugreifen, ohne in einer Partei aktiv mitzuarbeiten, möglichst in den Bundestag zu gelangen? Privatinitiativen verpuffen. Bevor man an einer wichtigen Stelle etwas zu sagen hat, ist soviel Kraft aufgewendet, daß anschließend an Energie nichts mehr da ist. Will man eine Stellung als Politiker einnehmen, muß man unter Umständen erst einmal den Vorgänger wegpusten. Und dann? Wird man zensiert! Wehe man hält sich nicht an die Richtlinien dieser Partei, dann ist man ganz schnell mundtot gemacht. Versucht man, auf eigene Faust etwas durchzudrücken, wird man als erstes gefragt, wieviele Leute man hinter sich habe. Dreißig? Da kommt der Antrag zuunterst unter die Akten. Sechs Millionen? Aus welchen Millionen Menschen sich diese Aktion zusammensetzt, wird nicht gefragt, das ist eine Zahl, die beeindruckt.

Politisch Farbe zu bekennen, hat für künstlerisch Schaffende in der Bundesrepublik sowieso einen merkwürdigen Anstrich. Beim

Publikum ist man sofort gebrandmarkt. Da sind wir mit unserer Demokratie noch hinterm Mond. In Amerika ist politisches Engagement von Künstlern gang und gäbe.

*„Der deutsche Geist ist sozial und politisch wesentlich uninteressiert, im tiefsten ist diese Sphäre ihm fremd" (Thomas Mann).*

Eine Partei, für die ich mich begeistern könnte, kann ich nicht nennen. Daß die Grünen da sind, finde ich toll, ein frischer Wind, der sein muß. Nicht einzusehen, daß man nicht einsieht, was die wollen. Jeder Partei würde es guttun, die gleichen Ziele an ihre Fahnen zu heften. Es ist doch nichts Unmögliches, was sie fordern: daß die Flüsse wieder sauber werden und die Luft oder daß wenigstens die Progression der Verschmutzung gestoppt wird. Daß es „nur" so schmutzig bleibt, wie es ist, oder es immer weniger mehr schmutzig wird, statt zehn Tonnen nur noch fünf Tonnen Schmutz dazukommen. Aber das ist unbequem und deshalb ist es klar, daß Parteien, die auf der Unternehmerseite hocken, Tod und Teufel versprechen und kaum gegen die Leute vorgehen, die ihnen das Geld verschaffen. Grundsätzlich meine ich: Ich kann mich nicht nur um meine Blumen kümmern und mich anschließend beschweren, wenn mir in einem totalitären Staat meine Blumen weggenommen werden. Da muß ich vorher aktiv werden und bis zum letzten versuchen, zu verhindern, daß es wieder zu einem Kampf auf Leben und Tod in unserem Land kommen muß.

Außerdem sollte unser ewiges Selbstzerfleischen mit der jüngsten Vergangenheit irgendwann mal ein Ende haben. Ich bin auch dafür, daß Naziverbrecher ihrer Gerechtigkeit zugeführt werden, aber als Deutscher immer das Gefühl zu haben, wenn ich im Ausland bin, muß ich die Schnauze halten. . . Ich bin stolz darauf, ein Deutscher zu sein. National gesinnt zu sein, heißt doch noch lange nicht, Nazi zu sein. Nichts ist natürlicher, als ein Nationalgefühl zu entwickeln. Nur in positiven Sachen wie beim Sport national zu denken, ist einfach und mir zu simpel.

## Macht und Ohnmacht

Abhängig von Gunst oder Mißgunst anderer zu sein, ohnmächtig einer Situation gegenüber zu stehen, in alltäglichen oder weniger alltäglichen Situationen – das Bewußtsein eigener Machtlosigkeit und das Ausgeliefert-Sein an sinnlose Macht wird mir oft überdeutlich. Gleichzeitig aber wächst meine Widerstandskraft. Manchmal gerate ich in eigenartige Konstellationen, die ich nie für möglich gehalten hätte. Obwohl ich mich so unabhängig wähne, denke, keiner hat mir was zu sagen.

Im kleinen Rahmen kann ich ausweichen. Bin ich, nur um ein Beispiel zu nennen, bei einem Politiker eingeladen, der mir nicht paßt, bleibe ich zu Hause. Habe ich das Gefühl, eine Party wird der Buntheit wegen zusammengewürfelt, ein paar Punker, ein paar shocking people, eine Karrierefrau und eben noch ein Künstler, sage ich ab. Da meinen Leute, weil sie Geld schaufeln, können sie jeden einladen. Und zwar schriftlich. Dann muß ich auch noch schriftlich antworten. Wie ein Angeklagter, der sich rechtfertigen soll. Ich kann aus Höflichkeit nicht die Wahrheit schreiben: daß es mir einfach zu doof ist, meine Stunden zu vertrödeln mit jemandem, der mir vorquarkt, was er oder sie oder ihr Mann alles für wichtige Posten „besitzen", Räte sind oder Präsidenten oder was weiß ich. . . Das ist zwar alles abwendbar, aber man gerät in Unausweichlichkeiten, die einem vorführen, was eigentlich Macht bedeutet.

Paris, Flughafen: Ich werde plötzlich wie ein Bankräuber behandelt. Weil ich einen Haufen Gage im Koffer trug. Ob ich was zu verzollen hätte? „Nein." „Machen Sie mal den Koffer auf." Da lag Geld drin, sehr viel. (Ich hatte in London gesungen und anschließend in Paris.) Die Gesichter! Ein freudiger Ruck ging durch alle: Jetzt haben wir einen erwischt! Ich zeigte die Abrechnung von der Oper. „Gestern verdient!" Die wollten den Zettel gar nicht sehen, zählten das Geld, stapelten es auf zwei, nein sogar drei Tischen. Das sah aus! Wirklich wie Bankraub. Ich mußte mich ausziehen, bis auf die Unterhose. Allmählich wurde ich patzig. Fünf Stunden haben die mich festgehalten. Merkwürdige Szenen spielten sich ab. Sämtliche Zettel, Notizen, ja Zettelchen wurden untersucht. „Was ist das?" „Eine Nummer." Was für eine Nummer?" „Eine Telefonnummer", knurrte ich. „Von wem?" „Das geht Sie überhaupt nichts an. Rufen Sie doch an, dann hören Sie es ja." „In welcher Stadt?" „Mein Geheimnis" – langsam reichte es mir, ich hätte ja sagen können, daß es eine Kontonummer oder ein Geheimcode sei. In der ganzen Suchaktion konnte ich keinen Sinn mehr sehen. Alles Hab und Gut hatten sie gewendet, nichts gefunden, jetzt waren sie enttäuscht. Außerdem neidisch, daß ein relativ junger Typ mit soviel Geld rumreiste. Schließlich wollten sie die Francs einbehalten. Ausfuhrstop. Ich rief die Botschaft an. Inzwischen fragte mich der Boß dieses Trupps: „Was sind für Sie schon 60 000 Francs?" Ich reagierte sauer: „Für Ihr Land muß das viel sein, sonst wären Sie nicht so dran interessiert."

Ein Gefühl von totalem Ausgeliefertsein stellte sich bei mir ein: „Wenn das legal ist, was ihr hier mit mir macht, ist das eine unheimliche Scheiße." „Sagen Sie das nochmal!!" „Dann hören Sie genau zu: Wenn das legal ist, was hier geschieht, stimmt bei Euch was nicht. Ihr seid die Verbrecher, wenn ihr mir mein Geld wegnehmt, was ich mir am Abend vorher in der Oper verdient habe. Euer Staatspräsident saß dort und applaudierte und am nächsten Tag läßt er mir an der Grenze das Geld abnehmen? Mir ist es egal, welche Ausfuhrgesetze gerade gelten, wer was und wieso und weshalb. Das ist kriminell. Ich habe nichts gestohlen."

Gut, es herrschte Ausfuhrstop von Devisen. Aber ich wollte nicht Devisen verdunkeln, außer Landes bringen, denn jeder wußte, daß ich nur deshalb gekommen war, um sie mitzunehmen. Vor zwei Jahren hatte ich einen Vertrag unterschrieben, den hatte ich jetzt erfüllt. Und in dem Moment, wo mir die Staatliche Oper so ein Paket Banknoten serviert und ich sie nehme, handle ich illegal?!

Die Gage erhält man immer blank auf die Hand gezählt. Andernfalls sähe man sie oft nie. Am Vorstellungsabend ist keiner da, der sie auszahlen könnte. „Müssen Sie morgen vorbeikommen." „Morgen ist Sonntag." „Ach so, dann ist auch keiner da." „Montag ist Feiertag". . . Ein Kollege sang in Italien und hat sein Geld zwei Jahre nicht gesehen. Dann mußte er im gleichen Opernhaus als Wotan einspringen. Ganz kurzfristig. Fährt hin, schminkt sich und verlangt nach dem Opernchef, zehn Minuten vor der Vorstellung. Der beruhigt ihn gleich: „Ich weiß schon, ist alles geregelt, wird alles geregelt, Sie kriegen das Geld auf jeden Fall." Fragt der Sänger: „Wieso eigentlich jetzt erst? Passen Sie mal auf, das Geld von der letzten Vorstellung und von heute hier auf den Tisch, sonst läuft überhaupt nichts." Riesenskandal. Abends waren alle Banken geschlossen. Unter Bekannten, die in der Festvorstellung saßen, hat der Intendant sammeln lassen und das Geld tatsächlich gebracht, einen ganzen Berg.

In Paris hatten die mich also in der Mangel, und ich ärgerte mich, daß ich das Geld überhaupt aus der Hand gegeben hatte. Aber nachher ist man immer schlauer. „Finger weg", hätte ich warnen sollen, wahrscheinlich hätten die mich eingesperrt, und es wäre zum Eklat gekommen. Umjubelt in der Oper und am nächsten Tag hinter Gittern! „Eher rollt mein Kopf", versicherte mir der Polizeityp, „als daß Sie Ihr Geld wiederbekommen". Nur bei wenigen von diesen Leuten spürte ich, daß sie die Unsinnigkeit der Situation bemerkten. Zwar lachte ich innerlich, war ja grotesk, das Ganze, aber ein mieses Gefühl wurde ich trotzdem nicht los: Plötzlich war ich in einer merkwürdigen Mühle, Stunden um Stunden. Bis die Botschaft erreichte, daß ich fliegen konnte. Mit Koffer und Inhalt!

# Mein Versuch zu leben, nicht nur zu überleben

## Die Sucht nach dem Elementaren

Gestern war ein Sänger-Interview im Fernsehen, so ein All-roundtyp, Partylöwe, sexy und gefragt und gleichzeitig treusorgender Familienvater, auf der ganzen Linie ein Tausendsassa; egal, wo man ihn hinsetzt, er ist perfekt, wurde behauptet. Das geht einfach nicht. Sich als restloser Alles-Könner verkaufen zu lassen? Bei mir säße das schlechte Gewissen davor. Sicher, ich würde mich gerne als, sagen wir mal, „Förster im Nebenberuf" vorstellen, aber dazu habe ich zu wenig Ahnung davon. Oder kann ich von einem Superfamilienleben erzählen, wenn ich ständig unterwegs bin von einem Opernhaus zum nächsten? Selbst Fallschirmspringen, mittlerweile schon Ewigkeiten her, wäre nicht mehr ohne weiteres zu verantworten. Eine Zeitfrage. Um mit gutem Gewissen springen zu können, muß man hart trainieren. Sind die Muskeln nicht topfit, müssen die Knochen zuviel aushalten, 'ne Landung ist 'ne Landung. Ein Erlebnis, das ich trotzdem gerne wieder auskosten würde, weil es wie alles, was elementar ist, einen unheimlichen Reiz in sich birgt. Wobei elemantar durchaus negativ sein kann. Das Schönste ist natürlich, wenn man ein elementar positives Erlebnis zu verzeichnen hat. Eigentlich ist das die Liebe. Sie ist das elementarste Positiv-Ereignis. Die Fähigkeit, sich zu verlieben, müßte als Droge zur Verfügung stehen!

Das heißt, so richtig bemerkt man erst, daß es positiv war, wenn es abgeschlossen ist. So wie Abenteuer am schönsten aussehen, wenn sie vorbei sind. Abenteuer bedeuten auch Gefahr; ist der Nervenkitzel ausgestanden, erzählt er sich denkbar locker. Auch auf der Bühne kennt man ihn, diesen Abenteuer-Kitzel, mit Schattierungen, bis hin zum „elementaren" Durchhalten um jeden Preis. Lohengrin, eine Erkältung im Anzug, ich merke nach dem zweiten Akt, wie schwer es mit fällt, muß die doppelte Kraft für ein halb so gutes Ergebnis aufwenden. Ich werde ängstlich. Der dritte Akt kommt. Entweder ich drehe jetzt durch oder ich stehe und kämpfe. Dieses fighting habe ich zuerst in meiner Sportzeit gelernt, wenn man urplötzlich einen Schädel wie aus Eisen aufsetzt: Jetzt wollen wir doch mal sehen, was hier los ist.

Auch beim Bund habe ich ganz elementare Dinge erfahren, die im Grunde nichts mit dem Militär zu tun hatten: Auf einer Übung haben wir durch einen dummen Zufall tagelang keinen Verpflegungsnachschub bekommen. Der, der uns das Essen bringen sollte, war unterwegs, uns zu suchen; wir mußten wieder aufbrechen; als er kam, waren wir weg; in der sechsten Nacht hat er uns aufgestöbert. Eine Erfahrung, die andere Menschen im Krieg oder unter anderen schlimmen Bedingungen gemacht haben oder machen müssen. Für mich war es „nur" eine extreme Trainingssituation; aber die Tatsache an sich erfuhr ich als Realität. Mit mir passierte während dieser Zeitspanne Verschiedenes. Vor allem habe ich meine Umwelt beobachtet. Erst entwickelt sich Aggressivität, die anschwillt, und dann nach und nach, das Gefährlichste, in Lethargie übergeht. Das gleiche im Winterlager. Manchmal kroch ich nachts aus der Zweighütte, um mit dem Spaten ein Loch zu graben. Völlig sinnlos. Nur um mich zu betätigen. Um warm zu werden. Manche sind in totale Gleichgültigkeit verfallen, in Resignation, haben gefroren und gewartet, ob wer was tut. Einer wurde immer aktiv. Auch das waren immer die gleichen. Die anderen haben gesessen, gestarrt, ihren Bart wachsen hören, vier Wochen lang.

Das empfand ich als unglaublich elementar. Die Seele wurde ausgelotet.

Das ist Jahre her. Ich lebe jetzt ausnahmslos in meinem „Kunst"-Beruf. Manchmal fühle ich dabei was „Verderbtes" und empfinde daher fast eine Sucht nach Elementarem – was sich für mich auf der Bühne nie ereignet. Dort lebt das Gegenteil: Künstlichkeit. Elementares geschieht unter Umständen im Publikum. Leute kommen dann hinterher zu mir, Tränen in den Augen: Das war's! Und ich weiß nicht, wieso, weil ich den ganzen Abend völlig daneben stand und keinen Draht zur Bühnensituation fand. Schizophren!

Der Stimme im richtigen Moment Erotik zu verleihen, mit ihr Gefühle zu manipulieren, das hat schon etwas Teuflisches an sich. Ich spüre, wie ich beginne, mich zu sehr mit meiner Wirkung auf

169

andere zu beschäftigen. Das ist an sich schon verderbt. Ein bißchen. Oder es verdirbt. Zumindest, wenn man sich nicht vom Intellekt her kontrolliert. Seit geraumer Zeit versuche ich, meinen Beruf nicht mehr so fürchterlich ernst zu nehmen. Das heißt nicht, daß ich nicht mehr alles gebe, aber: Habe ich Lohengrin gesungen, möchte ich es nach der Vorstellung auf dem Weg bis zum Hotel schaffen, als Privatperson anzukommen, mich nicht als Dreiviertel-Lohengrin, applausumrauscht, mit hehren Gefühlen und lorbeergekrönt ins Bett zu legen. Damit kann ich nichts anfangen. Ich will mein Leben nicht durch den Gefühlsschleier meiner Bühnenfiguren erleben. Mein Gegenmittel: Eine Portion Humor, Ironie gegen mich selbst und immer wieder bewußt registrieren – jetzt machst du etwas, das dich verdirbt, wenn du nicht die Kontrolle darüber behältst.

Unbewußt war dieses Gefühl immer da, aber schlagartig ist mir bewußt geworden, daß es einen charakterlich kaputt machen kann, wenn man das nicht erkennt. Ob ich es an den Auswirkungen bemerkt habe? Jedenfalls besteht ein Ergebnis dieser Erfahrungen im verstärkten Hang zu elementaren Erlebnissen. Muß ja nicht gleich wahnwitzig sein, auch der Umgang mit einem Pferd kann dazu gehören. Das Tier ist unbeirrbar, läßt sich nicht belügen. Ist es Zeit zum Füttern, will es zu fressen haben. Ich kann nicht sagen, erst hatte ich ein Interview, dann kam ein Anruf aus New York, deshalb ist heute das Fressen ausgefallen. Einem Menschen kann man das erklären, der wird es halbwegs verstehen, auch wenn er sauer reagiert. Das Pferd verrottet, es verändert seinen Charakter, wenn ich keine Lust habe und den Stall eine Woche lang nicht sauber mache. Oder auf einer anderen Ebene: Reite ich durch die Natur, entwickeln sich völlig andere Gedanken als im total bühnenbezogenen Probenbetrieb. Dort denke ich nur an diese vertrackten Ideen des Regisseurs und daß die mir ein Kostüm hingewürgt haben, in dem ich zu kurze Beine, Hängeschultern und einen Bauch habe.

Sitze ich auf dem Pferd, ist es mir egal, ob ich einen Bauch habe oder die Haare fettig sind. Völlig unwesentlich! Auf der Bühne verschieben sich die Prioritäten, gerät man in einen ganz eigenartigen Mechanismus. Das hat was Dekadentes an sich und wirkt sich auf den Umgang mit Menschen aus.

Ich kenne Freunde, mit denen haue ich gerne ab, saufe eine Nacht durch oder gehe in die Disco. Überlege ich aber, ist das jetzt ein Freund oder nur so ein Saufkumpan, kriege ich Schwierigkeiten. Mir hilft zwar, wenn ich mich frage, könnte ich mich auf den in einer scheußlichen Situation verlassen? Nur, von wem, wenn nicht von sich selbst, könnte man das überhaupt behaupten? Schlimm ist, daß man die Menschen um sich herum einteilt. Das ist der vom Fernsehen, der ist eventuell wichtig, mit dem muß ich notgedrungen überfreundlich labern; das ist der Boß von der Plattenfirma . . . Diese Business-Gespräche haben meist nicht das Geringste mit Freundschaft zu tun, so freundschaftlich sie sich auch gestalten. Aber schlichte Leute, ja, das passiert, die fegt man einfach weg, weil die unter herkömmlichen, eingefleischten Gesichtspunkten, unter denen man Menschen oberflächlich beurteilt, nichts zu bieten haben. Ein Bauer mit einem Hof, der kaum etwas abwirft, immer am Rande des Existenzminimums: Da weiß ich genau, daß ich im entscheidenden Fall lieber mit ihm als mit sonstwem zusammen wäre. Nur ist es schwer, wenn man den die ganze Zeit ignoriert hat, dann zu sagen: Jetzt brauche ich dich. Deshalb versuche ich nicht nur, den Kontakt zu halten, sondern mich auch mal in ein anderes Schicksal hineinzuversetzen. Der Öffentlichkeitskredit, mit dem ich beispielsweise hier auf dem Land eintraf, der allein ermöglicht keine Freundschaften, ist mitunter sogar hinderlich. Aber wenn so einfache Geradeaus-Menschen einem auf die Schulter hauen und sagen, das hast du gut gemacht, ist das mehr wert als dicker Opernapplaus. (Appläuse, kann man das sagen? Man sollte viel mehr Wortschöpfung betreiben, eigene Worte erfinden, in die man sich reindenken müßte.) Schulterklopfen, nicht für eine Fernsehsendung oder eine Platte, das ist mein Job, sondern, wie vor Wochen, für einen Koppelzaun. Ich dachte, fragst mal niemand, bastelst dir den einfach zurecht. Ein Bauer kam vorbei, der schon kilometerweise Zaun gebaut hat in seinem Leben, der guckte hin und meinte: „Naja, nicht so, wie ich's mache, aber so kann man's auch machen."

Dagegen dieser Beruf! Dieses ewige In-sich-Hineinhorchen! Man wacht auf, probiert, ob die Stimme da ist, ein paar Vokalisen. Das Allerwichtigste auf der Welt scheint zu sein, daß die Stimmbänder nicht gerötet sind. Sind sie es, tauge ich nichts für heute. Sind sie in Ordnung, ist die ganz Welt okay: Ich kann heute abend singen. Und singe ich, wünsche ich mir so viel Applaus wie möglich. Als ich den Zaun zimmerte, habe ich mich angestrengt, damit mir mein Pferd nicht wegläuft – Beifall war nicht eingeplant; der Bauer und sein Lob kamen per Zufall dazu. Beim Singen erwartet man die Reaktion des Publikums. Wer das abstreitet, ist nicht ehrlich.

171

# . . . und rein in den Tag

Zum Singen gehört Kraft. Was tun, wenn sie nicht da ist? Wenn ich psychisch im Tal bin? Es gibt einen weisen Spruch, ich sage immer ‚ostchinesisch‘, das läßt sich nicht so genau nachprüfen: „Lächle eine Stunde, dann lächelst du auch innerlich". Egal, wie es einem zumute ist: Lächeln. Diese eine Stunde zu überstehen, ist höllisch schwer. Aber: Ich hab's ausprobiert, man kann es schaffen. Und es wirkt.

Hänge ich total durch und weiß gar nicht, warum, was für mich das Schlimmste ist, muß ich was machen. Ich greife zu ganz äußerlichen Tricks. Action, Bewegung, nicht die Schultern hängen lassen und rumschlurfen, dann wird es nur noch schlechter. Wenn ich merke, da schleicht sich was Merkwürdiges ein, ziehe ich erst einmal fünfzig Bahnen im Schwimmbad durch. (Wobei ich den Vorteil genieße, daß die Schwimmhalle, sei's zu Hause oder im Hotel, mir direkt vor der Nase liegt.) Oft ist hinterher die Minusphase schlagartig vorbei. Sicher, ich könnte mich in die Ecke setzen und darüber nachdenken, was mit mir los ist. Aber das ist eine beschwerliche Art, mit Stimmungen fertig zu werden, die mir nicht entspricht. Ich versuche es lieber auf aktionsgeladenen Umwegen.

Allerdings – manchmal lasse ich mich gehen. Wenn ich in einer fremden Stadt gastiere, keine Lust habe, mich auf die soundsovielte Einladung zu begeben, im Hotel vorm Fernseher sitze, der schon so lange läuft, daß er fast zu glühen beginnt, die Augen immer eckiger werden und der Kopf zuwächst – das ist der Punkt, wo es irrsinnig anstrengend wird, sich aus dem Loch wieder hochzurappeln. Ich habe vier Tage frei, bin physisch zu kaputt, um was Sinnvolles zu unternehmen, ein psychisches Down kündigt sich an und keiner kontrolliert mich, keiner paßt auf. Da mach' was dagegen!

Man ist nicht gezwungen, auf jemanden Rücksicht zu nehmen, nichts fordert einen. Die Frühstückszeit vergeht, ich bleibe liegen, es wird zwölf, ein Uhr mittags . . .

Darum heißt es, wenn ich einen solchen Hängertag nahen sehe: Raus, volles Frühstück und rein in den Tag! Einfach ist es nicht, wenn man dann aus dem Fenster guckt und es obendrein trübselig regnet, sich zu sagen: Endlich mal wieder Regen, die Natur atmet auf! Auf dem Land kann man das natürlich besser begreifen als in

172

Großstädten. In der Stadt sieht man oft keine Natur mehr – hat nur seine eigene Natur vor sich.

Ich will über diese Momentan-Situationen nicht jammern. Genauso wenig wie ich ein Recht habe, mich über meinen übervollen Terminkalender zu beklagen. Ich hab's gewollt, nun muß ich's durchstehen. Aber ab und zu wird plötzlich alles schwer, so schwer . . .

Manche Leute glauben, wenn einer Besonderes erreicht, ergibt sich der Rest wie von selbst. Im Gegenteil, der Erfolgszwang erschwert einiges. An einem bestimmten Tag auf einem bestimmten Punkt da zu sein, voll da, in Höchstleistungsform – in vielen anderen Berufen kommt es nicht darauf an. Es ist gleichgültig, ob ich im Büro vier oder fünf oder auch sechs Tage nicht auf der Höhe meiner Leistungsfähigkeit bin, am siebten Tag wieder fit zu sein, ist früh genug.

Was aber nützt das, wenn ausgerechnet am fünften Tag die Vorstellung auf einen wartet?

Oper, das ist live und auf dem Tablett serviert, mit dem möglichen Versagen im Nacken. An manchen Tagen ist's soweit, daß man sich fragt: Jetzt, wo dir alles schwer fällt, Menschenskind, willst du nicht absagen? Krank werden? Und es ist wie beim Langlauf: Was quälst du dich eigentlich? Es könnte alles so einfach sein ohne dieses mühselige Energie-Sammeln auf Teufel komm' raus. Der innere Schweinehund läuft immer mit, möchte dich zum Aufgeben zwingen. Warum, frage ich mich, halte ich durch? In erster Linie, glaube ich, um mir selbst zu beweisen, daß ich ihn überwinden kann. Wie beim Sport. Da beweise ich es mir, wenn ich durch den Wald laufe und nach zwei Kilometern aufgeben möchte, und es könnte. Keiner ist dabei, ich könnte genauso gut hinterher behaupten, zehn Kilometer gelaufen zu sein. Aber ich weiß, das gibt mir kein gutes Gefühl. Sich in solchem Augenblick vornehmen: jetzt noch fünf Kilometer. Schaffe ich es, fühle ich mich pudelwohl. Den Schweinehund überwinden – das ist der springende Punkt. Weil man sich hinterher mag. Ob ich nur wegen dieses guten Gefühls gute Leistungen bringen will, nur wegen dieser Streicheleinheit, die ich mir selbst verpasse? Möglich, ich habe mir das nie konsequent überlegt. Zwar versuche ich, mir alle möglichen Sachen bewußt zu machen, aber manches eben auch nicht. Bewußt lasse ich Dinge unbewußt. Ich schalte den Gedanken zwar nicht weg, stochere aber nicht drin rum. Vielleicht wäre es an manchen

Stellen für diese Bucharbeit notwendig? Obwohl – man muß nicht alles ans Tageslicht holen, weder für sich noch für andere. Manches ist in „tiefem Schlaf" besser aufgehoben . . .

## Wer ist schon gern verwundbar?

Über Gefühle und Emotionen, die man auf der Bühne hat, mit Kollegen zu reden – dazu kommt es selten. Wenn man mit einem allein ist, kann man darüber sprechen, aber wenn alle zusammenhocken, am Stammtisch, geht das nicht, ist der laute Gag gefragt. Sogar dabei muß man aufpassen, wie man es sagt, damit es möglichst nicht so klingt, wie es nicht klingen soll. Fast schon wieder unangenehm.

In Bayreuth während der Festspielzeit herrscht sowieso ein bißchen Cliquenwirtschaft. Aber mit Kurt Moll, dem Kollegen, mit dem ich oft auf der Bühne stand, konnte ich über so etwas sprechen. Er versteht auch, Smaltalk anzuknipsen, was jeder von uns kann, können muß, aber er kann auch zurückschalten, was nicht jeder kann. Wenn ich es recht bedenke, ist es ungewöhnlich, daß unter Kollegen etwas wirklich Wesentliches erzählt wird.

Oft ist das aber auch eine Schutzhaltung. Karajan fragte mich mal: „Wieso verstellen Sie sich so?" Ich habe ihm offen gesagt: „Wenn ich mich nicht so verstellen würde, wäre ich zu verwundbar. Und wer ist das schon gern?" Er hat nichts geantwortet, hat gelächelt, verständnisvoll geguckt. Er wußte, was ich meinte. Wird sich wohl auch selbst ein wenig erkannt haben. Er macht ja das Gleiche. Ich glaube, er wollte nur wissen, ob es mir bewußt ist oder nicht. Wenn es brenzlig wird, reagiert jeder so, blockt ab, schließt sich zu. Er hatte gespürt, daß ich umgeschaltet hatte, nichts an mich rankommen lassen wollte.

Manchmal geht man mit seiner Schutzhaltung zu weit. Manche sagen dann, man sei arrogant. Dabei ist man das überhaupt nicht, hat die Arroganz allerhöchstens als Mittel gewählt und hat es zu deutlich gewählt. Ich will nur ein typisches Beispiel nennen. Wenn mich jemand beharrlich zum Abendessen einlädt, und ich will dort einfach nicht hingehen und der merkt nicht, daß ich nicht will, muß ich mir eine Ausrede einfallen lassen. Erst appelliere ich an seine Sensibilität und hoffe, er merkt es von allein, spätestens, wenn ich zweimal „dringend was zu tun" habe. Nach der dritten Einladung habe ich „zufällig was zu tun". Dann müßte er doch Bescheid wissen! Aber nein, dann bin ich „arrogant". Diese Schutzmaßnahmen sind mit der zunehmenden „Öffentlichkeit" meines Lebens natürlich häufiger geworden. Aber sie sind kontrollierbar und verselbständigen sich nicht.

## Wie dick muß der Schutzschild sein?

Ich höre immer wieder den Vorwurf: „Jetzt vermarktet er auch noch sein Privatleben", und zwar von Leuten, die über mich schreiben, komischerweise. Deshalb habe ich den Eindruck, daß ich mit diesem Thema aufpassen muß. Viele von den Interviews, die erschienen, wurden gar nicht gemacht. Die Typen stricken sich ihre Story selbst aus dem Nähkästchen zusammen. Viele Interviews haben auch stattgefunden, und einige sind gut geworden. Es kommt immer auf den an, der fragt. Ein „Playboy"-Redakteur verriet mir nach vierzehn Stunden Interview, daß er zwei Gespräche geführt habe, die ihn interessiert hätten, das mit Fidel Castro und das mit mir.

Natürlich kann nicht alles wörtlich wiedergegeben werden, nur – oft erzähle ich stundenlang, und was als Essenz angeboten wird, entspricht in nichts der Wahrheit. Vielleicht habe ich mich falsch ausgedrückt, entschuldige ich manchen Text über mich. Sicher waren Sätze von mir durchaus ironisch gemeint, doch die Ironie ergab sich nur aus der Mimik, aus Sprechton und Gestik. „Trokken" aufs Papier geschrieben, da ist das Mißverständnis komplett.

Das Bild, das in den Medien gebaut wird, entzieht sich meiner Kontrolle. Ich glaube, Marlene Dietrich war es, die gesagt hat: „Solange die nicht die Wahrheit schreiben, ist es okay." Man könnte sich auf diesen Standpunkt stellen, aber man ärgert sich dann doch, wenn gar so viel falsch ist. Ich ärgere mich nicht mehr, wenn zwei, drei Sachen daneben geraten, damit habe ich mich abgefunden.

Wie dick der Schutzschild sein muß, um mich gegen die Öffentlichkeit genügend abzuschirmen, habe ich noch nicht genau erfahren. Ich weiß noch nicht sicher, wie weit ich in Interviews gehen darf, was ich nie sagen will, wo ich Zugeständnisse machen

175

kann. Man muß davon ausgehen, daß das, was man erzählt, nochmal falsch interpretiert wird. Und ich brauche einen Schutzschild, weil ich mir eine gewisse Verwundbarkeit erhalten möchte; sonst verhärtet man, und nichts ist mehr möglich, auf allen Gebieten. Man muß auch mal beleidigt sein oder einen rausschmeißen können. Dann weiß man, den hat man sich zum Feind gemacht, aber ich muß abwägen, was wichtiger ist, daß ich jetzt meine Ruhe behalte oder daß der für seinen Artikel recherchiert. So entsteht ein Image. Und wann entspricht das annähernd der Wahrheit?

Ein typisches Beispiel ist für mich Karajan. Wenn der seine Projekte im Kopf wälzt, dazu Plattenaufnahmen, Konzerte, Proben, und zwischendurch fragt einer Jet-Set-Gefasel, kann so ein Dirigent nur zurückfragen: Haben Sie nichts Besseres auf Lager? Oder er erklärt zum zehnten Mal, daß er noch immer keine Zeit für ein Interview habe: „Weil ich nämlich arbeite!" Bernstein ist da anders, basiert mehr auf der amerikanischen Tradition, die auch mit der Darstellung des Selbst beschäftigt ist. Ich glaube, mir liegt die Haltung Karajans ein bißchen näher. Bei ihm habe ich so ein Gefühl von Adel – ganz einfaches Wort, aber so ist es. Ich finde toll, wenn einer so einen Kopf hat, daß ich genau weiß, manche Frage verbietet sich von selbst.

## Zu wertvoll, als daß ich das breitwalzen lasse . . .

Dann passieren Sachen wie die Geistergeschichte. Ich ärgere mich, wie das dargestellt wird. Mir ist das viel zu wertvoll, als daß ich das breitwalzen lassen möchte. Mich hat Frank Elstner bei der Show „Menschen 82" „trocken" erwischt, nichts war geprobt. Ich hatte ihm von diesem Phänomen mal bei ihm daheim in Luxemburg erzählt, bis morgens um vier Uhr. Er war fasziniert. Als das Fernsehgespräch stattfinden sollte, fragte er mich, ob wir vorher proben sollten. Aber wie soll man ein Gespräch probieren? Nachher sagen wir was ganz anderes oder plappern nur nach, was wir abgesprochen haben. Das merkt jeder sofort. Oder man muß sich wahnsinnig anstrengen, damit es spontan wirkt. Also keine Probe.

Dann plötzlich in der Show die Frage. Geantwortet habe ich dann nicht ganz ernsthaft, denn ich bin mir bewußt, daß im Show-

Geschäft der Gag gefragt ist und das Publikum auf eine witzig-
überspitzte Antwort wartet. Ansonsten habe ich das Thema in der
Öffentlichkeit abgeblockt. Vierzig Anfragen liefen nach der Sendung für Interviews ein. Keins habe ich gegeben. Jeder, der darüber
geschrieben hat, hat sich's aus den Fingern gesogen. Ich würde nur
noch in einem Kreis von Leuten dazu aussagen, die sich mit solchen
Erscheinungen wirklich beschäftigen. So peinlich ist mir das Ganze
auch wieder nicht, daß es totgeschwiegen werden müßte. Weil: Für
mich ist es eine Tatsache. Ich weiß aber, daß es keinen Zweck hat,
ernsthaft darüber zu sprechen. Im allgemeinen wird nur darüber
gelächelt.

Ich möchte ja auch keine Aufklärung: nicht daß da einer mit
einem Spray erscheint und plötzlich meinen Geist sichtbar macht!
Ich weiß, daß man nichts dagegen machen kann. Mir ist das
Phänomen auch nicht unangenehm. Ich nehme es mit einem
Augenzwinkern wahr: Zwei Fenster stehen auf, die ich grade erst
zugemacht habe, und außer mir ist niemand da. Irgendwie herrlich!
Oder die Tür steht auf, die ich eben abgeschlossen habe. Ich denke
immer, da treibt irgendein E.T.-Wesen sein Späßchen mit mir. Es
hat keinen Zweck, deswegen in Panik zu geraten. Ich sehe es nicht
als bösartige Erscheinung an. Wenn Schränke durch die Räume
fliegen würden, und so etwas gibt es, würde ich ausziehen. Ich
könnte es nicht ändern, und warum soll ich mich damit herumär-
gern; wenn ich heimkomme, will ich mich wohlfühlen und mich
nicht mit einem Wesen abgeben, das mich nicht mag. Aber den ich
da bei mir wohnen habe, ist ein guter Geist (Geist ist sowieso ein
blöder Ausdruck!). Das weiß ich genau, weil ich nie Panik spüre.
Wenn eine Tür aufgeht und sich langsam wieder schließt, ist das
merkwürdig, aber kein Grund zur Beunruhigung. Jedenfalls für
mich. Vielleicht ist es sogar so, daß ich gerne einmal etwas
Unerklärliches erleben wollte. Jetzt ist es für mich Realität.

## Was ist das für ein Stoff, aus dem wir sind?

*„Singen ist kein Job, sondern eine engagierte Aufgabe fürs ganze
Leben. Leben und Bühne sind nicht zu trennen; denn wie man sich
fühlt, so singt man auch" (Deborah Sasson).*

Ein Leben, was ist das eigentlich? Jeder ist seines Glückes Schmied? Schön gesagt. Aber wer kann das verwirklichen? Wenn zu allem Überfluß Gewalt von außen dazukommt! Ich denke gerade an die Tschechoslowakei, die vom „Großen Bruder" zur Raison gebracht wurde. Gewaltmechanismen funktionieren überall auf der Welt. Warum schaffen es Menschen, die aus gleichem Stoff geschaffen sind, andere zu Tode zu quälen? Ich kann mir keine akzeptable Antwort einreden. Nur, aufgrund dieser einzelnen die ganze Menschheit zu beurteilen, halte ich für unfair. Ich kann nur resümieren: Wir tragen offensichtlich das Bedürfnis in uns, Extreme auszuloten. So sind wir nun mal, aus diesem merkwürdigen Stoff, der zu allem fähig ist, zu den grausamsten Grausamkeiten und zur höchsten Liebe. An dieser Diskrepanz der Fähigkeiten kann man kaputt gehen.

„Denn Leben entsteht durch Spannung, und sei es bis zum Bruch. Diese Ahnung ist der Preis des Wissens um die Vergänglichkeit" (Hans Jürgen Syberberg).

Daneben dieses Minderwertigkeitsgefühl, das alles nur für kurze Zeit zu schnuppern. Deshalb kann ich mir nicht vorstellen, daß diese irdische Existenz alles ist. Gut, man unterhält sich nicht oft über Gott und die Welt, nur manchmal, in der Kneipe, so mit besoffenem Kopf, da kommen ab und zu unheimliche Sachen raus; sind Zunge und Seele gelöst, trifft man den Punkt genau, besser, als wenn man sich wahnsinnig anstrengt und unbedingt was Kluges ausspucken will.

Peinlichkeiten, die oft in solchen Themen stecken, haben aber auch ein Netz in der Musik, in der Oper ebenso wie in der Rockmusik. Musik ist eine haltbare Faser, die viel auffängt.

Ich habe mal ein Lied angefangen zu schreiben – ob mir noch was einfällt dazu, weiß ich nicht. Der Grundgedanke war, daß nach einem totalen Krieg keine Menschen mehr leben, nur noch Gott und der Teufel. Die beiden unterhalten sich. Ich bin nicht fertig geworden mit dem Text, weil ich merkte, daß er von Zeile zu Zeile schwieriger wurde. Zuerst klagt der Teufel Gott an, ob er denn nicht den Schrei der Millionen gehört habe, der bis ins All gedrungen sei und warum er nichts unternommen habe mit seiner sogenannten Liebe. Statt dessen hätten seine Vasallen die Kanonen und Waffen gesegnet. Der Teufel beschreibt unsere Menschheitsgeschichte. Mein Problem: Was antwortet Gott darauf? Ich vermute, nichts. Die Anklagen, die ich aufnotiere, könnten Theologen natürlich widerlegen. Übrigbleibt trotzdem eine wahnsinnige Not. Gut, dann kommen diese heiligen Typen, die sagen, in zweitausend Jahren ist sowieso alles vorbei, die Prüfungszeit der Menschheit zu Ende. Daß die Welt untergeht, ist mir klar, nicht, weil sie einfach untergeht, sondern weil irgendwer durchdreht. Overkill . . . Die Erde würde nicht gleich bersten, aber die Menschheit wäre weggeputzt.

Wenn sich Gott nicht um die Menschen kümmert, hat er keine Daseinsberechtigung. Wo ist dann der Unterschied zu einem Götzen? Der würde den Teufel verspotten: „Du mit deinen Menschen da unten interessierst mich nicht die Bohne. Ihr müßt euch nicht einbilden, daß ihr so wahnsinnig wichtig seid, ihr seid nur ein Bruchteil einer Sekunde für mich." Oder: „Ihr wart einfach out zu der Zeit, mußte mich gerade um Dinge, Jahrmillionen von Euch entfernt, kümmern." Aber das ist alles ein bißchen märchenonkelhaft. Die Anklage ohne Antwort ist hart genug. Außerdem rein technisch: Der Teufel läßt sich schöner singen als irgendein weiser Rauschebart.

Und was kann denn schon ein Liedermacher ausrichten? Doch wenn ich an Udo Lindenberg denke . . . Leute, die hinhören, die sagen, der hat Recht. Man schmunzelt zwar, weil es ein Lied ist. Aber wenn das Gleiche ein Politiker von seinem Redepult verkünden würde – leider tut das keiner – würden sich die Leute irre aufregen.

Wenn ich selber komponiere und Texte schreibe, denke ich in erster Linie nicht an die Leute, die es hören werden. Doch bei dieser Unmenge von Songs, die schon geschrieben sind, muß man Marktforschung betreiben, sonst kann der tragische Moment eintreten, daß ich unheimlich happy bin, etwas gefunden zu haben, von dem ich meine, es sei noch nie dagewesen. Dabei ist es schon viermal verbraten worden. Deshalb muß ich an das denken, was auf dem Markt angeboten wird. Meine Musikrichtung habe ich mir dagegen einzig aus dem Grund ausgesucht, weil ich mich in ihr ausdrücken kann. Selbst wenn ich ein Thema behandeln würde, das schon benutzt wurde, und ich würde es besser machen, ist es noch okay. Es spräche andere Hörer an. Aber ich meine, um Beispiele aus der Oper zu nennen, „Lohengrin" oder „Tristan" oder „Othello" wären auch zu einer anderen Musik denkbar – aber sie ist so kreiert worden, und je öfter ich sie höre, kann ich sie mir anders nicht mehr vorstellen, so geht es mir auch bei Pop- und Rockmusik. Deshalb ist es besser, man komponiert etwas ganz Neues, weil immer verglichen wird. Obwohl, einfache Lieder, ein einfacher Song, ein Thema, das völlig alltäglich ist und eben deshalb nicht banal, wie soll man da noch stärker werden mit einer neuen Version? Zumal in der knappen Zeit, die mir zur Verfügung steht.

## So ein Leben ist sowieso viel zu kurz

Wenn ich mir überlege, was ich gern alles machen möchte, die Zeit reicht vorn und hinten nicht.

Vor einem Jahr kam ich auf die Idee, mich auf ein Pferd zu setzen. Ich habe ungefähr zehn Reitstunden genommen, in riesigen Abständen, ich war ja selten genug zu Hause. Der Lehrer war ausgezeichnet, denn er erklärte nur, worauf es ankam, und damit konnte ich umgehen. Aus eigener Erfahrung mit meinem Körper als Sportler und als Sänger weiß ich, daß man Reiten nur durch Reiten, Singen nur durch Singen lernt. Ich habe eine Menge Bücher gelesen dazu, weil ich es nicht leiden kann, ohne Basiswissen an eine Sache heranzugehen. Ich fände es doof, um ein simples Beispiel zu nehmen, wenn ich dem Pferd die Trense zwischen die Zähne drücke und nicht weiß, wie das Ding heißt. Durchaus möglich, zu reiten, ohne es zu wissen, aber mich würde es ärgern, obwohl mich bestimmt keiner danach abfragt. Ich will die Dinge genau wissen, was letztlich zu einer gewissen Souveränität führt.

Jetzt bin ich soweit, daß ich wie der Teufel herumgaloppiere. Und der Lehrer glaubt mir nicht, daß ich nicht nebenher noch Stunden genommen habe oder schon vorher geritten bin. Im starken Trab auszusitzen, vielleicht das Schwerste, hat mich wahnsinnig gereizt; obwohl ich es nicht brauche, ich kann auch leicht traben, sieht sogar schöner aus, aber es hat mich genervt, daß ich es nicht sogleich begriffen habe. Immer will ich sofort wissen, auf was es ankommt. Dann macht es mir erst Spaß. Klar ist es bequemer, nach dem ersten höllischen Muskelkater eine längere Zeit auszusetzen. Nach der ersten Reitstunde habe ich am nächsten Tag gleich zwei Stunden hintereinander genommen, obwohl ich nur mühsam gehen konnte, immer wieder heißes Wasser über die

Muskeln fließen ließ und kaum aus der Badewanne rauskam – für mich kein Grund aufzuhören. Was das für ein eigenartiger Zug ist, weiß ich nicht.

Aber ich kann mich selbst ganz gut einschätzen und das für mich Wesentliche in einer Situation erkennen. Aber nicht jeder hat diese Vorgänge des Sich-Selbst-Ergründens durchgemacht. Deshalb ist mein Hang zum Perfektionismus, das habe ich nicht nur bei dieser Geschichte beobachtet, für meine Umgebung sehr unangenehm. Ich verstehe nicht, wenn einer nicht ähnliche Kräfte entwickelt. Automatisch verlange ich diesen Perfektionismus auch von anderen, was wohl ein Fehler ist. Ich hatte allein im Sport genügend Gelegenheit, mich selbst beobachten zu lernen und die mir angemessene Taktik für eine Sache zu entwickeln. Resultat: Ich kann nicht kapieren, wenn einer reiten will, daß er es dann nicht macht. Gut, ich gestehe ihm zu, daß er aufhört, weil er kein Geld dafür aufbringen kann, aber keine Begabung – gilt nicht!

Ständig nur über einer Sache zu hocken, geht auch nicht, wie jetzt bei der Einstudierung von Tristan. Ein voller Monat nur Tristan? Kann ich nicht. Nebenher bereite ich die Rock-Platte vor. Den halben Tag Klassik, den halben Tag Rhythmus, Vorbereitungen für die Fernsehshow, das ist eine ganze Menge Holz. Seit kurzem stehe ich dafür viel früher auf als gewöhnlich. Wenn ich erst um elf meinen Tag beginne, ist er zu schnell vorbei. Jetzt bin ich schon ein paar Stunden auf, wenn es elf Uhr schlägt. Ein Gefühl, das ich erst in letzter Zeit bei mir bemerke: daß zu wenig Zeit da ist. Diese Panik hat eine Disziplinierung bewirkt, zwangsläufig. Man könnte sich auch eine Zeitlang erst einmal dieser Panik hingeben. Aber ich frage lieber sofort: Wie könnte ich sie umgehen? Die Ursache: fehlende Zeit. Also: Dem Tag mehr Stunden geben. Und wie? Früher aufstehen. Schlaf ist irgendwie so vertane Zeit. Man kann sich trainieren, frühzeitig aus den Federn zu kommen und trotzdem spät am Abend noch fit zu sein. Anders sieht es aus, wenn ich abends auf der Bühne stehe und dann den Höhepunkt meines Tages erreichen muß. Dann ist ein anderer Rhythmus notwendig.

Aber so ein Sommer wie dieser, Bayreuth 1981, das sind in der Erinnerung ein paar Tage oder eine Woche. Der erste Sommer in Bayreuth war breiter; da haben wir im Mai statt im Juni mit den Proben begonnen und waren den ganzen Tag im Festspielhaus; die Kantine war das zweite Zuhause, für manche das erste. Aber jetzt bin ich wenig im Festspielhaus. Vor zwei Jahren kauften sich zehn

Sänger ein kleines Motorrad. In den freien Stunden unternahmen wir Touren, fuhren ins Gelände. Riesenspaß. Ferienlaune. Keiner braucht eine Partie zu lernen; kein Neid kommt auf, nicht wie am Theater, wo sich manche mit Ellenbogen in eine Position reindrängen. Das geht hier gar nicht, jeder hat seinen Vertrag und weiß genau, was er zu tun hat. Aus dieser guten Stimmung kann man Kraft für die nächsten Aufgaben schöpfen.

## Dieses Gefühl von Entbehrbarkeit

Manchmal entsteht dieses Gefühl von Entbehrbarkeit. Entbehrlich als Sänger. Irgendwo hockte ich mal im Hotel, in London oder Chicago, und im Fernsehen lief ein Porträt über einen Arzt, der Kinderherzen operiert, ganz kleine Babyherzen. Das Kamerateam folgte ihm einen Tag lang. Der war für mich wie ein Übermensch. Man konnte verfolgen, wie es auf Millimeter ankam, wie der an einem Herzchen rumnähte, rumschnippelte, ganz komplizierte Vorgänge. Und wie das mit dem Leid einer ganzen Familie zusammenhing. Dieser Mensch hat die „Macht", Leben zu spenden, wenn es gut geht. Eine ganze Weile hatte ich das Gefühl, wie wenig doch das benötigt wird, was ich mache.

Man kann jetzt mit dem Argument „Freude spenden" kommen. Gut, wenn ich es schaffe, elementare Freude zu vermitteln, dem einen oder anderen, ist es okay, wirke ich vielleicht auf einer anderen, aber vergleichbaren Ebene. Aber nur dann. Trotzdem bleibt eine Unzufriedenheit: Ich habe eine Technik gelernt und biete sie jetzt gegen Geld an. Der Arzt zwar auch, aber bei ihm sieht es selbstloser aus. Der verdient sicher mehr als ich. Doch der Eindruck einer unüberbrückbaren Diskrepanz blieb: Was der macht und was ich mache! Ich stelle mich statt an den Operationstisch morgens auf eine Bühne und ein Regisseur sagt mir, ich solle an genau der Stelle schon mal ein bißchen früher traurig sein!

Dieses Gefühl stellt sich vor allem ein, wenn man ahnt, für Leute zu schuften, die davon gar nichts bemerken, oder man hat eine Inszenierung erarbeitet, wird „ausgetauscht", und der nächste Sänger investiert nicht ein Zehntel von dem, was man selbst versuchte. Da breitet sich Resignation aus.

# Motivation ist alles!

Die Zeit drängt, und über diese pessimistischen Anwandlungen
lange nachzudenken, ist müßig. Wenn etwas gut werden soll, muß
man gewaltig ran, kann nichts dem Zufall überlassen. Man muß
wissen, was man will, klare Gedanken dazu entwickeln, und das
Ganze rechtzeitig. Wenn man etwas vor sich her schiebt, wird es
nicht besser dadurch. Bei mir sieht es so aus, das habe ich bisher
konstant festgestellt, daß es schon so gut wie gemacht ist, wenn die
Motivation da ist. Wenn Zweifel auftreten, läuft alles schwerer an.
Vieles ist eine Frage von Sich-Kontrollieren und Motivieren. Das
muß man selbst für sich tun, und man fährt auch besser damit.
Seltener schaffen es andere, einen mit Energie voll zu pumpen.
Aber je höher man steigt, desto mehr hat man für sich allein zu
entscheiden. Wenn ich etwas will, kann ich mich auch darauf
verlassen, daß ich es kann. Dieses Gefühl ist nicht mit dem Erfolg
gewachsen. Es war schon früher da. Wieso, woher?


# Träum' ich?

Manchmal, ob in miesen oder in euphorischen Zuständen, frage
ich mich, ob ich das nicht alles träume, ob ich wahr bin – in den Arm
kneifen kann ich mich ja auch im Traum und nicht wach werden,
weil ich das Kneifen bereits geträumt habe.
Aber Sicherheit in irgendeiner Art wäre in diesem Beruf wohl
tödlich. Die Vorstellung: Da setze ich mir das Häuschen hin und
von dem aus gehe ich zur Arbeit, singe schön und nach der
Vorstellung gehe ich wieder heim, und das die nächsten dreißig
Jahre . . . Unkreativ! Künstlerschaft ist, das ist in jeder Biographie
nachzulesen, meist unbequem und mit Unbill verbunden. Durch
welche Qualen sind manche gegangen! Ich glaube, das soll so sein –
was nicht heißt, daß jeder, der sich Qualen auferlegt, auch Künstler
werden kann.
Ein Künstlerleben, das nicht mit Leiden verbunden ist, ob es das
überhaupt gibt? Überall taucht eine dunkle Zeit auf, in der man
nicht weiß, was wird, was bleibt. Dann kann man nur hartnäckig
und überzeugt sein: Ich mach' das schon; auch wenn es keiner
schafft, ich versuche es. Verbohrtheit gehört dazu, sogar ziemliche!

Meinen Unfall beispielsweise sehe ich nicht als Katastrophe an, aber ich weiß, daß ich eine sehr konkrete Wandlung durch ihn erfahren habe. Als ich im Garten der Festspielhaus-Kantine mit einem Gipsbein saß und die Kollegen meckerten „Scheißprobe", wäre ich froh gewesen, mich auf der „Scheißprobe" ärgern zu können.

## Zeit

Zeit ist für mich das wichtigste Gut geworden. Bin ich ein paar Tage daheim und habe mich darauf gefreut, nichts tun zu müssen, muß ich prompt von morgens bis abends rumrennen, Sachen erledigen, die ich tatsächlich nur von hier aus managen kann. Da werde ich bald einen bösartigen Riegel vorschieben, sonst wird mir das zuviel.

Dabei möchte ich natürlich mal meine Post durchgucken, aber wenn ich heimkomme und da liegen 5000 Briefe, kann einen der Mut verlassen. Ich setze mich einen ganzen Tag hin und kann 600 davon lesen, nicht beantworten, nur lesen. Wie wichtig es ist, sie zu lesen, stellt sich erst heraus, wenn sie gelesen sind. Manchmal ist es nicht für mich, sondern für den Schreiber wichtig, daß der Brief angeschaut wird. Viele erwarten Antwort von mir, und ich bin gezwungen, zu entscheiden, ob ich Allgemeingut geworden bin und die Pflicht habe zu antworten. Tue ich das konsequent, habe ich so gut wie keine Privatzeit mehr. Durch die Fernseh-Popularität hat sich das gewaltig potenziert. Ich hänge dabei zwischen Sich-Freuen, daß Leute mich mögen, und diesem Mich-wehren-Müssen, damit noch ein Rest an Privatleben bleibt. Der Bekanntheitsgrad ist in meinem Beruf ein Barometer, und man ergreift den Beruf ja nicht, um möglichst unerkannt zu leben. Wenn ich jetzt erreicht habe, was jeder anstrebt, kann ich nicht gleichzeitig über die Auswirkungen meckern und jammern. Cool bleiben, versuchen, nach einem genauen Plan vorzugehen, habe ich mir vorgenommen. Das ist schwer. Wenn ich zwei Stunden reserviert habe, um Briefe zu lesen und lese mich fest, bleibe vier Stunden über dem Berg hocken, wird es bereits knapp mit dem Rest des Tagesplans. Ob mir mehr Opernhörer oder Popfans schreiben, läßt sich kaum mehr exakt auseinandersortieren. Ich wollte ja mit der Musik, die

184

mir Spaß bereitet, nicht die U- und E-Musik miteinander vermischen, sondern die Bandbreite der Zuhörer vergrößern. Das ist laut Briefen – ich habe auf die Platte hin rund 7000 bekommen – gelungen. Die Platte ist bisher (Das Gespräch fand Ostern 1983 statt) rund 700 000 Mal verkauft worden, eine Sensation gegenüber vergleichbaren Zahlen. (Im Januar '82 hatte „O Holy Night" von Luciano Pavarotti eine Verkaufszahl von 500 000; einen ähnlichen Rekord erzielte Mario Lanzas „The Great Caruso".)

*„Eine Musiktheaterumfrage (des Instituts für Projektstudien, 1975) weist 54 Prozent der Opernbesucher in der Bundesrepublik als Hauptschulabsolventen aus. Dies Ergebnis zeigt zumindest, daß die Oper nicht ohne weiteres als elitäres Unternehmen weitergeführt werden kann" (Hilmar Hoffmann).*

Deshalb sind Zeitungskritiken im Grunde unwichtig. Natürlich kann man kein Lied singen, das jedem gefällt. Man kann nichts fabrizieren, was jedem gefällt, kein Gesetz, keinen Film, keine Operninszenierung. In der ersten Reihe sitzen zehn Leute, die sind happy und daneben hockt einer, der schläft gleich ein, hat schon zum dritten Mal das Opernglas fallen lassen. Seit ich mit Show und Pop zu tun habe, ist mir klar, daß, sobald man in den Massenmedien erscheint, die Beurteilung völlig unterschiedlich ausfällt.

Daß Show für mich ein Freizeit-Job sei, wie eine Zeitschrift schrieb, stimmt allerdings nicht. Dafür respektiere ich die Arbeit in dieser Szene viel zu sehr. Wer probiert, in ihr hochzukommen, wird schnell merken, wie er zu kämpfen hat.

Wenn ich mich frage, warum es mir wichtig ist, mich auf zwei verschiedenen Musikebenen durchzusetzen, heißt meine kurze Antwort: Wirkung zu erzielen. Ich habe schon viele Menschen aus meiner eigenen Umgebung, die ich mag, und die noch nie in der Oper waren, zu einer Aufführung eingeladen. Und noch immer Erfolg damit erzielt.

Umgekehrt habe ich eine Reihe von Dankesbriefen erhalten, in denen mir Eltern erzählen, daß meine Platte der Anlaß gewesen sei, daß sie wieder mit ihren Kindern geredet hätten. Sonst sei für sie Pop nur ein Grund gewesen, über „den Krach" zu schimpfen, jetzt hätten sie selbst mal reingehört und es gar nicht so schlecht gefunden.

Das finde ich toll. Was kann man in seinem Leben Besseres erreichen, als etwas Positives zu bewirken.

*„Letzten Endes wird sich die Materie als Energie und die Energie als Information erweisen"* *(Carl Friedrich von Weizsäcker).*

———·———

Die Materie ist der Sänger, seine Stimme die aufgewandte Energie. Was er mit dieser Energie auszudrücken vermag, ist seine Information an uns – über Dinge die sich in Materie nicht mehr ausdrücken lassen.

———·———

## In einer kleinen unwichtigen Zeitung

Ich bin nicht mehr abhängig von Geschriebenem, es ist für mich zweitrangig geworden. Am Anfang waren Kritiken eine komische Sache, weil man sie nicht einordnen konnte. Und man nimmt sie auch gerne wichtig, wenn sie gut sind. Ganz selten lese ich etwas, was mit dem übereinstimmt, was ich selbst denke. Wenn einer tatsächlich schreibt, was sich abgespielt hat, bin ich jedoch betroffen. Mir ist schon passiert, daß in großen Zeitungen ein belangloser Sermon stand, und in einem kleinen, unwichtigen Blatt mich einer haargenau erkannt, auch den schwachen Moment bemerkt hat.

Natürlich ist ein Schreiber in der Regel in einer nicht zu beneidenden Situation. Ich stelle mir vor, wenn der hundert Mal „Parsifal" gesehen hat, was soll der über „Parsifal" schreiben? So erkläre ich mir, daß einige Regisseure, die etwas ganz anders aufziehen, im Grunde Scharlatane, hochkommen und über den grünen Klee gelobt werden, bloß weil der Kritiker endlich bunte Farben statt des gewohnten Halbdunkels sieht und seine Langeweile durchbrochen wird. Die aber ist unerheblich. Ich werde doch nicht wegen eines Kritikers etwas ändern, was ich gut finde. Am Anfang dachte ich, ich sollte es. Aber inzwischen . . .

Kritik ist manipulierbar. Ich kenne einen Kollegen, der noch bei einem Reinfall gut wegkommt. Ich weiß genau, daß mir die gleichen Schnitzer hoch angekreidet würden. Eigenartig. Aber daran muß man sich gewöhnen.

Wenn man Kritiken anschaut, steht in manchen am Ende ein Doppelpunkt: Es sangen. Dann denke ich daran, was mancher Sänger für Leiden durchgemacht hat und wie jetzt in der Zeitung nur die Namen runtergerasselt werden. Noch kein Jahrhundert ist es her, da waren die Sänger die Könige und die Regisseure wurden nicht erwähnt, nicht in der Kritik, nicht auf dem Theaterzettel. Ein irres Extrem! Heute ist man froh, wenn man als Sänger überhaupt noch genannt wird; das ist überspitzt, natürlich, aber wenn man so manche Kritik liest . . . Wird da sechs Spalten lang alles besprochen, der „arme Kritiker" muß Werkkenntnis und Vorbildung beweisen und zum Schluß noch die Sängernamen unterbringen. Ich will nicht alle Kritiker über einen Kamm scheren, nur manchmal stößt man auf einen Unsinn, der von wenig Sachkenntnis getrübt ist. Dinge, die man in dem Job wirklich wissen sollte, werden total verdreht dargestellt. Wenn an einer wahnwitzig schweren Stelle es fast an ein Wunder grenzt, daß ein Piano noch zu hören ist, steht anderntags in der Zeitung: Über ein Piano nicht hinausgekommen. Unfaßbar!

Wenn ein Kritiker sich so versteht, daß er eine erziehende Wirkung ausüben will, sollte er lieber einem Sänger vorschlagen, eine Stelle auch im Piano zu singen, wenn „piano" in den Noten steht. Das wäre konstruktiv. Ich denke an dieses „Heil dir, Elsa"; lausig schwer, ein A oben anzusetzen. Keiner wagt es, weil es im Forte viel einfacher glückt. Ich habe es einmal, an der Met, probiert. Da stand hinterher nirgends, daß ich zu leise gewesen sei. Diese Stelle richtig gesungen ist ein bißchen was für Insider. Aber Kritiker bilden sich ja ein, Insider zu sein. Wenn einer von ihnen mir beweist, daß er es ist, daß er weiß, wie die Noten aussehen und wie sie gesungen sein sollen, dann finde ich das toll, ist er mir ein ebenbürtiger „Gegner". Trotzdem braucht er nicht mit dem Hammer auf Fehlleistungen einzuschlagen. Gerade Kritiker können unbehelligt und unkontrolliert bissig, sarkastisch, böse schreiben. Aber auch ein Sänger liest lieber, er sei nicht in bester Abendform gewesen, als daß er sich per Presse fragen lassen muß, was er in dem Beruf suche.

# Presseschau:
## Stationen
## einer Sängerkarriere

# Ein Debütant namens Peter Hofmann

Peter Hofmanns Bühnenweg beginnt 1972 als Tamino in der Lübecker „Zauberflöte". Nach zwei Spielzeiten im Norden Deutschlands ist er zwei Jahre in Wuppertal engagiert. Dort singt er 1974 zum ersten Mal Wagner, zum ersten Mal die Rolle, die ihn berühmt machen wird: Siegmund in der „Walküre". Man wird auf ihn aufmerksam, spricht ihm den „Förderungspreis des Landes Nordrhein-Westfalen für junge Künstler" zu: „Peter Hofmann hat sich als ein Heldentenor von hoher Begabung und damit in einem an sich seltenen Stimmfach qualifiziert. Die glänzende Stimmtechnik verbindet sich mit der völligen Beherrschung seiner dramatischen Rolle zu einer gesanglich und schauspielerisch gleichermaßen eindrucksvollen künstlerischen Darstellung. Die gegenwärtigen Leistungen rechtfertigen es, große Erwartungen an den Weg des Herrn Hofmann als Künstler und vor allem an die Entwicklung in seinem Stimmfach zu knüpfen." So zu lesen in der Begründung der Jury. Sie sieht weit voraus.

Peter Hofmann als Siegmund – die Kritik jubelt: „Nach der Nachricht vom Tode des Wagner-Tenors Wolfgang Windgassen feierte ein Publikum einen potentiellen Windgassen-Nachfolger mit Ovationen: Ein Debütant namens Peter Hofmann setzte sich in Wuppertal als Siegmund glänzend durch. Die Spielplan-Vorschau hatte den 28jährigen noch als lyrischen Tenor angekündigt. Doch die Stimme hatte in allen Lagen eine so sichere, robuste Basis, schimmerte so stählern und legte soviel Schußkraft in Nuancen, die sich in tragende Piano-Stellen eingliederten, daß man bereits einen kommenden Siegfried-Tenor in ihm sehen kann" *(Rheinische Post, 11. 9. 1974).*

Peter Hofmann: „Ich würde jetzt auf gar keinen Fall Siegfried singen oder Tannhäuser. Weil ich es nicht könnte. Einen Siegfried in, sagen wir, vielleicht acht Jahren – hoffentlich. Siegmund, den kann ich heute singen. Ich kenne meine Stimme und würde sofort stoppen, wenn ich Gefahr witterte; dann hieße es kurztreten, Termine einschränken. Bemerke ich technische Sünden, gibt es für mich nur eins: Korrigieren, auf der Stelle!" *(Opernwelt, April 1975)*

Musikkritiker Heinrich von Lüttwitz *(Rheinische Post, 11. 9. 1974)* macht sich bereits nach der Wuppertaler „Walküre" dazu Gedanken: „Derartige Auftritte eines Juniors könnten schieren Raubbau an der eigenen Zukunft mit sich bringen. Als Gegenargument kann angeführt werden, daß Hofmann außerordentlich besonnen und gründlich ans Studium der Partie herangegangen sein muß." Sechs Jahre später bestätigt der Sänger dies: „Als ich zum ersten Mal die Chance bekam, den Siegmund in der ‚Walküre‘ zu singen, hatte ich schon vier Jahre zuvor mit dem Studium der Rolle begonnen und immer wieder daran gefeilt."

In der Zeitschrift *Opernwelt* fragt 1975 Käthe Flamm: „Wie fühlt man sich, wenn man im dritten Jahr auf der Bühne steht und auf den Schild gehoben wird?" „Hofmanns Antwort: „Ein bißchen Angst wird mir, es ging so schnell. Manchmal denke ich, ich würde aufwachen und es wäre alles geträumt. Als Student bin ich oft ums Stuttgarter Haus geschlichen und habe in den Vorstellungen gesessen und phantasiert: Einmal hier singen können! Nun werde ich mit dem Parsifal dort anfangen. Er ist meine Wunschpartie. Ist das nicht zu schön, um wahr zu sein?"

Vor diesem „Arbeitsantritt" im Stuttgarter Haus liegen neben Tamino und Siegmund eine Reihe verschiedener Rollen-Erfahrungen: Nero in der „Krönung der Poppea", Alfred in der „Fledermaus", Faust und Idomeneo, der Tambourmajor in „Wozzeck", Florestan, Don José, Max im „Freischütz" und Loge im „Rheingold". In Düsseldorf steht er als Siegmund zum ersten Mal mit prominenten Sängern wie Ursula Schröder-Feinen und Karl Ridderbusch auf der Bühne. Die gleiche Partie dann in Stuttgart neben Birgit Nilsson: „Da haben mir vor Aufregung die Knie gezittert!"

Trotz schlotternder Knie – was er will, weiß er auch damals genau: „Man *muß* auf der Bühne spielen. Ein Sänger, der steht und geht und sonst nichts bringt, ist maßlos langweilig. Und Langeweile ist der Tod der Oper. Ein Sänger muß aber auch wissen, was er spielt, sonst hat er keine Sicherheit und aus der Sicherheit kommt letztlich die Ausstrahlung. Und sie allein interessiert. Deshalb sind mir Regisseure ein Greuel, die sagen: Nun lauf mal dorthin und wieder zurück. . . Ich will wissen, warum ich was tue. Klappen kann das nur, wenn der Regisseur, aber auch der Sänger, genaue Vorstellungen von der Partie, vom ganzen Werk mitbringt. Diese Vorstellungen zur Übereinstimmung zu bringen, ist dann eine Frage der Zusammenarbeit" (*Opernwelt, April 1975*).

Ab 1975 wird Wagner der Mittelpunkt seines Repertoires. Käthe Flamm: „Parsifal, und immer wieder Parsifal. Überhaupt Wagner. Er liebt ihn, schwärmt von Lohengrin, hofft auf Stolzing. Keine Italiener? Er mag sie nicht so sehr. Und was ihn reizen könnte,

‚Carlos vielleicht', möchte er jetzt, angesicht der Partien, mit denen er im Augenblick beschäftigt ist, nicht singen, weil ‚ein erfahrungs-junger Sänger nicht so verschiedene Partien durcheinander singen soll'. Und im Prinzip ‚bin ich sowieso kein italienischer Tenor'. Er ist der deutsche Tenor, bleibt neben Wagner auch dem Florestan, Max, dem böhmischen Hans, Faust (auch wenn's ein Franzose ist) Idomeneo treu, wünscht sich den Bacchus, freut sich auf Klebes ‚Ein wahrer Held' – und hat sich eine heimliche Schwäche für den Tamino bewahrt: ‚Ich würde, ja ich möchte ihn wieder singen. Er ist herrlich. Und außerdem: Windgassen sang ihn auch. Er ist gut für die Stimme!'"

In diese Zeit fällt sein erster Loge in Dortmund. Die *Opernwelt*-Kritikerin urteilt: „So ‚alamiert' der Loge dieses ‚Rheingolds'. Der junge Peter Hofmann könnte sozusagen über Nacht die Sensation des Tages werden! Ein jugendlicher Heldentenor mit grandiosem Material und brillanter Technik (ganze 30 Jahre alt, zum ersten Mal als Loge auf der Bühne), der mit beängstigender Souveränität und Raffinesse die Rolle ausspielt bis in die letzte Nuance."

Das Stuttgarter Angebot, ein Fünfjahresvertrag, lag bereits auf dem Tisch. Vorerst stellt er sich als Gast-Siegmund seinem kommenden Opernpublikum vor. In der Kritik der *Stuttgarter Nachrichten (30. 9. 1975)* steht zu lesen: „Unbekannt war in Stuttgart noch Peter Hofmann, der mit Beginn der nächsten Spielzeit hier als dramatischer, also vorwiegend als Wagner-Tenor, fest engagiert ist. Sein hiesiges Debüt als Siegmund war so glänzend, daß die Hoffnung, er werde nach und nach das Erbe Wolfgang Windgassens übernehmen können, nicht abwegig ist." Kurt Honolka beschreibt nach dem „Walküre"-Abend, warum: „Ein schlanker, leichtathletischer, glaubhaft junger Held. Er erinnert an den Wolfgang Windgassen der vierziger Jahre, bewegt sich aber heute schon darstellerisch gewandter als sein großer Vorgänger damals. Sein Tenor blendet nicht, zeichnet sich aber durch Ausgeglichenheit der Register und jenes dunkelsamtige Timbre aus, das für Wagner-Sänger so wichtig ist. Auf seinen ersten Parsifal, den er im nächsten März hier singen wird, kann man sich jetzt schon freuen. Und nun, da man einen so prädestinierten Max im Ensemble hat, sollte es auch endlich an der Zeit sein, den ‚Freischütz' wieder ins Repertoire aufzunehmen."

# Der „Bundes-Parsifal"

Er kam, der Parsifal, der „Bundes-Parsifal", wie ihn scherzhaft ein Kollege und bald auch die Presse nannte. In sechs Wochen absolvierte er drei „Parsifal"-Premieren: In Wuppertal, Hamburg und Stuttgart; anschließend fünfmal „Parsifal" in Bayreuth. Das Jahr 1976 wurde für ihn zum Durchbruchsjahr mit dem Chéreau-Siegmund und einem Super-Erfolg als Loge in Wien, in der Tasche den Vertrag für Lohengrin im Stuttgarter Stammhaus. „Drei Premieren als Parsifal – das sind nicht nur drei Auftritte in verschiedenen Opernhäusern, sondern auch drei stilistisch unterschiedliche Probenprozesse, denen sich der Sänger unterziehen muß. Drei unterschiedliche Regisseure, drei Konzepte, dreimal neue Partner und andere Situationen – wie bewältigt man das? Peter Hofmann hat keine leichtfertige Antwort parat. Aber wenn er die wesentlichen Merkmale umreißt, die die verschiedenen Inszenierungen kennzeichnen, dann weiß man, daß für ihn Theaterarbeit nicht nur Befolgen und Einlernen von Regieanweisungen ist, daß die Gegensätze zwischen Stuttgart und Hamburg nicht nur eine Frage abweichender Auftritte und Abgänge sind: ‹Ich bin beim Parsifal jetzt dreimal an der szenischen Entwicklung beteiligt. Und ich sehe keinen Grund, daß ich es mir in einer der drei Einstudierungen leicht mache.› Die Fachzeitschrift ‚Orpheus' erteilte letztes Jahr Peter Hofmann das Prädikat ‚Die beste Nachwuchsleistung' und wies ihm in der Begründung die ‚Prädestination für das nahezu verwaiste Fach des Wagner-Tenors' zu. Peter Hofmann – so glaube ich – ist auf dem richtigen, wenn auch schwierigen Weg, die Prophezeiung zu erfüllen" *(Rudolf Sparing, Wuppertaler Bühnenzeitung, 20. 4. 1976).*

„Es war Peter Hofmanns allererster Parsifal. Eine geradezu verblüffende Annäherungserfüllung", schreibt über die Stuttgarter Götz-Friedrich-Inszenierung Kurt Honolka *(Stuttgarter Nachrichten, 16. 3. 1976):* „Tatsächlich erfüllte Hofmann die regieliche Konzeption Götz Friedrichs, die ja auf Bewegung und höchste Intensität abgestellt ist, stärker als sein unmittelbarer Vorgänger (um so erstaunlicher, als Hofmann, der gleichzeitig einen ganz anders inszenierten Parsifal in Hamburg erarbeitete, nur wenig mit Friedrich proben konnte; schon das spricht für seine darstellerische Begabung). Er ist ein sichtbar und glaubhaft junger Parsifal, überzeugend auch in der Impulsivität der Bewegungen, die dennoch nie unkontrolliert sind. So jugendlich und beherrscht zugleich singt er auch. Die Stimme, obwohl noch nicht ausgereift, zeichnet sich heute schon durch den seltenen dunkelsamtigen Klang aus, der für Wagner-Tenöre prädestiniert. Hofmann kann sich sicher auch bei Silvio Varviso bedanken: Bei ihm war er gut aufgehoben, in besten Händen. Intelligente Musiker verstehen sich eben auch ohne viele Proben."

In Hamburg liest man nach der Premiere: „Aufregend aber wurde das Parsifal-Debüt von Peter Hofmann. Eine Siegfried-Gestalt, barfüßig in kurzem Lederhemd, schlank und blond, sportlich locker in der Bewegung: mit seiner jugenhaften Natürlichkeit, intelligenten Reaktionsfähigkeit und mitreißenden Ausstrahlung genau der Typ, den man sich für diese Rolle erträumt. Das lyrisch gefärbte dunkle Tenor-Timbre hat genügend Strahlkraft, aber mit der stimmlichen Balance gibt es noch Schwierigkeiten. Peter Hofmann weiß selbst am besten, wieviel er noch lernen muß. Aber seine himmelstürmende Karriere als Wagner-Tenor ist nicht mehr zu bremsen. Die großen Opernhäuser reißen sich um den 31jährigen. In der nächsten Saison wird er in Paris, London und San Francisco, im Sommer in Bayreuth gastieren. Was andere in zehn Jahren schafften, hat er in eineinhalb erreicht, und er ist klug genug, immer wieder nein zu sagen, wenn er sich überfordert fühlt" *(Hamburger Abendblatt, 20. 4. 1976).*


## Eine atemberaubende Entdeckung: Siegmund 1976

Der Bayreuth-Sommer 1976 rückte heran – und wurde zum Ereignis für den jungen Sänger: „Bei den Bayreuther Jubiläumsfestspielen 1976 wurde er als Siegmund in Patrice Chéreaus Jahrhundert-,Ring' und als Parsifal von Presse und Publikum bejubelt wie selten ein Anfänger zuvor auf dem Grünen Hügel" *(Die Welt).* Und die Kritiker rund um die Welt feierten ihn als *die* Entdeckung. Über ihn war sich die bundesdeutsche Presse im Bayreuth-Sommer 1976 einig wie selten:

„. . . und wir nehmen es überwältigt einverstanden hin, auch weil Peter Hofmann ein junger, schöner Siegmund war, im ersten Akt mit recht unsicherer Tongebung (Premierenbefangenheit?),

dann aber weit besser, glaubwürdiger, strahlender, kräftiger"
*(Stüddeutsche Zeitung).*

„Über das Sängerniveau gibt es keine Diskussion. Die erfreulich-
ste Überraschung der ‚Walküre' war Peter Hofmann, der 31jährige
Nachwuchstenor, als Siegmund. Eine glänzende Erscheinung
verschwistert sich mit einer großen, fülligen Tenorstimme. . . Bei
den Steigerungen der Wälse-Rufe scheint es, als könne Hofmann
mühelos noch eine Quinte höher singen. Es zeigte sich lediglich im
weiteren Verlauf, daß mehr Ökonomie walten müßte, um das
Niveau auf gleicher Höhe zu halten. Ein neuer Haustenor für
Bayreuth wäre hier zu sichern" *(Nürnberger Zeitung).*

„Hannelore Bode als Sieglinde und der Bayreuth-Neuling Peter
Hofmann als Siegmund verkörpern ein Wälsungenpaar von mitrei-
ßender Leidenschaftlichkeit. Der Tenor Hofmanns – groß, baritonal, fundiert, strahlend und unverwüstlich kräftig – ist für unser
Ensemble eine echte Trouvaille" *(Nordbayerischer Kurier, Bayreuth).*

„Ein atemberaubendes Debüt in Bayreuth gibt der mit dem
Regisseur gleichaltrige 31jährige Tenor Peter Hofmann in der
Rolle des Siegmund als eines trotzig aufbegehrenden jungen
Rebellen" *(dpa).*

„Blutjung und provozierend unvorsichtig fiebern Siegmund und
Sieglinde einander entgegen. (Peter Hofmann geht höchst unvorsichtig auch mit seinem baritonal an sich gut abgestützten Tenor um
– im Liebesduett drückt er derart auf die Höhe, daß einem um seine
Zukunft Angst und Bange wird)" *(tz, München).*

„Verständlich waren einzig Hannelore Bode und vor allem der
neue Siegmund, Peter Hofmann. In dem blendend aussehenden
jungen Mann lernte man einen echten Wagner-Tenor kennen, mit
dunkel timbrierter metallischer, schwergewichtiger Stimme, intel-
ligentem Vortrag und starker Ausstrahlung. Hofmann war die
eigentliche Entdeckung dieses Abends. Endlich erlebte man
wieder einen jugendlichen Helden und nicht bloß dessen Surrogat"
*(Wiener Kurier).*

„Peter Hofmann, ein junger deutscher Sänger, als echter
Heldentenor die Entdeckung der Jahrhundertfeier, ist mit dunk-
lem Timbre, satter, stabiler Mittellage ein idealer Siegmund – eine
Naturstimme, die noch zu kultivieren, klanglich noch zu entfalten
ist" *(Nordbayerische Nachrichten).*

„Man erlebt wie einen Rausch das Debüt von Peter Hofmann als

Siegmund, einem schlanken Jüngling, einem James Dean der Oper, der bei sorgfältiger Stimmbandpflege der Siegfried der achtziger Jahre sein kann" *(Abendzeitung)*.

„Die Entdeckung heißt Peter Hofmann und ist erst 32 Jahre alt, seine stürmische, jugendliche Elastizität, seine baritonal gefärbte Stimmkraft und seine schauspielerische Ausstrahlung verschafften der Partie des Siegmund neues Interesse. Dieser imponierende Sängerdarsteller wurde vom Publikum überschwenglich gefeiert" *(Hannoversche Allgemeine)*.

„Diese Premiere wird zum Triumph für den debütierenden Peter Hofmann, den neuen jugendlichen Tenor, dessen frisch und ohne jede öde Perfektionsroutine ausgesungener Siegmund die längsten Ovationen des Abends kassiert" *(Stuttgarter Zeitung)*.

„Umjubelt vor allem Hannelore Bode und der 32jährige Bayreuth-Debütant Peter Hofmann als Sieglinde und Siegmund. . . Ein menschlicher Held mit jungenhaftem Glanz und frei von allem Pathos" *(Frankfurter Neue Presse)*.

Die hier zitierten Auszüge sind eine zufällige Sammlung, die beweist, wie diskussionslos begeistert die Stimmen 1976 quer durch das gesamte Kritikerlager klangen. Parallel und vergleichbar dazu hört sich der Jubel in der ausländischen Presse an.

Mit dieser Erfolgswelle setzt auch das Interesse des Blätterwaldes am Privatleben des Tenors ein. Das Publikum fragt, wer ist er eigentlich, dieser Hofmann? Die Interviews fallen erstmals schillernd aus, der Boulevard-Markt wittert in der Blitzkarriere Sensation.

Ein Beispiel dafür ein *Welt*-Artikel. Bereits die erste Zeile holt zur reißerischen Überschrift aus: „Schlank, blond, blauäugig – Peter Hofmann bezauberte sein Publikum: Im Zehnkampf hielt Parsifal einst den hessischen Landes-Rekord." Der Interviewer will wissen, was hinter den Kulissen passiert, in der Oper, im eigenen Heim. Und bekommt, von Anfang an, ungeschminkte Antworten, die man „typisch Hofmann" nennen kann: „Hofmann weiß, daß er am Ostermontag in Hamburg die gewohnte Hochleistung nicht durchgehend erbracht hat, daß er im zweiten Akt nicht optimal gewesen ist. Er sagt: ‹Ich will mich nicht entschuldigen. Aber nach dem ersten Akt hatte ich furchtbaren Hunger, und da habe ich reingehauen. Die Folge waren noch viel furchtbarere Magenschmerzen.› Parsifal, ein Mensch wie du und ich" *(Die Welt, 21. 4. 1976)*.

Die Öffentlichkeit wünscht mehr kennenzulernen als nur die Stimme. Die Bundeswehrzeit, der Zehnkampf und die Rockmusik tauchen auf, seine Frau Annekathrin, seine beiden Söhne, zu der Zeit „schon", wie überall betont wird, zehn und zwölf Jahre alt. „Wahrscheinlich hat es noch keinen Wagner-Tenor gegeben, der als Beat-Sänger und Gitarrist begann und der als Fallschirmjäger und Zehnkämpfer sieben Jahre bei der Bundeswehr durchhielt, um das Studium zu finanzieren" *(Die Welt, ebd.)*. Der Sänger verteidigt, was seine Stimme angeht, den Standpunkt, sich nicht vermarkten zu lassen. „Alle Welt reißt sich jetzt um diesen Leichtathleten im ‚schweren' Tenorfach. Die Intendanten schrecken dabei in ihren Angeboten weder vorm Tristan noch vorm Tannhäuser zurück. Aber Peter Hofmann übt auch da, wie beim Sport, Disziplin: ‹Verheizen lasse ich mich nicht.› Er ‹bescheidet› sich mit Siegmund, Parsifal, Loge (sein jüngster Super-Erfolg in Wien)" *(ebd.)*. Aber Peter Hofmann merkt: „Eine gute Leistung allein genügt nicht. Überall werde ich als Sensation verkauft und muß neben Weltstars bestehen" *(ebd.)*. „Daß er jetzt weder Zeit für Sport oder Literatur hat, bedrückt ihn weniger als der plötzliche Ruhm und die maßlosen Ansprüche", begreift der Reporter.

Das erste Bayreuth-Jahr Hofmanns ist zwar ein Wagner-Jahr, trotzdem steht nach dem Bayreuth-Sommer noch einmal Mozart auf dem Programm. „Warum Tamino verzweifelt um Hilfe ruft, bleibt zunächst schleierhaft, denn die böse Schlange läßt sich Zeit, und die drei Damen erledigen das Untier dann in aller Gemütlichkeit. Nun, dafür kann Peter Hofmann nichts, denn Regie hat in dieser bejahrten ‚Zauberflöte' schon lange nicht mehr stattgefunden, jeder muß sich eben selbst helfen. Peter Hofmann tut das mit seinem natürlichen Spieltalent und seinem jungenhaften Charme, und es ist eine wahre, opernseltene Labsal, im Finale des ersten Akts nicht schwerbewegliche Kammersänger, sondern zwei schöne junge Menschen (mit Norma Sharp als Pamina) von den Mozart-Fäden des Eros zueinander gezogen zu sehen" *(Stuttgarter Nachrichten, 15. 11. 1976)*. Stuttgarts Heldentenor wird als Mozart-Sänger gefeiert. „Auch darin ist er Wolfgang Windgassens Nachfolger. Als er schon ein berühmter Tristan und Siegfried war, zumindest anfangs, erprobte Windgassen gerne am Tamino, ob seine Kehle geschmeidig genug geblieben war. Die Peter Hofmanns ist es . . . auch als Mozart-Sänger besticht Hofmann durch den Einklang von seelischem und körperlichem Ausdruck. Und da er schon Windgassens Spuren folgt: Wie schön wäre es, wenn er auch einmal in einer komischen Rolle zu sehen und zu hören wäre – vielleicht käme auf diesem Besetzungs-Umweg endlich wieder einmal die ‚Fledermaus' auf die Bühne" *(ebd.)*. Zwei Pariser Interviews mit dem Sänger zeigen, wie er selbst zu seinem Erfolg, zur Chéreau-Inszenierung, zu seinem Beruf steht.

Bereits 1975 hatte ein Kritiker in *L'Aurore* nach einem Siegmund-Gastspiel Peter Hofmanns in Rouen geschrieben, daß er seit langem keinen Sänger mehr gehört habe, der jede Note, jede Silbe, mit gleicher Intensität brächte. Vor seinem Siegmund-Debüt in Paris interviewte ihn diese Zeitung im Dezember 1976. Der Sänger erklärte sein Verhältnis zu anderen Tenorstimmen: „Man sagt, meine Stimme gleicht ein wenig der von Ludwig Suthaus. Dennoch möchte ich mich nicht mit anderen Stimmen vergleichen noch jemand imitieren. Ich höre mir keine Wagner-Platten an, wenn ich eine Rolle erarbeite. Die Stimmen, die ich liebe, sind jedoch die dunklen; helle Tenorstimmen haben für mich etwas zu Feminines an sich."

In der französischen Zeitschrift *Lyrica* sprach Peter Hofmann über seine Rolle als Siegmund. Die Frage, ob er mit der Konzeption Chéreaus einverstanden war, beantwortete er begeistert und zustimmend. „Chéreau befähigte mich, den besten Siegmund zu spielen, den ich je gespielt habe. Und ich hatte die ‚Walküre' schon vierzig Mal gesungen vor Bayreuth! Doch dort war alles anders. Das begann mit dem Kostüm. Die Idee Chéreaus, Siegmund so sympathisch wie möglich erscheinen zu lassen, damit die Grausamkeit seines Todes um so unüberbietbar wirkt, gelang total. In dem Moment, wo mich Hunding mit der Waffe verletzt, hörte ich Leute aufschreien."

In München wiederholte er 1977 seinen Wiener Loge-Erfolg: „Die schönste Leistung brachte Peter Hofmann; sein Loge ist ein ironisch distanzierter Außenseiter, der Narr am Hofe Wotan. Neben beachtlichen darstellerischen Fähigkeiten bringt dieser junge Sänger das Zeug zu einem hochkarätigen Heldentenor mit: eine dunkel timbrierte kraftvolle Stimme mit strahlendem Glanz in der Höhe. Bewunderswert seine Legato-Technik bester alter Schule" *(Münchner Merkur, 6. 1. 1977)*.

1977 wurde ein kurzes Sängerjahr für Peter Hofmann. Doch sein schwerer Motorradunfall war Wasser auf die Mühlen der Sensationshungrigen. Die Brüche, die Operationen, der Unfallhergang werden erstaunlich variantenreich wiedergegeben. Den Tenor umwittert jetzt eine anziehende Tragik. Peter Hofmann, der 1978 als Tamino, Max, Parsifal, Lohengrin und Siegmund auf die Bühne zurückkommt, beteuert, mit „noch mehr Liebe zum Beruf" zurückgekehrt zu sein, wird von der Londoner Ausgabe der *Vouge* mit „Germany's Darling Heldentenor" betitelt, und es beginnt sich ein Hofmann-Image abzuzeichnen: Alles ist recht, nur nicht das Bild vom hüstelnden Opernsänger mit weißem Seidenschal und Scheuklappen für jede andere Musik.

„Privat ist Hofmann der Oper keineswegs so mit Haut und Haaren verfallen, wie sein Terminkalender vermuten läßt und wie die Damen jeden Alters meinen, die ihm glühende Liebesbriefe schreiben. ‹Ich gehe lieber in ein Udo-Lindenberg-Konzert als in einen alten Schinken wie die ‚Norma'›, bekennt er freimütig. Der Otto und der Udo haben es ihm angetan: ‹Udo ist kreativ, wir schöpfen nur nach.› Nicht einverstanden ist Peter Hofmann jedoch mit dem, was der ‚Panik-Rocker' nach der Hamburger ‚Fledermaus'-Premiere über die ‚befrackte' Oper in einer Illustrierten gesagt hat. Udo Lindenberg bedauerte in seiner Kolumne, daß man sich in die Operngestalten von heute nicht verlieben könne. Peter Hofmann: ‹Wäre Udo nicht erst in den dritten, sondern schon in den zweiten Akt der ‚Fledermaus' gegangen – er hätte sich in den Orlofsky verliebt!› Da Peter Hofmann diese Liebe teilt, eilt er davon, um Orlofsky nicht mit dem Mittagessen warten zu lassen" *(Die Welt, 16. 6. 1978).*

## Nach der Zwangspause. . .

. . .halten die Begeisterungsstürme für den Chéreau-Siegmund an.

„Diese Ovationen nahmen bei Peter Hofmann – keinesfalls unberechtigt – fast ins Hysterische gesteigerte Ausmaße an. Man muß in der Geschichte der Bayreuther Festspiele wohl auch weit zurückgehen, um auf einen ähnlich bewegenden und begeisternden Siegmund zu stoßen, der bei Hofmann dank der Personenführung des Regisseurs eine geradezu filmisch bannende Fleisch- und Blut-Wirklichkeit fand, die in der Sterbeszene letzte schauspielerische Möglichkeiten ausschöpfte" *(Orpheus, Oktober 1978).*

„Hofmanns Siegmund gehört zum Schönsten, was man auf der Wagnerbühne je hat sehen können. . . .Die Gelöstheit, mit der Siegmund und Sieglinde die Liebesszene spielen, erhöht deren Poesie. Die Stabreimverse werden zum natürlichen Ausdrucksmittel – jedes Wort wird bedeutsam, alles lang unterdrückte Empfinden bricht in Sprache und Ton hervor und steigert sich schließlich zur Liebesleidenschaft. Der erste Akt endet mit einem Aufschrei des Publikums. Man ist verblüfft, wie männlich beherrscht dieser Siegmund bleibt, wenn Brünnhilde ihm todverkündend gegenübertritt. Und dann kommt eine Szene, kurz und konzentriert, die kein Dabeigewesener je vergessen wird: Die Sterbeszene" *(Der Merker, August 1979)*

## Das Bayreuther Lohengrin-Jahr 1979

Seinen ersten Bayreuther Lohengrin singt Peter Hofmann 1979 in der Inszenierung von Götz Friedrich. Wieder hat Günther Uecker das Bühnenbild entworfen, streng und düster wie schon im Stuttgarter „Parsifal". Die Presse jubelt über den „jüngsten aller Bayreuther Lohengrin-Sänger", und das Fernsehen zeichnet diese Inszenierung drei Jahre später auf, um sie im Wagner-Jahr 1983 auf dem Bildschirm zu präsentieren. Im April 1983 erhält Peter Hofmann den „Bambi" für diese Rolle.

Das, was Peter Hofmann an Erscheinung und Intensität zum Lohengrin-„Sängerdarsteller" geradezu prädestiniert, klingt in den Kritiken dieses Sommers an. „Peter Hofmanns Rittergestalt wirkt gerade gesanglich äußerst diszipliniert und kultiviert; ein schlankes, aber nicht mageres Organ" *(Hans-Klaus Jungheinrich, Frankfurter Rundschau)*.

„Peter Hofmann, der hessische Zehnkampfmeister, der zum Bayreuther Heldentenor wurde, ist der Bilderbuch-Lohengrin: groß, stark und blond gelockt. Und fast so vorbildlich singt er auch, selbst wenn seiner Stimme die lyrischen Edelqualitäten fehlen. Ganz erstaunlich, daß ihm die Gralserzählung mit ihrer zarten Kantabilität dann ganz bruchlos und ebenmäßig gelang. Eine alte Dame warf Blumen" *(Reinhard Beuth, Die Welt)*.

„Der Regisseur ließ seinen Titelhelden weitgehend allein. Peter Hofmann blickte hehr und ‚sah aus', sang die gefürchtete Partie –

fast – mühelos, wenn auch nicht immer intonationsrein. Im Brautgemach fühlte er sich endlich des ‚Wunders' ledig, das dem modernen Legeren Mühe machte" *(E. Lindermeier, tz München)*.

„Peter Hofmann ist ein junger, sympathischer, auch ‚menschlicher' Lohengrin. Die Stimme besitzt die nötige Kraft, die Töne sind gut angesetzt, die Höhe behält die kernige Substanz. Was noch fehlt, ist etwas mehr Schmelz, der geschmeidige Glanz des Königskindes und damit noch feinere Nuancierung" *(Rudolf Jöckle, Frankfurter Neue Presse)*.

„Der mit Recht frenetisch bejubelte Peter Hofmann als Lohengrin, stimmlich blendend in Form, ein recht unbekümmerter und diesseitig wirkender, jugendlicher Gralsritter, der beispielsweise in der Gralserzählung von magischer Entrücktheit nicht allzu viel hält, neigte dazu, etwas zu hoch zu singen" *(Dietmar Polaczek, Frankfurter Allgemeine Zeitung)*.

„Peter Hofmann, der jüngste aller Bayreuther Lohengrins, hat kaum hörbare Mühe mit seiner strapaziös hohen Partie. Wiewohl er ahnen läßt, daß sich seine volle dunkle Tenorstimme in den tieferen Siegmund-Regionen wohler fühlen wird" *(Michael Müller, Münchner Merkur)*.

„Peter Hofmanns, des Bayreuther Siegmunds, Tenorstimme hat inzwischen eine gefährliche baritonale Färbung erlangt, sein Lohengrin kam hörbar nicht aus seiner besten Verfassung, hatte mit dem Zu-tief-Singen zu kämpfen, die Höhe sprach nicht ohne Schwierigkeit an; und ein begnadeter Darsteller ist er, der die Grals-Erzählung ohne innere Regung ereignislos vorsang, gewiß nicht" *(Wolfgang Schreiber, Süddeutsche Zeitung)*.

„Peter Hofmann als Lohengrin ist ein Bilderbuchheld, so schön und blond, daß er des Beifalls der Damen allzeit gewiß sein kann. Er sang schön, aber nicht auf Linie, man spürte Ökonomie, und darstellerisch setzte er nicht alles um, was die Regie mit dieser Figur im Sinn hatte. Der Gottgesandte, der sich auch aus Verwunderung in dieser Welt distanziert, ist ihm nicht anzumerken, subtrahiert man was ihm an äußerem Glanz vom Gral (wo man doch recht eitel zu sein scheint) mitgegeben worden ist" *(Walter Bronnenmeyer, Nürnberger Zeitung)*.

„Hofmann bringt das Flair des Keuschen, Jugendlich-Innigen und doch so schön Gefaßt-Männlichen überzeugend über die Rampe. Sein schlanker Tenor ist voller lyrischer Anmut – freilich nicht ganz ungefährdet: Bei der Gralserzählung und danach gab es

Augenblicke, wo man Anstrengung und Ermüdung hörte" *(Erich Rappl, Nordbayerischer Kurier, Bayreuth).*

„Peter Hofmann ist der Lohengrin: Auch er nicht gerade mit den strahlenden lyrischen Qualitäten für diesen Part gesegnet. Um so überraschender gelingt ihm dann die Gralserzählung doch sehr leicht und biegsam" *(Richard Bernstein, Rheinischer Merkur).*

„Peter Hofmann, der 1976 als Siegmund in Bayreuth seinen Durchbruch hatte, ist als Lohengrin darstellerisch und auch stimmlich ein Glücksfall" *(Abendzeitung, München).*

„Peter Hofmann intonierte mit ruhiger, souveräner Stimme den öffentlichen Ritter" *(Günter Engelhard, Deutsche Zeitung, Bonn).*

„. . . dem entsprachen Rolle und Funktion des Lohengrin, den Peter Hofmann mit jener makellosen Schönheit sang und darstellte, in der sich reine Ästhetik in der Einfalt des Nichts auflöst" *(Petra Kipphoff, Die Zeit).*

„Wenn ich meine akustischen Eindrücke mit den Premieren-Rezensionen vergleiche, muß es sich wohl bei allen Sängern um eine vielfach verbesserte Form für diese hier besprochene Aufführung handeln. Denn stimmlich hatte Peter Hofmann nicht nur keine Schwierigkeiten, er konnte den Part bis zum Schluß durchaus souverän gestalten. Seien wir froh, daß Bayreuth und wir Hofmann haben" *(Oper und Konzert, Oktober 1979).*

„Peter Hofmann, dieser Titelheld, brachte nicht das gewohnte ätherische Wunderwesen, sondern einen virilen Erzengel Michael, der, nachdem er das ihm ,artfremde' Menschenkind Elsa staunend betastet hatte, nicht nur bereit war, dafür zu kämpfen, sondern auch es zu lieben und ihm verbunden zu bleiben – eine frappierende Rollendurchdenkung also. Für die lyrischen wie die dramatischen Augenblicke stand dem Sänger ein schlankes, dabei kraftvolles Material zur Verfügung, das er, gestützt auf eine klug eingesetzte Technik, auch überzeugend ausspielte, wobei es unverständlich bleibt, warum manche Premierenkritiker eine ,gefährliche baritonale Färbung' beanstandeten, die einem Wagnertenor schließlich nicht nur ansteht und entgegenkommt, sondern ihn gerade in dieser Rolle auch der gefährlichen Sterilität enthebt" *(Orpheus, Oktober 1979).*

## „Der neue Favorit"

Mit Lohengrin debütierte Peter Hofmann 1980 an der Met in New York und wurde von der Presse als einer der „größten Lohengrin-Sänger in der Met-Geschichte" bezeichnet." Er war ein ritterlicher Traum", stand in der *New York Post* vom 25. Januar 1980 und in *Daily News* war ein Tag später zu lesen: „Hofmann ist insgesamt ohne Zweifel der ritterlichste Mann auf der Opernbühne heute (von der Art eines frühen Errol Flynn), und er benützt seine überwältigende körperliche Präsenz zu einem Höchstmaß an Würde und dramatischem Effekt. Er bringt die Art von Wagner-Darstellung, von der man Jahrzehnte geträumt hat."

Im gleichen Jahr bestand Peter Hofmann ein die Wiener Kritik beeindruckendes Florestan-Debüt an der Wiener Oper. „Der Sänger dürfte bereits bei den Plattenaufnahmen für ‚Parsifal' intensiv mit Karajan gearbeitet haben, denn die tadellose stimmtechnische Bewältigung der Partie zeigte, daß Hofmann seit dem Bayreuther Lohengrin beachtlich dazugelernt hat. Er erwies sich hier abermals als ein so wunderbar sensibler Rollengestalter, daß man nur dankbar ist, wenn auch die Stimme mitmacht. Hofmanns Florestan ist durch starke lyrische Intensität gekennzeichnet" *(Der Merker, März 1980)*.

Um die Jahreswende 1979/80 hatte sich der erste Aufmerksamkeits-Boom der deutschen Zeitschriften abgezeichnet. *Playboy* stellte im November 1979 den Sänger vor: „Eigentlich gab es im letzten Jahrhundert nur zwei namhafte deutsche Tenöre, zumindest in dem bis zum hohen C reichenden Heldenfach: Max Lorenz und Wolfgang Windgassen. Die würdige Nachfolge schien dann René Kollo anzutreten. Der neue Favorit heißt Peter Hofmann, ein leistungssportlich trainierter Jungmann mit 63 Zentimetern Schulterbreite, der neben akustischer Potenz auch über bildschirmreife mimische Fähigkeiten verfügt."

In der Zeitschrift *Audio* wird Peter Hofmann zur Jahreswende gefragt, wie man Silvester und Weihnachten feiern solle: „Silvester sollten Sie sich eine Nacht lang hemmungslos alle Wünsche erfüllen: Essen und trinken wie ein Fürst – und schauen Sie dabei nicht auf die Mark. Ein solcher Jahreswechsel ist der beste und schönste Urlaub, den Sie sich wünschen können. Wenn das alle Leute machten, hätten die Psychiater im nächsten Jahr wenig zu tun", meint der Tenor und rät zum Weihnachtsfest: „Es nennt sich das Fest der Nächstenliebe, aber niemand denkt an die Leute, denen es wirklich dreckig geht. Da werden tolle Lieder gesungen von dem Kind in der Krippe, und gleichzeitig sterben irgendwo auf der Welt in irgendwelchen Kriegen Tausende unschuldiger Kinder. Dafür sollte man an diesem Tag eine vernünftige Summe spenden. Aber bitte versuchen Sie nicht, das Gewissen mit ein paar Mark zu beruhigen."

Nach seiner dritten Bayreuth-Rolle, dem Lohengrin, kannten zwar den Tenor nach wie vor nur Operngänger, aber jetzt wurden die Redakteure der Unterhaltungsbranche auf ihn aufmerksam. Ein für diese Zeit typisches Interview schrieb Marcello Santi in *Audio*, November 1979. Er bestätigt, daß „Opern-Fans weiche Knie kriegen, wenn der Tenor sie in den schönsten Tönen baden läßt", aber auch, daß sich eine bekannte Show-Sängerin für die „Walküre"-Pause noch bei einem „Robert Hoffmann" anmelden ließ. Peter Hofmann macht sich die ersten Gedanken um den frühen Ruhm: „Manchmal finde ich es geradezu unseriös, wie mir alles im Schlaf zufällt." Die Rock-Vergangenheit kommt zur Sprache: „‹Mann, habe ich geröhrt›, sagt heute der Operntenor, wenn er auf diese Zeit zurückblickt. Sie beweist ihm aber auch, ‹daß so was eine richtige Stimme nicht kaputtmacht›." Udo Lindenberg kommt zur Sprache, dem gegenüber er sich „fast ein bißchen impotent" vorkommt: „Denn wir Opernsänger hängen doch nur wie Marionetten am Faden eines bestens funktionierenden Apparats, vom Orchester über die Bühne bis hin zur Regie."

Die Bewertungsskala beginnt zu klettern: „Und sogar Fach-Kollegen, wie Seine Heiligkeit Mario del Monaco, der den jungen Kollegen gelegentlich in die Kniffe und Tricks zur Bildung der hohen Schmettertöne einweiht, sieht in dieser ‚wirklich großen Stimme' nicht nur einen künftigen Othello, sondern auch, ‚wenn er so weitermacht, vielleicht meinen legitimen Nachfolger'." Und Peter Hofmann beteuert: „Es wäre nicht mein Fall, jede Operette und jede Schnulze nur deshalb zu machen, weil dann die Moneten reinkommen. Mich reizt allein der Selbstzweck der Stimme und das Wissen, daß ich damit, wie einst Orpheus, alles erreichen kann."

Der Artikel schließt mit einer Vermutung, die Wahrheit werden sollte: „Fehlt also nur noch, daß die Fernsehgewaltigen aufwachen, wenn sie den Namen Hofmann hören und hinter die zusätzlichen Fähigkeiten des Sängers kommen: Daß es sich bei ihm etwa um einen Vollblut-Schauspieler handelt, der die kleinste Anregung zur rundum stimmigen Szene macht, der als Siegmund eine Rolle hinlegt, daß die Kollegen von der Sprechbühne vor Neid erblassen müßten und an dem die Großeltern, die einst im Böhmischen eine kleine Wanderbühne betrieben, heute ihre helle Freude haben dürften."

1980 entwickelt sich in der Presse die „Gegensätzlichkeit des Peter Hofmann" zum zentralen Thema. Auf der Bühne wird er als „edler Held", zu Hause als „heimlicher Rocker" geschildert, der mit 120 Phon die Rock-Musik über den Rasen auf den See dröhnen läßt. Was dabei nach kompletter Band klingt, wird als Zwei-Mann-Spektakel entlarvt: Bruder Fritz sitzt am Schlagzeug, der Tenor greift in die Saiten der elektrischen Gitarre, um Selbst-Komponiertes zu erproben.

Damals sahen die Pläne für die erste LP noch ein bißchen anders aus: „Wagner-Sänger Peter Hofmann liebt nicht nur klassische Töne: Zu Hause verwandelt sich der gefeierte Opern-Tenor in einen knallharten Rockmusiker! ‹Im nächsten Jahr möchte ich in Amerika eine LP herausbringen. Für fünf Songs habe ich Text und Musik schon fertig›, erzählt er stolz" *(TV – Hören + Sehen, August 1980)*. Zwei Jahre später wurde aus diesem Vorhaben die CBS-Scheibe, aufgenommen in Berlin, mit Klassikern der Rockszene.

Öffentlich hegt in diesem Jahr der Tenor Zweifel daran, ob er in alle Zukunft sich damit zufrieden geben kann, „nur" zu singen: „Musik ist für mich ein Mittel, Emotionen freizusetzen. Deshalb möchte ich gerne Regie führen. Und das bald. Bevor die Leute sagen können: Jetzt hat er ausgesungen" *(Wiener Kurier, 5. 4. 1980)*.

Deutlich macht er seine Haltung zu Oper und Rockmusik: „Ich komme eigentlich aus der Rock-Szene, und die Musik der ‚Pink Floyd' bedeutet mir ebenso viel wie Richard Wagner. Und wenn ich einem Leonhard Cohen zuhöre oder einem Udo Lindenberg, dann geben mir die Texte mehr als etwa die Texte aus dem ‚Waffenschmied'." Und: „Bei Lortzing dreht es sich eigentlich um nichts – da sagt ein Rolling-Stones-Song mehr!"

Die Werbung wird aufmerksam auf den werbewirksamen Blonden. Er steht Reklame für Uhren, und die Firma informiert ihre potentiellen Käufer über ihn: „Zu Ostern 1980 sang er den Parsifal am Karfreitag unter Karajan in Salzburg, am Ostersonntag sang er ihn in Stuttgart und am Ostermontag wieder in Salzburg. Muß bei soviel Wagner nicht einiges vom Opernpathos am Privatmann

206

haften bleiben? Verführt soviel Erfolg nicht zu Arroganz? Nicht bei Peter Hofmann. . . Er nimmt seine Kunst sehr ernst. Er arbeitet geradezu fanatisch daran, aus einer Rolle das Beste herauszuholen. . . Nach dem schweren Unfall bewährte sich seine Willensstärke und die gute Kondition des ehemaligen Leistungssportlers. Trotz neunfach gebrochenem Bein stand er schon vier Monate später wieder auf der Bühne. Ein Mann, zu dem die unerschütterliche Rolex sehr gut paßt. Er hat sich schon vor Jahren eine zugelegt."

Auch die Sensationspresse ließ nicht mehr auf sich warten. *Penthouse* verrät, wie das Intimleben eines „reisenden" Sängers aussieht. Wie er sich die Zeit mit Weiblichkeit füllt, die ihm in dem Intercity-Leben bleibt, das nur zwei Fragen zu kennen scheint: „Wo bin ich hier? Sing ich den Parsifal oder was anderes?" Den *Penthouse*-Porträtisten Michael P. Winkler interessiert, was der Tenor nach einer glanzvollen Premiere in New York so treibt. „Zu einer Fete ins ‚Studio 54' fahren, mit einer Einladung, besorgt von Franz Beckenbauer, der im gleichen Hotel wohnte."

„Das kann sich jeder denken, daß es bei diesem Job nicht schwer ist, Mädels aufzutun. Und Erfolg ist schon immer etwas Erotisches gewesen", meint der Tenor und erklärt seine private Situation, wie er sie zu der Zeit sieht: „Wenn man in einer Stadt ist, zu der man keine Beziehung hat, dann kann's besonders schlimm werden. Man hat da ein paar tausend Menschen zum Jubeln, Klatschen, Trampeln gebracht. Dann überlegt man sich, es kann doch nicht wahr sein, daß du jetzt ins Hotel gehst und in den Fernseher starrst. Da muß es doch noch was geben. In diesem Zustand kommt so ein verkrampftes Verliebtseinwollen zustande. Und wenn dann was passiert, dann denkt man sich: Irgendwie steht dir das auch zu." Heute ist oft seine Frau Deborah auf den Gastspielreisen dabei.

## Der Anti-Typ

Die ideale Verbindung vom Anti-Typ des schwergewichtigen Heldentenors und der etablierten Kunstform Oper ließ die Presse von Jahr zu Jahr mehr aufmerksam werden – noch bevor Peter Hofmann groß ins Showgeschäft einstieg. Die Überschrift eines

*Stern*-Artikels von 1981 unterstreicht die Anziehungskraft, die Gegensätzliches auszuüben vermag: „Lohengrin – der edle Rokker". Der „heldische Wunschtraum" des Tenors, der den Artikel einleitet, unterstreicht das Kontrastbild: „Ich würde gerne mit den ‚Greenpeace'-Leuten im Atlantik gegen die Walfänger vorgehen. Das ist so eine Idealvorstellung, die ich von mir habe. Aber ich bin wohl nicht konsequent genug, es wirklich zu tun." Die Zeitschrift schreibt von einem Kurswert, der bei 18 000 Mark pro Auftritt liegt, und gleichzeitig von den An- und Einsichten, die dem Tenor lieb geworden und geblieben sind: „Bis heute findet Hofmann die Rock'n'Roll-Musik, die er mit 19 machte, in vielem ehrlicher als die Arien, die er mit 37 singt. Bis heute mag Hofmann sich nicht einlassen auf ‚gebürstete' Menschen und Lebensformen. Da hält er es mit Hermann Hesses ‚Steppenwolf': ‹Den faßte ein unheimliches Schaudern, wenn er durch die Flure ging in diesen Berliner Patrizierhäusern, die so gewienert und gebürstet waren.› Dieses ‚gebürstet' wurde ihm zum Stichwort für satte Bürgerlichkeit."

Er selbst macht es sich nicht leicht und läßt seine Schwierigkeiten und Bedenken rund um seinen Beruf in die „öffentlichen" Gespräche einfließen: „Peter Hofmann, der jüngste aller Wagner-Helden, fühlt sich an der Oper oft alleingelassen, weil ‹wir Sänger für die ja völlig unwichtig sind bis zur Aufführung›. Für die Dirigenten, Regisseure und Intendanten sind große Sänger nur Stimmaterial, mal besser, mal schlechter. Alleingelassen fühlt sich Hofmann auch, weil ‹so wenig junge Leute in die Oper gehen›."

Er kennt die Schwierigkeiten, die junge Opernbesucher mit dem Metier haben: „Natürlich ist der Lohengrin nicht aktuell, den kann man nicht in die heutige Zeit versetzen. Kommt da an und sagt: Nie sollst du mich befragen. Da würd' ein Mädchen heute doch glauben, der hat Dreck am Stecken, war Eintänzer in einer Fischbrätküche." Aber er weiß auch, wie man gerade junge Leute dazu kriegen kann, sich mit nur anscheinend unaktuellen Themen zu beschäftigen: „Aber für Märchen ist doch jeder offen. Es hat doch jeder Sehnsüchte in sich, daß er denkt, wenn es so einen Gral des Guten gäbe – ‚Ein lichter Tempel steht dort inmitten, so kostbar als auf Erden nichts bekannt' – das wär' doch eine schöne Sache. Die Sehnsucht, daß da irgendwo eine Macht ist, die das so'n bißchen lenkt. Und diese Sehnsüchte hat ein 17jähriger mehr als ein 40jähriger. Der hat die schon wieder abgebaut."

Zu zweifeln beginnt 1981 hier und da die Fachpresse – ausgerech-

208

net am Parsifal, der ein Jahr später zum Glanzstück dieser Sängerkarriere gerät. „Bleibt noch der Titelheld, Peter Hofmann. Zwei spektakuläre Premierenabsagen deuteten an, was die Digitaltechnik schonungslos offenbart. Peter Hofmann ist seiner Superkarriere bald nicht mehr gewachsen. Die Stimme klingt in Tiefe und Mittellage nicht nur nicht schön, sie klingt ganz einfach heiser. Und Pianotöne? Nun ja, das Orchester spielt kollegial darüber hinweg" *(Deutsche Bühne zur „Parsifal"-Platte).*

„Skeptisches zur großen Euphorie" über den konzertanten „Tristan" unter Bernstein meldeten im Münchner Herkulessaal auch Hanns-Jochen Kaffsack, Berlin, und Erich Rappl, Bayreuth, in ihren Kritiken für Agentur und Lokalzeitung an: „Aber auch der junge Heldentenor Peter Hofmann, der sich bei Bernsteins harten Proben zuletzt zu viel zugemutet hatte, wurde gefeiert für seine trotzdem herausragende Leistung" *(Hanns-Jochen Kaffsack).*

„Bei der schon Monate zurückliegenden Aufführung des zweiten Aktes hatte sich Peter Hofmann mehrmals textlich und rhythmisch verhaspelt. Und beim dritten Akt bewies Hofmann zwar, daß seine heldische, baritonale Stimme auch für den Tristan prädestiniert zu sein scheint, daß er die Partie aber noch keineswegs souverän beherrscht (das vor ihm aufgestellte Notenpult war zum hörbaren der sichtbare Beweis dafür.) . . . Und welche Illusion vermittelt die Großaufnahme des schweißüberströmten Peter Hofmann? . . . Insbesondere er, der bei den stärksten Ausbrüchen immer wieder beide Hände schüchtern an seine Wangen preßte, schien den Beweis gebracht zu haben, daß ihm – auch als Sänger! – unendlich viel mehr in die Rolle hineingeholfen worden wäre, wenn ihm ein guter Regisseur an die Seite gestellt worden wäre, wenn er hätte agieren und toben dürfen, wie es das Drama als eine Einheit aus Musik und Szene letztlich eben doch verlangt" *(Erich Rappl).*

Dagegen macht Leonard Bernsteins Ausspruch über Peter Hofmann die Runde durch die bundesdeutsche Presse: „Der Hüne mit der dunklen sexy Stimme ist für Leonard Bernstein der beste Wagner-Tenor der Welt" *(AZ München, 25. 7. 1981).*

Peter Hofmann kündigt jetzt offiziell seine erste Rockplatte an: „Die Plastikära ist vorbei, es muß was Neues kommen, ich will kreativ sein und nicht nur Opern singen." *(AZ, ebd.).* Zwar ist sein Terminkalender 1981 schon ausgebucht bis 1986, trotzdem beginnt er, sich Zeit für sein „zweites Musikleben" abzutrotzen. Wie er sich selbst dabei sieht, schrieb er dem *Hamburger Abendblatt, 3. 8.*

*1981*, für die Spalte „Montags. . .": „Daß über Künstler und ihr Privatleben gern und viel Klatsch erzählt wird, daran kann ich mich trotz Karriere noch heute schwer gewöhnen. Besonders schwierig ist das, wenn man sich nicht durch die traditionellen Klischees vereinnahmen lassen will, die in einem Wagnertenor wie mir nun einmal unbedingt und ausschließlich den Priester im Tempel der hehren Kunst sehen wollen. Mir wird es deshalb oft vorgeworfen, daß ich als erfolgreicher Sänger es wage, mit ‚artfremden' Klängen und Rhythmen ‚fremdzugehen'.

Aber wenn man 120mal den Siegmund gesungen hat, dann möchte man doch ab und zu gern etwas ganz Eigenes machen. Deswegen schreibe ich auch meine Texte und Songs selber. Die Texte in Englisch, denn ich möchte auf keinen Fall in die Rubrik ‚Lindenberg-Verschnitt' oder ‚Edel-Maffay' eingeordnet werden. Die Musik ist allerdings schon etwas beeinflußt – von meinen Lieblingsstars Pink Floyd, Rod Stewart und Stevie Wonder. Wichtig finde ich es, das Erreichte immer wieder in Frage zu stellen, um zu sehen, ob man damit wirklich zufrieden ist. . . Mein Image als Lohengrin oder Parsifal empfinde ich nicht als angekratzt durch meine Art zu leben. Das könnten nur schlechte Leistungen, und die sind mir so verhaßt wie faule Kompromisse."

„Deutschlands schönster Sänger" antwortet, egal in welchem Blatt, ehrlich und spontan, und untermauert damit sein Image vom unangepaßten, unbequemen Opernsänger mehr, als er es selbst für möglich gehalten hatte. Er entspricht einem in breiten Publikumskreisen vorhandenen Bedürfnis, wie im folgenden Jahr die positiven Reaktionen auf seine Show-Auftritte beweisen.

„Peter Hofmann räumt kräftig auf mit dem Klischee des ewig hüstelnden, aufgeblasenen Heldentenors alter Opernschule, er sieht eher aus wie ‚Wagner-Superstar', auf den die Frauen fliegen, auch wenn er die Stimme einer Nebelkrähe hätte" *(Bunte, 1981)*. „Der ‚Reisesänger' in Sachen Wagner ist sichtlich in der Krise. Geschafft von acht Jahren als Heldentenor. ‹Mich hat da irgendwie eine Depression erfaßt, da muß ich raus›", bekennt er freimütig in der *Freizeit Revue*. „Für die Stimme ist das sicher am besten, aber soll man dafür alles opfern?" Angesprochen auf die Vorstellung, die ihn zutiefst frustriert, daß ein Heldentenor stundenlang dickvermummt spazierengeht oder vor der Vorstellung unansprechbar einen ganzen Tag im Bett liegt. „Schließlich sind die schönsten Dinge die, die am schlechtesten für die Stimme sind. Ich kann ja

210

nicht jeden Abend um sieben wie eine volltote Hose ins Bett gehen." Auch in diesem Gespräch ärgert es den Sänger – „Ich bin eigentlich ein Pop-Sänger, der bei der Oper gelandet ist" –, in Deutschland in Schablonen gepreßt zu werden: „Wer auf ernste Musik festgelegt ist, darf keine Unterhaltungsmusik machen." Aber: „Das Leben ist zu lang, um immer nur eines zu machen. Ich finde es toll, wenn Leute mitten im Leben sagen, ich steige aus." Schwierigkeiten entdeckt er bei Freundschaften, die bei diesem Leben auf der Strecke bleiben: „Es ist schwierig, Beziehungen aufzubauen." Auf Partys geht er selten, „das ist immer so ein Kräftemessen." Er verzieht sich lieber aufs Hotelzimmer – „nicht immer allein" – zum Rocksongs-Schreiben. Bei steigender Abendgage wird er häufiger nach der Legitimation seines Verdienstes gefragt und er weiß knallhart zu kontern: „Ich singe fünfzig Vorstellungen im Jahr, und bei jeder stehe ich unter Erfolgszwang. Die Leute warten ja nur auf einen falschen Ton. Das ist ein knüppelharter Job. Berufe, die sich live darstellen, sind die schwersten. Und man darf nicht vergessen: Die wenigsten können soviel Begeisterung und Glücksgefühl vermitteln wie ein Opernsänger" *(Freizeit Revue, 1981).*

## Der „Jahrhundert-Parsifal" 1982

Das Opernjubiläum, hundert Jahre „Parsifal" auf dem Grünen Hügel in Bayreuth, wurde 1982 in der Presse mit Spannung erwartet und anschließend gebührend beachtet. Götz Friedrich inszenierte nach seinem wegweisenden Stuttgarter „Parsifal" eine positive Utopie. Götz Friedrich: „Wir haben das Recht und die Pflicht, die Melancholie, die Scheu, die Sanftmut des ‚Parsifal' herauszustellen, die der bessere Teil der Wagnerschen Herausforderung der Utopie ist – damals, und heute vielleicht noch viel mehr." Unter diesem Aspekt sollte der Titelheld gesehen werden und sahen ihn einige Kritiker. „Der so präzise berechnete Schlag auf den ‚Parsifal' hat im Jubiläumsjahr getroffen", meint Heinz-Josef Herbort in der *Zeit* und sieht dabei Peter Hofmann als den „jungen Alternativen, auch im stimmlichen Ductus bewußt gegen die Herrschenden abgesetzt".

„Peter Hofmann ist ein Traum-Parsifal, . . . der mit heftigen

Ausbrüchen auf die Vorbehaltungen seiner Schuld reagiert, der sich im Gralstempel schaudernd zu Boden kauert und der die Schmeichelei der Klingsor-Mädchen wie im Traum erlebt. Und er vermag auch unmittelbar bewußt zu machen, wie in der Kuß-Szene aus dem Kind ein Mann wird . . . Blendend ist auch Hofmanns gesangliche und deklamatorische Bewältigung der Partie, seine Fähigkeit zu nuancieren und seine Souveränität in der Tonbildung, die es ihm erlaubt, die Stimme auf einem Atembogen aus dem Forte ins Pianissimo zurückzunehmen" *(Erich Rappl, Nordbayerischer Kurier).*

„Götz Friedrich führt im ersten und zweiten Akt den Titeldarsteller meisterhaft. Peter Hofmann ist unter Friedrichs Händen nicht nur ein hinreißend junger, lebensvoller Parsifal, sondern er wirkt, trotz aller ‚Naivität', doch aristokratisch-heftig, schicksalsfähig. Ist also, alles in allem, ein Ideal-Parsifal" *(Joachim Kaiser, Süddeutsche Zeitung).*

„In solches Format, das den Windgassen-Vergleich aushält, wächst nun auch Peter Hofmann. Einen weiten Weg hat er zurückgelegt von seinem ersten Parsifal, ein beachtliches Stück ist er noch über seinen grandiosen Siegmund hinausgewachsen. Der metallisch präzise Tenor tönt strahlender und nuancenreicher denn je, und den geistigen Anspruch der Rollenwandlung vom trotzigen Toren zum wissend mitleidenden Gestalter einer neuen Gesellschaft führt er schauspielerisch überzeugend vor" *(Fritz Schleicher, Nürnberger Nachrichten).*

„Erregender ist die Kundry-Parsifal-Szene des zweiten Akts nicht zu steigern, und Götz Friedrich läßt hier den stimmlich großartigen Peter Hofmann auch darstellerisch über sich selbst hinauswachsen" *(W. Bronnenmeyer, Nürnberger Zeitung).*

„Ganz vorne: Peter Hofmann, den man kaum je so schön singen gehört hat. Ob töricht schöner Knabe (ihn streifen bereits Ahnungen) oder im Leid gereifter Erlöser – dieser tieflotende Wagner-Held ist ihm nun voll und ganz zugewachsen" *(E. Lindermeier, tz, München).*

„Peter Hofmann in der Titelrolle, vom Äußeren her schon der Idealfall des jugendlich-sportlichen und strahlenden Helden, ist ein Parsifal-Sänger par excellence. Mit seiner heldentenoralen Stimme voll Glanz und Kraft, teils stählern, teils seidensamtig, stellte er einen sehr überzeugenden Ritter auf die Bühne, der den Weg des Heils sucht" *(Hannes S. Macher, Neue Presse, Coburg).*

212

„Peter Hofmann ist der jugendlichste Parsifal, den Bayreuth seit langem sah. Stilisiert zwischen Siegmund und Oberammergau-Christus, tenoral wechselnd zwischen lyrisch-erfüllten Partien und gefährlichem Krafteinsatz" *(Dr. Thea Lethmair, Augsburger Allgemeine Zeitung).*

„In der Titelpartie Peter Hofmann. Man hört einen leichten Heldentenor, der anfangs mit etwas zu viel Reserve geführt wird, nicht ganz dem schönen Jünglingsbild entsprechend, das sein Auftritt bietet. Doch die Schlüsselszene vor dem erlegten Schwan, das blitzhafte Erlebnis des Mitleids, ist ergreifend gespielt. Sie läßt ahnen, was Hofmann im zweiten Akt leisten wird, wo er in den Begegnungen mit den Blumenmädchen und Kundry zum großen singenden Darsteller wächst" *(H.H. Stuckenschmidt, Frankfurter Allgemeine Zeitung).*

„Peter Hofmann sang die Titelpartie mit größter Hingabe und Intensität, kraftvoll in den Höhen und bis auf einiges Nachlassen im dritten Aufzug mit stets hellwachem, jugend-frischem Tenor" *(Hans Behr, „Main-Post", Würzburg).*

„. . . Peter Hofmann in der Titelrolle, dem die Arbeit mit Levine, denkt man an seinen Salzburger Auftritt unter Karajan, hörbar gut getan hat. Trotz einiger Steifheiten ist sein Tenor doch beträchtlich flexibler geworden, zumal er hier nicht durch Höhen gefordert ist" *(Michael Müller, Münchner Merkur).*

„Auch dem Parsifal von Peter Hofmann (ein gefragter Wagner-Tenor und engagierter Rock-Sänger!) eignet solch ruhig-klare Haltung und Ursprünglichkeit, eignet beredsam-strahlende Stimmschönheit, eine geradezu ideale Gestik und Statur für den jungen, reinen Toren, der durch Leiden und schmerzliche Selbstfindung wissend wird und soziale Verantwortung erkennt. Von viel Lebendigkeit und erkenntnisfördernder Deutlichkeit ist die Darstellung von Parsifals schmerzvollem Selbstfindungs- und Erkenntnisprozeß, von Parsifals durchlittenen Prüfungen und Erfahrungen und schließlich so menschlich-scheuen Zukunftshoffnungen" *(Eckart Schwinger, Neue Zeit, Berlin/DDR).*

Unter Karajan begeisterte Peter Hofmann schon 1980 bei den Salzburger Osterfestspielen als Parsifal.

„Peter Hofmann verkörperte die Titelrolle – ihn kann wohl heute keiner seiner Tenorkollegen überbieten. Er erreichte in seinem ‚Erlöser! Heiland! Herr der Hulden!' durchaus die einst von einem Helge Rosvaenge gesetzte Traummarke und bestach neben der stimmlichen, von Cosima Wagner ausdrücklich geforderten ‚baritonalen‘, nach oben offenen Tenorform, die er tonsicher hielt, durch ein außerordentliches Rollenbewußtsein, das alle Leidensentwicklungen bis hin zum erkorenen Königtum so nahtlos durchformte, daß man – endlich! – begriff, warum das Werk ‚Parsifal‘ heißt und nicht ‚Amfortas‘" *(Orpheus, Mai 1980)*.

Auch New York erlebte in diesem Jahr Peter Hofmann als Parsifal: „Peter Hofmann singt die Rolle des Parsifals zum ersten Mal hier; die Metropolitan Opera hat mit ihm einen sexy, athletischen, jungen Tenor für den ‚reinen Toren‘. Er sieht aus wie Tennisstar Björn Borg und er verfügt über ein Charisma, das auch einer tiefergehenden Analyse standhalten kann. Als ausgezeichneter Sänger und Schauspieler wird Hofmann die Opernfans sogar die Gründe vergessen lassen, weshalb sie ihn ‚einfach phantastisch‘ finden" *(New York Post, 7. 4. 82)*.

„Peter Hofmann in der Titelrolle war das wahre Bild des blond gelockten Ritters von geradezu berauschend körperlicher Präsenz, ein stattlicher Kerl mit einer großen Tenorstimme" *(New York Times, 7. 4. 82)*.

Das Palais Garnier eröffnete 1982 in Paris mit Peter Hofmann als Lohengrin: „Peter Hofmann ist ohne Zweifel einer der besten Lohengrin-Sänger der Gegenwart. ‚Lohengrin‘, das ist Wagners Morgenröte – und die Peter Hofmanns" *(France-Soir, 1. 2. 82)*.

„Peter Hofmann, ein blonder, schöner Lohengrin mit sehr schöner Stimme, der trotz oft alltäglich-normaler Gestik auch expressiv sein kann, soweit es ihm diese sehr statische Rolle gestattet" *(Le Monde, 31. 1. 82)*.

1982 sang Peter Hofmann den Lohengrin im Moskauer Bolschoi-Theater.

## Start ins Pop-Geschäft

Von den Fachkritiken im Bereich Oper abgesehen stand das Jahr 1982 ganz im Zeichen der „artfremden" Kunstaktivitäten wie Wagner-Film, Fernsehshow, Rockplatte. Während Opernkritiker mit Beifall die Leistung Peter Hofmanns als Lohengrin im neueröffneten Palais Garnier in Paris bedachten – „Langen Beifall gab es für den blonden, athlethischen Peter Hofmann, auf den ständig alle Operngläser gerichtet waren" *(Toni Bailly, dpa)* – beginnt sich die

Boulevardpresse verstärkt um das Privatleben des „großen Blonden" zu kümmern. „Debbie" Sasson, die Frau an seiner Seite, interessiert die Schreiber, und wie Annekathrin Hofmann, die seit sechs Jahren getrennt von ihrem Mann lebt, ihre eigene Bühnenlaufbahn aufbaut. Geschrieben wird auch über die private Zeit, die zwischen diesen beiden Frauen im Leben des Peter Hofmann lag. *Frau im Spiegel* meint: „Als nach großen Anfangserfolgen der große Durchbruch zu Wagner und Bayreuth gelang, war es mit der Ehe bald vorbei. Anne in Stuttgart sieht es nüchtern: ‚Wer so plötzlich hochkatapultiert wird wie mein Mann, muß ein besonderes Leben führen.' Im vorigen Sommer hat sie ihn in seinem Schloß bei Bayreuth besucht. Sie hat sich inzwischen ‚auch was Eigenes aufgebaut' – nicht nur beruflich. Als Sängerin steht sie im kleinen Stuttgarter ‚Theater des Westens' auf der Bühne."

Einen „sanften Supermann" macht die *Funk Uhr* aus dem Sänger, „dem Mann, von dem die Frauen träumen" und der von sich sagt: „Im Mittelalter hätte ich lieber gelebt. Das war eine Zeit, wo männliche Tugenden noch gefragt waren, Zivilcourage, Unbeirrbarkeit, zu dem stehen, was man sagt und tut. Heute ist vieles so lauwarm." Im Mittelpunkt dieses Berichtes steht das Thema Geld und Besitz: „Zu Geld habe ich ein merkwürdiges Verhältnis; ich spüre seine Bedeutung nur dann, wenn ich keins habe." Auch hier verrät er, auf den Naturfrieden rund um sein dörfliches Domizil angesprochen: „Ich wäre gern bei ‚Greenpeace' dabei, wenn ich Zeit hätte. Obwohl das sehr inkonsequent ist, zu sagen, ich habe keine Zeit, weil ich Geld verdienen muß. Man kann schlecht ein Schlößchen haben und dann von Bedürfnislosigkeit sprechen."

In seinem ersten Spielfilm, einem Streifen über das Leben Richard Wagners, stand er unter der Regie von Tony Palmer mit Richard Burton in der Rolle des Komponisten vor der Kamera. Er trat als Wagners erster Tristan-Sänger auf und unterhielt sich in einer Drehpause mit dem amerikanischen Schauspieler über seine Arbeit, Wagner und Hitler, der die Musik des Sachsen so überaus goutierte. Die Szene wurde für einen Fernsehfilm über Peter Hofmann, „Rock around the ‚Ring' ", festgehalten. Die *Bunte* war dabei. „Hofmann: ‹Was mich während unserer Arbeit mehr und mehr interessierte: Was würde Wagner über mich als Sänger sagen?› Burton: ‹Nun, er würde sagen, daß du ein bemerkenswerter Sänger bist mit einer beachtenswerten Stimme. Ich schwöre dir,

Wagner würde sagen: Das ist der Mann – der Mann, den ich mir wünschte. Du bist ein außerordentlich guter Schauspieler. Du hast mit Lord Lawrence Olivier, mit Vanessa Redgrave und mit mir gefilmt. Und ich sage dir, was immer du für den Rest deines Lebens machen wirst: Kein Film wird diese deine Rolle schlagen können.›" Nebenbei erfährt der Leser, daß Peter Hofmann für seine Rolle als der erste Tristan-Sänger Ludwig Schnorr von Carolsfeld dicker getrimmt wurde. Per vorgeschnalltem Theaterbauch. Mit Vollbart ist er so kaum noch zu erkennen.

Im Herbst wurden „Hofmann's Träumereien" im ZDF ausgestrahlt, „eine musikalische Collage nicht nur für Opernfreunde". Was der Kritik mißfiel – „Daß er an den Grenzen zwischen E- und U-Musik rüttelt, ist ja ganz nett; aber so ein Ragout von ‚Lohengrin' bis ‚Yesterday' klingt statt vielseitig doch eher halbherzig." – gefiel den Zuschauern um so besser. „Großartig! Alles paßte zusammen!" „Die Sendung war phantasievoll und schön; ein Genuß für Augen und Ohren." „Die Sendung war einfach Klasse. Eine phantastische Stimme auf vielerlei Arten, toll anzuhören." „Endlich mal ein Mann, der nicht nur stur Opern singt, sondern sein Talent auch für andere Musikrichtungen benutzt." *(Leser-Zitate aus Gong)*. Den „charmanten Plauderer" bescheinigt ihm die *Süddeutsche Zeitung* anläßlich seines Talk-Abends mit Joachim Fuchsberger und die *Nürnberger Nachrichten* bestätigen, daß es die Zuschauer mögen, „wenn der Göttergleiche aus dem Olymp hinabsteigt und ihrer Unterhaltung dient."

## Kontraste

„Gegensätze" bleibt das wichtigste Stichwort, wenn Interviews mit Peter Hofmann erscheinen. Die *Welt am Sonntag (31. 3. 82)* kündigt an: „Ein Parsifal singt Rock'n'Roll. Das ZDF plant eine Show mit dem ehemaligen Stabsunteroffizier der Fallschirmjäger Peter Hofmann, der gerade einen Vertrag als Rocksänger abschloß und im Juli die Bayreuther Festspiele eröffnen wird." Als der Wagner-Sänger einen Dreijahresvertrag bei CBS als „Rocker" unterschrieb, habe ihm das keiner aus der „Wagner-Gemeinde" übelgenommen, vermerkt erstaunt Carl Schmidt-Polex in diesem Artikel: „Parsifal und Heulboje zugleich: Das hat noch keiner aus seiner Branche gemacht, wohl auch nicht fertiggebracht. Was aber noch wichtiger ist: Das hat ihm keiner übelgenommen. " Anschliessend läßt er Peter Hofmann selbst seinen „Pendelverkehr zwischen den Musikwelten" kommentieren: „Ich habe festgestellt, daß sich junge Leute plötzlich für die Oper interessieren und ihr Freischütz-Syndrom aus der Schulzeit zu vergessen beginnen. Die sagen sich, wenn ein Typ wie ich über die Bühne tobt, dann kann das ja nicht so langweilig sein. Die Älteren könnten durch meine Person entdecken, daß Rock'n'Roll kein Schrott sein muß."

Zehn Jahre nach seinem kometenhaften Aufstieg ist der Sänger noch immer erstaunt über seine Popularität. „Bei einem Besuch in Ost-Berlin war er ‹ehrlich überrascht›, als er in einem Buchladen eine Sammlung bekannter Sänger fand, in der ihm eine ganze Seite gewidmet war. ‹Daß die mich registrieren . . .›." Gleichzeitig beweist er seine Offenheit mit Kommentaren, die manchem in den falschen Hals rutschten. Irgendwann sei es ihm zu lästig geworden, erzählt er einem Reporter, in Jeans, Turnschuhen und offenen Hemden von Hotel-Portiers mißtrauisch gemustert zu werden. „Da habe ich mir eine Uhr für 16 000 Mark gekauft. Ich wollte etwas an mir haben, das den Portiers gleich auffällt. Die sind doch auf so was geschult."

Der sogenannte Sängerkrieg, der von der Presse zwischen ihm und René Kollo erfunden wurde, interessiert ihn überhaupt nicht: „Wir sind zu verschieden, um uns anzufreunden. Bei Kollo-Aufführungen gehe ich höchstens in eine Generalprobe. Und wenn der dann gut singt, habe ich eine Portion Neid in mir. Sängerkrieg? Wozu? Wir sind doch in unserem Fach fast allein auf der Welt."

„Je krasser die Gegensätze, desto größer der Spaß" behauptet *lui* über Peter Hofmann Anfang des Jahres 1983 und aalt sich ebenfalls in Vermutungen über Kollo contra Hofmann: „Als handele es sich um Muhammad Ali und Joe Frazier, wurde zwei Sing-Saisons lang gepunktet, bei wem im dritten Akt die Kondition eher nachläßt und ob wohl der eine dem anderen wieder mal einen verdeckten Haken auf die angeblich sowieso ewig wunde Künstler-Seele schlägt . . . Bloß Muhammad Hofmann ist der ganze ‚Personenrummel' ziemlich wurscht. ‹Der Kollo ist ein ganz Großer. Und ich bin es auch. Und von dem, was wir beide ablehnen, könnten ganze Wohngemeinschaften von Heldentenören existieren.›" Und *lui*-Schreiber Harry S. Vogt zieht nach dem Gespräch Bilanz, wo dieser Peter Hofmann steht: „Jawohl, einen eigenen Kopf braucht der Mensch und nicht ein vorgedrucktes Image, dem brav entsprochen wird." Dabei bestätigt er ihm, daß er ab und zu ganz gerne Star sein möchte, „aber nur, wenn es ihm paßt" und er nicht lieber „in Gummistiefeln am Fischteich sitzt und die Wurst aus der Hand ißt". Auch dieser Artikel läßt die teure Uhr nicht aus dem Spiel, nur daß er die Uhr ein wenig teurer verkauft, auf 22 000 Mark und eine Zeitanzeige in Gold aufmerksam macht. Der Interviewer fragt sich diesmal, ob Peter Hofmann seine Show wirklich gut geschrieben, ob er seine erste Rock-Platte wirklich gut gesungen habe, ob die eigenen Rock-Nummern gut seien, mit denen er auf den Markt kommen wolle, ob „er wirklich erst dann Spitze ist, wenn er dem Regisseur auskommt und sein spontanes Improvisationstalent einbringen kann", ob er ein besonders großer Pferdenarr sei, und ob nicht andere verwegenere Schiffsabenteuer erlebt hätten, als die, die ihm Hofmann erzählt habe. Aber Vogt sagt anschließend, warum er all das an dem Tenor gut findet: „,Gralsgesang und Gassenhauer' – Hofmanns wilde Kreativität richtet sich darauf, das alles überhaupt erst einmal zu wollen und zu tun. Das treibt ihn in alle Richtungen und alle Höhen und Tiefen. ‹Das kommt vom Adrenalin›, sagt er. Er glaubt, das sei der Stoff, aus dem die Taten sind. Er fürchtet ihn und er braucht ihn."

„Peter Hofmann läßt sich nicht gern festlegen. Er liebt Kontrastprogramme", konstatiert Angelika von Hartig in ihrem Gespräch mit dem Sänger für *Cosmopolitan*. Sie bezeichnet Peter Hofmann als schillerndste Sängerpersönlichkeit der deutschen Opernszene, was nicht nur positiv gemeint sei. „Der Witz ist nur", entgegnet in diesem Porträt der Sänger, „daß ich kein bewußt aufgebautes Image habe." Mit Grundsatz-Bemerkungen zum Thema „Frau" war er in den meisten Gesprächen zurückhaltend, in diesem macht er einige, die viele Leser mehr als alles andere interessieren. Er bestätigt, daß er jahrelang durchaus mal „das Flehen von unternehmungslustigen Damen" erhört hätte, es damit jetzt aber vorbei sei: „Seit einem Jahr lebe ich mit meiner Freundin Debbie zusammen. Wir trennen uns so wenig wie möglich. Aus meiner heutigen Sicht halte ich nichts mehr von langfristigen räumlichen Trennungen. Sie entfremden auf die Dauer." Und er erklärt warum – und erklärt gleichzeitig, warum seine Ehe nach dreizehn Jahren „still und leise" zerbrach („wir sind heute gute Freunde und verstehen uns ausgezeichnet"). Lange Trennungen schüren seiner Meinung nach die Versuchung, sich dort zu trösten, wo man gerade ist. Außerdem

218

gerate man in ein Defizit an Intimität und Vertraulichkeit, das eines Tages nicht mehr aufgeholt werden könne. Daß er seine Freundin Debbie heiraten möchte, entspringe, so erklärt er, mehr der konservativen Haltung der Amerikaner als seinem Wunsch nach einem standesamtlichen Siegel.

Die ideale Partnerschaft versteht er als „ein Bollwerk gegen äußere Einflüsse." Wenn dem so ist, seien auch wochenlange Trennungen drin. Außerdem: Ein bißchen zu leiden, weil der andere nicht da ist, tut ganz gut. Leiden ist sowieso wichtiger als die Freude."

Hofmann spielt damit auf ein bestimmtes Ereignis an, den Unfall: „Darüber hinwegzukommen war schon ein Brocken. Minderwertigkeitskomplexe tauchten da wie Gespenster auf und erstickten einen fast. Ich habe gelitten wie ein Hund. Aber ich wollte um jeden Preis wieder gehen können. So brutal das klingt – ich bin daran gewachsen. Am Leiden wächst man. Freude zu erleben ist keine Kunst."

Am Ende des Interviews stehen seine Schwierigkeiten mit der Öffentlichkeit: „Die Bewunderung, die einem entgegengebracht wird, muß man richtig einordnen können. Sie braucht sich nicht unbedingt auf den Menschen Hofmann zu erstrecken. Das heißt: Wer sich da auch privat ganz öffnet, ist sehr verwundbar. Vieles sollte man gerade in diesem Job für sich behalten. Beispielsweise schöne Erlebnisse. Ich habe mir abgewöhnt, zuviel zu erzählen. Die Sachen verlieren an Schmelz durch das Wiederholen. Vielleicht ist das sehr egoistisch. Aber ich habe oft festgestellt, daß Leute, denen ich was erzählte, dieses Vertrauen eigentlich gar nicht verdient hatten."

# Nachlese

## Der unwiderstehliche Lohengrin

„Ach, ist der Lohengrin was Schönes!" schwärmte die Gerti, ein Bild von einem Bayreuther Mädchen, eine wahre sommerliche Bikini-Schönheit. „Wenn ich noch eine Lohengrinkarte bekäme", seufzte sie, „gäbe ich wer weiß was dafür!" Dazu produzierte sie einen Lidschattenaufschlag! Allerdings mußte der solchermaßen angehimmelte, potentielle Kartenspender dann erfahren, daß es nicht eigentlich dem Richard Wagner seine Oper ist, die die Gerti so benebelt, sondern der Sänger, der in der Uniform des Gralsritters steckt. Und der heißt nicht Lohengrin, sondern Peter und ist der Schwarm aller Bayreutherinnen unter dreißig und über siebzig. „Ein Bild von einem Mann", säuselt nicht bloß die Gerti, „mit echten blonden Naturlocken und einer Stimme, die einem durch und durch geht!" Kommt noch hinzu, daß dieser Peter nicht bloß Schwan, beziehungsweise angeleuchtetes Nagelbrett fährt, sondern, wie man aus diversen Illustrierten erfahren konnte, auch noch Motorrad (und was für eines!). Ja, da wundert einen gar nichts mehr. Und ein Mann mit einer Halbglatze, einem ungewaschenen Auto, einem ausgebeulten Cordanzug und einer Stimme, die schon bei den höheren Tönen des Deutschlandlieds ins Krächzen kommt, gerät da bei einem Weib wie der Gerti hoffnungslos ins Hintertreffen.

„Die Elsa ist blöd", sagte die Gerti noch. „Fragt den Lohengrin, wie er heißt, wo sie doch genau weiß, daß er dann sauer wird. Ich, wenn ich so einen erwischen würde, den ließ ich nicht mehr laufen! Eher würde ich mir die Zunge abbeißen." Offensichtlich ist sie schon so durcheinander, daß sie den Lohengrin und den Peter nicht mehr auseinanderhalten kann. Auch die anderen Bayreuther Schwärmerinnen versichern glaubhaft, daß sie sich im Falle von Peter Lohengrin lieber die Zunge abbeißen würden. Verheiratet mit einer dieser Selbstverstümmelten, hätte dann der Lohengrin

220

Für Peter Hofmann zum 28. April 1979 von LORIOT

*Wagnerfan Loriot schenkte Peter Hofmann eine Siegmund-Karikatur: „Wes Herd dies auch sei – hier muß ich rasten.“*

eine Gemahlin, die lispelt, und müßte wahrscheinlich immer lachen, wenn sie sagt: „Den Namen sag (zag)mir an!" Denn fragen würde sie über kurz oder lang ja doch! Das wäre freilich eine solide Basis für eine dauerhafte, lustige Ehe, insbesondere, wenn sie versuchte, ihn auszuhorchen, ob er vielleicht (gelispelt) „Ziechmund" oder „Ziechfried" heißt.

Daß sich unsere Damenwelt so konkret und absolut gralsunwürdig mit dem Lohengrin befaßt, ist einesteils die Schuld dieses blondgelockten Barden Peter, der nach jedem noch so herzerreißenden Abschied von der sterbenden Elsa quietschlebendig in Bayreuth herumkurvt, als gäbe es kein Monsalvat, unnahbar euren Schritten, andererseits aber auch die Schuld vom alten Richard, weil er den Männerchor oft gar so lange singen läßt, daß das Publikum anfängt, nachzudenken und dabei auf höchst unlohengrinliche Gedanken kommt. *(Augszugsweise zitiert aus einer Glosse von Musikkritiker Erich Rappl, Nordbayerischer Kurier, Bayreuth, 1979)*

## Peters Geist

Weil die Geschichte von Peter Hofmanns Spukschloß nicht nur übers Fernsehen geisterte, sondern sich ihrer in großer Aufmachung auch die Boulevardzeitungen angenommen haben, fühlte sich der „Kurier" natürlich an seiner Ehre gepackt. Nachdem die zähen Verhandlungen mit Fritz Hofmann, dem Bruder und unermüdlichen Manager des Allroundstars, gescheitert waren, gelangten wir quasi durch die Hintertür unverhofft doch noch zu einem Kurzinterview mit der Geisterdame.

In Abwesenheit der „normal sterblichen" Schloßbewohner ist es uns gelungen, über den automatischen Anrufbeantworter auf Schönreuth einen ersten Kontakt mit dem Gespenst herzustellen. Unter dem Pseudonym „Lady Psi" stellte sich die Dame unseren brennendsten Fragen und überließ uns ihren Lieblingsschnappschuß. Schwerpunkt der außergewöhnlichen Unterhaltung war der letzte USA-Aufenthalt des „Schönreuther Sängerknaben".

Trifft es zu, daß Peter nicht nur wegen Gesangs- und Showauftritten in den Staaten war?

„Ganz recht. Dreh- und Angelpunkt dieser Amerikareise waren die Gespräche mit ‚Dallas'-Produzenten Kazman. Die Serie ist im

Ausbluten, der Retter in letzter Not soll nun aus ‚good old Germany' kommen."

Soll das etwa heißen, daß Peter einer der Hauptdarsteller in den 52 nächsten, noch nicht abgedrehten Folgen ist?

„Natürlich. Das lag doch auf der Hand."

Lady Psi wir danken Ihnen für dieses Gespräch.

Aber das hat sie sicher nicht mehr gehört. Hier streikte der Anrufbeantworter . . . *(Auszug aus der Tagesglosse, Nordbayerischer Kurier, Bayreuth, 13. 1. 1983)*

# Diskographie

## Gesamtaufnahmen

Mozart/DIE ZAUBERFLÖTE
Kiri te Kanawa, Edita Gruberova, Kurt Moll, Philippe Huttenlocher u. a.
Dir. Alain Lombard
LP 960014 Barclay 1978

Beethoven/FIDELIO
Hildegard Behrens, Theo Adam, Hans Sotin, Sona Ghazarian, David Kuebler u. a.
Dir. Georg Solti
LP 6.35492 FK Decca 1980

Wagner/PARSIFAL
José van Dam, Kurt Moll, Siegmund Nimsgern, Dunja Vejzovic u. a.
Dir. Herbert von Karajan
LP 2560006 Deutsche Grammophon/Digital 1981

Wagner/WALKÜRE (in der Gesamtaufnahme: „Der Ring des Nibelungen")
Matti Salminen, Donald McIntyre, Jeannine Altmeyer, Gwyneth Jones, Hanna
Schwarz u. a.
Dir. Pierre Boulez
LP 6769071 Philips/Digital 1981

Wagner/LOHENGRIN
Karan Armstrong, Elizabeth Connell, Leif Roar, Siegfried Vogel, Bernd Weikl
u. a.
Dir. Woldemar Nelsson
LP 79503 CBS 1982

Gluck/ORFEO ED EURIDICE
Julia Conwell u. a.
Dir. Heinz Panzer
LP 0180.088 Metronom/Digital 1983

Wagner/TRISTAN UND ISOLDE
Hildegard Behrens, Yvonne Minton, Bernd Weikl, Hans Sotin
Dir. Leonard Bernstein
LP 6769091 Philips/Digital 1983

Wagner/PETER HOFMANN SINGT RICHARD WAGNER
Dir. Ivan Fischer
LP 38931 CBS/Digital 1983
auch als Musikcassette erschienen:
40/38931 CBS 1983

Wagner/LOHENGRIN-QUERSCHNITT
Karan Armstrong, Elisabeth Connell, Leif Roar, Siegfried Vogel, Bernd Weikl u. a.
Dir. Woldemar Nelsson
LP 71116 CBS 1983

---

ROCK CLASSICS
The House of the Rising Sun, Sailing, Yesterday u. a.
Scarborough Fair mit Deborah Sasson
LP 85965 CBS 1982

aus der LP „Rock Classics" ausgekoppelte Nummern:
The Sun Ain't Gonna Shine Anymore
Single A 2747 CBS 1983

The House of the Rising Sun
Single A 3082 CBS 1983

Erscheint 1983:

Wagner/ DER FLIEGENDE HOLLÄNDER
LP EMI Records, London 1983

# Bildnachweis

Archiv Fritz und Peter Hofmann: 1–13 (Foto: Fritz Hofmann), 15 (Foto: Fritz Hofmann), 36, 37, 39 (Foto: Fritz Hofmann), 40 (Foto: Fritz Hofmann), 74 (Handzeichnung von Peter Hofmann)
Graciano Arici, Venedig: 64–67 (Fotos: Graciano Arici)
Bühnen der Stadt Lübeck: 41–44
CBS, Frankfurt: 26 (Foto: Jim Rakete), 29 (Fotos: Béla Mezey/Jim Rakete)
Festspielhaus Bayreuth: 24, 71, 72, 75 (Foto: Siegfried Lauterwasser), 78–81, 86–88, 90 (Fotos: Wilhelm Rauh)
Bärbel Hofstetter, Gauting: 68 (Foto: Bärbel Hofstetter)
Helga Kirchberger, Dortmund: 45, 46 (Fotos: Helga Kirchberger)
Kövesdi-Presse-Agentur, München: 28
Siegfried Lauterwasser, Überlingen/Bodensee: 58–63, 82–85, 89, 91 (Fotos: Siegfried Lauterwasser)
Hans-Joachim Lieske, Hamburg: 48–50 (Fotos: Hans-Joachim Lieske)
Leo Loy, Nürnberg: 19 (Foto: Leo Loy)
Colette Masson, Boulogne: 51, 52 (Fotos: Colette Masson)
Pressebild Bohm, Dortmund: 23
Ols Schurich, Lauf: 14 (Foto: Ols Schurich)
Manfred Sohr, München: 16, 17, 21, 22, 27, 30–32, 38 (Fotos: Manfred Sohr)
Stern, Hamburg: 18 (Foto: Robert Lebeck), 70 (Foto: Hanns-Jörg Anders), 76, 77 (Fotos: Robert Lebeck)
Eduard Straub, Meerbusch: 53–57 (Fotos: Eduard Straub)
Klaus Tritschel, Bayreuth: 33, 34, 35, 69 (Fotos: Klaus Tritschel)
du Vinage, Hamburg: 47
WEA, Hamburg: 25

# Namenregister

230